古典文獻研究輯刊

三九編

潘美月・杜潔祥 主編

第 12 冊

續經義考・春秋之部
（第九冊）

周懷文 著

國家圖書館出版品預行編目資料

續經義考·春秋之部（第九冊）／周懷文 著 -- 初版 -- 新北市：
花木蘭文化事業有限公司，2024〔民 113〕
目 6+222 面；19×26 公分
（古典文獻研究輯刊 三九編；第 12 冊）
ISBN 978-626-344-932-9（精裝）
1.CST：春秋（經書）2.CST：研究考訂
011.08   113009705

ISBN-978-626-344-932-9

9 786263 449329

古典文獻研究輯刊
三九編　第十二冊　　　　　ISBN：978-626-344-932-9

續經義考·春秋之部
（第九冊）

作　　者　周懷文
主　　編　潘美月、杜潔祥
總 編 輯　杜潔祥
副總編輯　楊嘉樂
編輯主任　許郁翎
編　　輯　潘玟靜、蔡正宣　美術編輯　陳逸婷
出　　版　花木蘭文化事業有限公司
發 行 人　高小娟
聯絡地址　235 新北市中和區中安街七二號十三樓
　　　　　電話：02-2923-1455／傳真：02-2923-1400
網　　址　http://www.huamulan.tw 信箱 service@huamulans.com
印　　刷　普羅文化出版廣告事業
初　　版　2024 年 9 月
定　　價　三九編 65 冊（精裝）新台幣 175,000 元　　版權所有·請勿翻印

續經義考・春秋之部
（第九冊）

周懷文 著

Z

臧和貴 補嚴氏蔚左傳賈服注 三卷 佚

◎嚴可均《鐵橋漫稿》卷七《臧和貴別傳》：

和貴善著書，慕古孝子孝女孝婦事，作《孝傳》百三十卷。又纂《尚書集解案》六卷、《三禮注校字》六卷、《春秋注疏校正》六卷、《補嚴氏蔚左傳賈服注》三卷、《說文解字經考》十三卷、《南宋石經考》二卷，增訂孫氏星衍《倉頡篇》三卷，重編《說文繫傳》十五卷、《通俗文》一卷，輯臧榮緒《晉書》二卷、《鄭氏義門傳志》二卷、《先考遺事》一卷、《拜經堂書目》四卷、《愛日居筆記》六卷。

嚴可均曰：以和貴之孝行卓卓矣，而未永其年，惜哉！然著述等身，聲施藝苑，亦吾黨之榮也。彼歿世而名不稱者，可勝嘅哉！

◎翁方綱《復初齋文集》卷十四《節孝處士臧君墓表》：然其撰孝子孝女孝婦事至數百卷，又《三禮校字》六卷、《春秋注疏校正》六卷，集南齋臧榮緒《晉書》二卷，刪補吳江嚴氏《左傳賈服注》三卷、《南宋石經攷》二卷、《拜經堂書目》四卷，皆尚未刊行。以予所見者，《說文解字經攷》十三卷。予嘗謂宋節孝徐處士善讀《儀禮》，而今見君所攷禮今文，蓋許祭酒不及見鄭氏疊出古今文，故未嘗析言，而君特表出之。又所手輯其高祖琳《尚書集解案》六卷。君之兄庸客京師，篋書不多，俟他日求而讀之。而先諾其請，為援大略表於石。君名禮堂，和貴其字也。

◎臧和貴（1772～1805），名禮堂，字和貴，以字行，私諡節孝先生。武進（今江蘇常州）人。臧琳孫。與兄庸人稱二臧。師事庸，又師事錢大昕，業

益進。所與游皆東南知名士。著有《尚書集解案》六卷、《三禮注校字》六卷、《春秋注疏校正》六卷、《補嚴氏蔚左傳賈服注》三卷、《說文解字引經考》十三卷、《南宋石經考》二卷、《孝傳》一百三十卷。增訂孫氏星衍《倉頡篇》三卷，重編《說文繫傳》十五卷、《通俗文》一卷，輯臧榮緒《晉書》二卷、《鄭氏義門傳志》二卷、《先考遺事》一卷、《拜經堂書目》四卷、《愛日居筆記》六卷。參撰《經籍纂詁》。

臧和貴 春秋注疏校正 六卷 佚

◎嚴可均《鐵橋漫稿》卷七《臧和貴別傳》：

和貴善著書，慕古孝子孝女孝婦事，作《孝傳》百三十卷。又纂《尚書集解案》六卷、《三禮注校字》六卷、《春秋注疏校正》六卷、《補嚴氏蔚左傳賈服注》三卷、《說文解字經考》十三卷、《南宋石經考》二卷，增訂孫氏星衍《倉頡篇》三卷，重編《說文繫傳》十五卷、《通俗文》一卷，輯臧榮緒《晉書》二卷、《鄭氏義門傳志》二卷、《先考遺事》一卷、《拜經堂書目》四卷、《愛日居筆記》六卷。

嚴可均曰：以和貴之孝行卓卓矣，而未永其年，惜哉！然著述等身，聲施藝苑，亦吾黨之榮也。彼歿世而名不稱者，可勝嘅哉！

◎翁方綱《復初齋文集》卷十四《節孝處士臧君墓表》：然其撰孝子孝女孝婦事至數百卷，又《三禮校字》六卷、《春秋注疏校正》六卷，集南齋臧榮緒《晉書》二卷，刪補吳江嚴氏《左傳賈服注》三卷、《南宋石經攷》二卷、《拜經堂書目》四卷，皆尚未刊行。以予所見者，《說文解字經攷》十三卷。予嘗謂宋節孝徐處士善讀《儀禮》，而今見君所攷禮今文，蓋許祭酒不及見鄭氏疊出古今文，故未嘗析言，而君特表出之。又所手輯其高祖琳《尚書集解案》六卷。君之兄庸客京師，篋書不多，俟他日求而讀之。而先諾其請，為援大略表於石。君名禮堂，和貴其字也。

臧壽恭 左氏古義 六卷 存

北大藏同治十二年（1873）楊峴抄本

國圖藏同治十三年（1874）吳縣潘氏刻滂喜齋叢書本

國圖藏清勞氏丹鉛精舍抄本（勞格校並跋）

浙江藏清抄本

光緒十四年（1888）南菁書院刻皇清經解續編本

商務印書館 1937 年叢書集成初編據同治十三年（1874）吳縣潘氏刻滂喜齋叢書排印本

叢書集成新編本

國家圖書館／北京圖書館 2012 年中華再造善本續編影印清勞氏丹鉛精舍抄本

◎一名《左氏古誼》《春秋左氏古義》。

◎敍：余交臧君伯辰早，相契最深。伯辰舉孝廉，澹於進取，嗜漢儒經學，嘗言諸家經學後人輯述已辯，惟《春秋》賈、服義尚無所屬，當為輯之。閱二十年，往晤於雉城，時稿已完，尚未錄出。伯辰旋游皖、閩學幕，余亦遠適嶺右，踪跡中疏。歲丙午，伯辰歸道山，其弟子沈明經鳳飛持經義來，因得披閱。伯辰精於算述，依劉歆推日食，為前人所未有，且博采二家義幾盡。余為校正兩條，目力昏眊，不能加審。因屬楊茂才峴校之，補其譌漏，務求精當。至伯辰依公穀日食三十六，以為正經止此，而楊茂才補出獲麟後日食一，與劉歆、左氏日食三十七相足，亦將以弭後人之惑也。楊茂才受伯辰算學，自為《春秋中朔表》，並將補輯《左傳》賈、服義，纘述之功不小。戊申仲夏，李蒓園司馬將為伯辰鑴其書於仁和官舍，余欣然敍而付之。歸安卞斌。

◎序：《春秋左氏古義》六卷，長興臧孝廉壽恭卿眉所著也。孝廉本先為《左氏春秋經古義》，後為《左氏傳古義》，共若干卷，歿後其傳稿全佚，惟存其經，而闕自昭公二十三年以下，其弟子楊君峴為補完之。予悲其名字冥芴，將無以傳於後，為刻而行之，因識其端曰：《春秋左氏》經最後出，而行獨最遠且盛，其與《公》《穀》異者，往往《左氏》之經為長；《公》《穀》之經得之口耳傳授，經歷數世，始箸竹帛，故不免文字脫失、年月差互，為之傳者，如公羊子，雖深明禮意，其有微言，而憑藉爛文，推求誤簡，曲為之說，偏而不周。《左氏》則左丘明備見寶書親承聖教，文字完密，明而易曉；又書皆古文，無傳聞轉寫之失，此漢之通儒許、鄭二君皆深信而篤守之。比之於《詩》，《公羊》義高而文駁，猶之齊；《穀梁》旨近而理淺，猶之魯；《左氏》則猶之毛也。惜杜氏溺於晚近之學，惑於變亂之談，其為《集解》，不特不能申繹傳意得其言外之旨，而反誣傳以汩經，並強經以從傳，於君臣大義晦而弗明，致令宋以後人集矢於傳者，更從而疑左氏經之誤。此國朝諸儒所以有古義之作矣。自顧亭林氏補正杜解，惠定宇氏更為《古義》及《補注》，馬器之氏復補

之，張阮林氏又箸《辯正》，然皆多及傳文，亦未專取賈、服、潁諸家也。洪北江氏為《春秋左傳詁》、嚴豹人氏為《春秋內傳古注輯存》、近時李次白氏為《春秋左傳賈服注輯述》，始專事於此。而李氏為尤備，疏證亦最詳。三家書皆後出，孝廉箸此書時，蓋皆未及見。而精於算術，據三統以考正歲星超辰朔閏之次，又備掇《漢志》所引劉歆之說，以《左氏》之學興於歆，其言皆足裨古義，則皆非諸家所及者也。其體例簡質，亦得古注家之法。後之考左氏經者，當有取於斯焉。同治十有三年太歲甲戌十有二月，吳潘祖蔭。

◎跋：右眉卿臧先生遺箸也，凡七易稿，成書若干卷。經與傳分者，依陸德明《經典釋文》也。臧先生歸道山，無子，夫己氏持易餳，嗚呼酷矣！時薌園李先生令長興，將為臧先生籲請入鄉賢祠，例當有撰述羽翼聖賢者始邀可，徧訪不獲，最後獲此於朱沁泉廣文家。昭公二十三年以下全闕，蓋猶初稿也。李先生意未慊，然籲請之議已迫，姑命峴足成六卷，傳則全逸，以呈於當道，格不應。雅堂卞先生讀而首肯，謂宜壽棗梨，手校數條，以屬李先生。粵逆起，仍不果。峴家亦丁於亂，插架之書盡付一炬。亂定後，復從同門子高戴君錄副，俟當世采擇焉。夫傳不傳未可知，懼有美而弗宣。大雅宏達，倘亦鑒諸！同治癸酉三月，受業楊峴謹跋。

◎清抄本卷末題簽云：

《左氏古義》六卷，長興臧晉卿先生（壽恭）著，前從烏程周蓮伯孝廉（學濂）借錄，咸豐己未七月十日戊寅校閱一過。勞格記。

段大令（玉裁）《春秋左氏古經》，每條時出訂正之語，有可補此書之漏略及互相證明者，錄於卷端。丹鉛生又記。

◎李慈銘《越縵堂讀書記‧經部‧春秋類》：校臧壽恭眉卿《春秋左氏古義》得三卷。其書於經文之有漢儒舊說者，皆采而存之，附以案語，多本之《漢志》《說文》《五經異義》及《左傳正義》，大恉主駁杜氏以復左氏經之舊。然不輕改經文，頗為謹嚴。又往往據《經典釋文》參互考證，以知三傳經文今本多有轉相竄改之誤，亦阮氏校勘所未及。其人通算學，據三統術以考晨星超辰及朔閏積分之法，亦較諸家為密也。同治甲戌十二月二十六日。

◎李慈銘《越縵堂讀書記‧經部‧春秋類》：校臧氏《春秋左氏古義》一卷，共六卷訖。所載實止經文，據其門人楊峴跋，言臧氏本以經傳分編，先以經文後為傳文，未成而卒。經自昭公二十三年以後亦全闕，峴為之補完。則此書當題曰《左氏春秋經古義考》，今之所名殊未妥也。其列三家經文異同，多

以趙寬夫《春秋異文箋》為藍本而約略其語。其采掇賈、服、潁諸家古義亦遠不如李次白《春秋左傳賈服注輯述》之詳，然其長處亦不可沒，予前已論之。光緒乙亥正月初六日。

◎張桂麗輯校李慈銘著《越縵堂讀書記全編》同治十三年十二月「《春秋左氏古義》」條：二十六日，為伯寅校臧壽恭眉卿《春秋左氏古誼》，得三卷。其書於經文之有漢儒舊說者，皆采而存之，附以案語，多本之《漢志》《說文》《五經異義》及《左傳正義》，大恉主駁杜氏，以復左氏經之舊，然不輕改經文，頗為謹嚴，又往往據《經典釋文》參互考證，以知三傳經文今本多有轉相竄改之誤，亦阮氏校勘所未及。其人通算學，據三統術以考歲星超辰及朔閏積分之法，亦較諸家為密也。

◎趙爾巽《清史稿》卷一百四十五志一百二十《藝文》一：《春秋左氏古義》六卷，臧壽恭撰。

◎張之洞《書目答問》卷一《經部》：《春秋左氏古義》十六卷（臧壽恭。刻本。錢塘《春秋左傳古義》六卷，未刊）。

◎俞樾《春在堂隨筆》三：江浙之開書局也，余曾有續刻《皇清經解》之議，因博訪通人，搜羅眾籍。戴子高望以書目一紙見示，采擷略備，乃當事諸君子莫有從余議者。余窮老且病，此志終不果矣，而子高所詒書目猶在篋中，因錄於此，俟後之君子：《周易》則有若莊氏存與之《彖傳論》、《象傳論》、《繫辭傳論》、《說卦傳論》、《卦氣解》、《八卦觀象解》，張氏惠言之《虞氏易言》、《虞氏易事》，劉氏申受之《虞氏易言補》、《易虞氏五述》，李氏銳之《周易虞氏略例》，胡氏祥麐之《虞氏易消息圖說》，姚氏配中之《周易姚氏學》；《尚書》則有若莊氏存與之《尚書既見》、《書說》，莊氏述祖之《尚書考證》、《尚書記》，劉氏申受之《書序述聞》，宋氏于廷之《書譜》，龔氏自珍之《尚書序大義》、《尚書馬氏家法大誓答問》，魏氏源之《書古微》，周氏用錫之《尚書証義》，焦氏循之《禹貢鄭註釋》，朱氏右曾之《逸周書補註》；《詩》則有若莊氏存與之《毛詩說》，莊氏述祖之《毛詩考證》、《周頌口義》，汪氏龍之《毛詩異義》，陳氏奐之《詩毛氏傳疏》、《毛詩說音義類》，胡氏承珙之《毛詩後箋》，馬氏瑞辰之《毛詩傳箋通釋》，朱氏右曾之《詩地理考實》，魏氏源之《詩古微》；《儀禮》則有若褚氏寅亮之《儀禮管見》，張氏惠言之《儀禮圖》，胡氏承珙之《儀禮古今文疏義》，胡氏培翬之《儀禮正義》、《儀禮宮室定制考》，吳氏卓信之《喪禮經傳約》，吳氏嘉賓之《喪服會通》，董氏蠡舟之《釋祀》，徐氏養原之《儀

禮古今文疏證》、《飲食考》，鄭氏珍之《禮經小記》；《周官》則有若莊氏存與之《周官記》、《周官說》，莊氏綬申之《周官禮鄭氏註箋》，莊氏有可之《周官指掌》，沈氏夢蘭之《周官學溝洫圖說》，徐氏養原之《周禮故書考》，鄭氏珍之《輪輿私箋》，錢氏坫之《車制考》；《禮記》則有若王氏聘珍之《大戴禮記解詁》，莊氏述祖之《夏時說義》、《夏時等例》、《夏小正文句音釋》，劉氏申受之《夏時經傳箋》，黃氏模之《夏小正分箋》、《夏小正異義》，魏氏源之《曾子章句》、《子思子章句》，金氏鶚之《禮說》；《春秋》則有若龔氏自珍之《春秋決事比》，魏氏源之《春秋公羊古微》，柳氏興宗之《穀梁大義述》，洪氏亮吉之《春秋左傳詁》，梁氏處素之《左通補釋》，臧氏壽恭之《春秋左氏古義》，朱氏右曾之《春秋左氏傳疏》，董氏斯垣之《國語正義》，黃氏模之《國語補韋》，汪氏遠孫之《國語古註輯存》、《國語韋註補正》、《國語明道本考異》；《論語》則有若江氏聲之《論語俟質》，程氏廷祚之《論語說》，錢氏坫之《論語後錄》，宋氏于廷之《論語發微》，徐氏養原之《論語魯讀考》，包氏慎言之《論語溫故錄》；《孟子》則有若宋氏于廷之《孟子趙註補正》；《孝經》則有若周氏仲孚之《孝經集解》；《爾雅》則有若戴氏鎣之《爾雅郭註補正》，丁氏傳之《爾雅敘篇》，錢氏坫之《樂雅釋地以下四篇註》；小學則有若鈕氏樹玉之《說文段氏註訂》，桂氏馥之《說文義証》，王氏筠之《說文解字句讀》，嚴氏可均之《說文翼》。以上共九十四種，此外若毛氏奇齡之《尚書廣聽錄》、《舜典補亡》、《孝經問》、《四書改錯》、《聖門釋非錄》，阮氏學海堂本未刻，宜補刻。劉氏逢祿之《公羊何氏釋例》、《公羊何氏解詁箋》，學海堂本多脫誤，宜重刻。又阮刻體例未免雜亂，續刻者宜以經歸經，而別為《經義文鈔》一書附後，以采輯諸家文集及說部書中之有涉經義者。均子高說。

　　◎張桂麗輯校李慈銘著《越縵堂讀書記全編》光緒十年十一月「《春秋古經說》」條：二十五日，閱番禺侯君謨孝廉（康）《春秋古經說》共二卷。經文以《左氏》古文為主，而辨《公》《穀》之異文。謂《公》《穀》得於口授，遠不若《左氏》明箸竹帛之可信，而《公羊》又出於《穀梁》之後，尤多臆說，人名地名之誤皆乖事實，條繫而辨之，說經鏗鏗，皆有堅據，較趙氏坦之《異文箋》、臧氏壽恭之《左氏古義》更為守之篤而論之精，世之左袒《公羊》者無容置喙矣。

　　◎上海古籍出版社2015年《續修四庫全書總目提要・春秋類》「《左氏古義》六卷」：入清以來，補正杜注者益多，臧氏此書廣輯舊說，以復左氏古經、

古義，杜氏《集解》於君臣大義晦而弗明者，皆能正其謬。臧氏閱二十載而成是書，本先為《左氏春秋經古義》，後為《左氏傳古義》，歿後其傳稿全佚，惟存其經，有所闕目，為其弟子楊峴補完。是書摭周、秦、兩漢舊說及賈、服注，且備擷《漢書》所引劉歆之說，以左氏之學興於歆，駁杜注之非。書中間取經文，援引《公》、《穀》、《說文解字》、《漢書》、《史記》等。如卷一隱公三年「癸未，葬宋穆公」注：穆公，《公羊》、《穀梁》曰「繆公」。案：《史記·鄭世家》、《漢書·古今人表》並作「宋繆公」，《禮記大傳》「序以昭繆」，鄭注：「繆」讀為「穆」，聲之誤也。《史記·魯世家》「大公召公乃繆卜」注：徐廣曰，古字「穆」字多作「繆」。臧氏長於時曆，精於算數，故於時曆多親為推衍，以證歆說，如隱公二年「三月，春王二月，己巳，日有食之」，九年「三月癸酉，大雨震電，庚辰大雨雪」，當屬此類。此本據國家圖書館藏清勞氏丹鉛精舍鈔本影印。卷末有勞格題跋。（潘華穎）

◎臧壽恭（1788～1846），原名耀，字眉卿，號伯辰。浙江長興（今浙江長興）人。嘉慶十二年（1807）舉人。性耿介，後屢試禮部不售，歸閉門著書。好讀書，尤精小學，於經喜《春秋左傳》，兼通天文句股之術。《湖州府志》卷七六《人物傳·文學三》有傳。著有《春秋古誼》六卷、《南都事略》、《天步證驗句股六術衍》等。

臧岳 左氏箋注 十三卷 佚

◎宣統《聊城縣志·藝文志》卷十之一《經籍》：臧岳《左氏箋注》十三卷。

◎孫葆田《山東通志》卷百二十七《藝文志》第十〔註1〕：是書見《府志》。

◎臧岳，字視三，號括齋。山東聊城人。以濮州籍中康熙四十七年（1708）舉人。官淄川教諭。著有《左氏箋注》十三卷、《應試唐詩類釋》十九卷、《應試唐詩備考》。

曾國藩 評點左傳 未見

◎劉聲木《桐城文學撰述考》卷二「曾國藩撰述」：《曾文正公奏稿》三十卷、《曾文正公批牘》六卷、《曾文正公書札》三十三卷、《曾文正公尺牘》五十卷、《曾文正公雜著》二卷、《古文四象》五卷（趙衡排印本）、《經史百家簡

〔註1〕著錄作十二卷。

編》二卷、《經史百家雜鈔》二十六卷、《鳴原堂論文》二卷、《曾文正公詩集》四卷、《曾文正公文集》四卷、《求闕齋讀書錄》四卷、《求闕齋日記類鈔》二卷、《曾文正公家書》二十八卷、《曾文正公家訓》二卷、《過隙影》一卷、《茶餘偶談》四卷、《曾文正公日記》（三十四卷，上海中國圖書公司石印手迹本）、《論文臆說》二卷、《曾氏家訓長編》、《朱子小學》一卷、《冠禮長編》一卷、《歷朝大事記》六卷、《藩部表》一卷、《孟子四類編》、《左傳分類事目》、《鈔輯鹽漕河上水利賦役成案》□卷、《禮記章句校評》、《樸目雜記》、《周官雅訓雜記》、《論語言仁類記》一卷、《易象類記》一卷、《通鑑大事記》（未成）、《六家詩鈔》（自陶潛至陸游，未成）、《勸誡淺語》一卷、《讀儀禮錄》一卷（《皇清經解續編》本）、《評點左傳》□□卷、《評點孟子》□卷、《補五禮通考食貨志》六卷、《曾文正公集外文》一卷（聲木編）、《補闕齋石刻》□卷、《評點文選》□□卷（藏周退舟家）、《曾文正公集外文續》□卷（聲木編）。

◎曾國藩，字伯涵，號滌生，諡文正。祖籍衡陽，清初遷湘鄉。道光十八年（1838）進士，選翰林院庶吉士。初名子城，榜後易今名。二十年（1840）散館授檢討。從善化唐鑑論學，與蒙古倭仁、六安吳廷棟、昆明何桂珍／竇垿、仁和邵懿辰、茶陵陳源兗、漢陽劉傳瑩往復討論。二十三年（1843）大考二等第一，詔以侍講陞用。六月典試四川，八月補侍講。二十四年（1844）轉侍讀。二十五年（1845）分校會試，五月遷右庶子，六月轉左，九月遷翰林院侍講學士，充日講起居注官，文淵閣直閣事。二十七年（1847）大考二等第四，六月遷內閣學士兼禮部侍郎，十月典武會試。於朝章國故會典通禮諸書尤所究心。嘗以秦蕙田《五禮通考》能綜括諸大政，而於食貨稍闕，乃取近時奏議之言鹽課河工海運錢法者別為六卷以補之。二十九年（1849）正月遷禮部右侍郎，八月兼署兵部右侍郎。三十年（1850）六月，兼署工部左侍郎，十月兼署兵部左侍郎。咸豐元年（1851）五月命兼署刑部左侍郎，十月典順天武鄉試。二年（1852）正月兼署吏部左侍郎，六月命典江西鄉試。後官至大學士、兩江總督，賞戴雙眼花翎，賞穿黃馬褂世襲一等毅勇侯。卒贈太傅。著有《左傳分類事目》、《禮記章句校評》、《周官雅訓雜記》、《論語言仁類記》一卷、《易象類記》一卷、《讀儀禮錄》一卷、《冠禮長編》一卷、《評點左傳》、《孟子四類編》、《評點孟子》、《補五禮通考食貨志》六卷、《朱子小學》一卷、《曾文正公奏稿》三十卷、《曾文正公批牘》六卷、《曾文正公書札》三十三卷、《曾文正公尺牘》五十卷、《曾文正公雜著》二卷、《曾文正公詩集》四卷、《曾文正公文集》四

卷、《曾文正公家書》二十八卷、《曾文正公家訓》二卷、《曾文正公日記》、《曾文正公集外文》一卷、《曾文正公集外文續》、《古文四象》五卷、《經史百家簡編》二卷、《經史百家雜鈔》二十六卷、《鳴原堂論文》二卷、《求闕齋讀書錄》四卷、《求闕齋日記類鈔》二卷、《過隙影》一卷、《茶餘偶談》四卷、《論文臆說》二卷、《曾氏家訓長編》、《歷朝大事記》六卷、《藩部表》一卷、《鈔輯鹽漕河上水利賦役成案》、《樸目雜記》、《通鑑大事記》、《六家詩鈔》、《勸誡淺語》一卷、《補闕齋石刻》、《評點文選》。

曾國藩 左傳分類事目 未見

◎李元度《天岳山館文鈔》卷十四《誥授光祿大夫太子太保武英殿大學士欽差大臣兵部尚書兩江總督賞戴雙眼花翎賞穿黃馬褂世襲一等毅勇侯贈太傅特諡文正曾公行狀》：公之學以關閩為宗，於許鄭之訓詁復挈窮綜貫，嘗言聖賢之所以修己治人，禮而已矣。《論語》求仁，雅言執禮；《孟子》亦仁禮並稱，異端鄙棄禮教，正以賊仁也。張子《正蒙》、朱子《經傳通解》於禮三致意焉，近儒王船山註《正蒙》、秦文恭作《五禮通考》，知其要矣。諸子百家，公無所不窺，尤好《莊子》《史記》《漢書》《通鑑》《文獻通攷》《五禮通攷》，治之三反。古文宗楊、馬、韓、曾詩，自李杜外篤嗜蘇、黃，治經喜高郵王氏書……所著文十二卷、詩四卷、奏議百二十卷、批牘二十四卷、書札六十卷、日記三十四卷、尺牘五十卷、家書二十八卷、《曾氏家訓長編》。其成者，《朱子小學》一卷、《冠禮長編》一卷、《歷朝大事記》六卷、《藩部表》一卷、《選錄十八家詩鈔》三十卷、《經史百家雜鈔》二十六卷、《古文簡本》二卷、《鳴原堂論文》二卷。在軍中有《孟子四類編》《論語言仁類記》《易象類記》《左傳分類事目》《禮記章句校評》《樸目雜記》《周官雅訓雜記》《通鑑大事記》各若干卷。

曾家模 春秋經義說約 十八卷 佚

◎光緒《湖南通志》卷二百四十六《藝文志》二：《春秋經義說約》十八卷(《州志》)、《左傳塾鈔》十四卷（自序：倣左氏原本，經自為經；更易杜氏編次，傳自為傳。不拘年分，事以類從，文以事屬，始終本末，展卷了然。雖變易讀本，卒無改左氏舊觀，而揆諸左氏行文之法，則亦未嘗悖也。爰寫成帙，復加輿圖、年表、世系圖考。名曰《經傳塾鈔》，藏之家塾)、《春秋述朱》四卷（柳邁祖序署：「武岡曾資汀，好學深思，明於經義。嘗讀《春秋》，隱病傳說之誣，益信朱子之言簡而明，直而盡。凡朱子之言《春秋》散見於各書者，匯鈔成帙，斷以己意，名曰《述朱》，凡

四卷。」《武岡志》云：曾氏此書，前一卷採錄朱子之言，有關於《春秋》而散見各書者，曰《語類》、曰《文集》，凡五十三條；後三卷以己意論斷，曰辯、曰說、曰論，凡七十一篇。鏊為四卷），武岡曾家模撰。

◎曾家模，字資汀。湖南武岡馬安人。嘉慶初歲貢。家貧好學，於十三經疑義及天文輿地、河渠水利、周髀勾股各書，無不精研。平居授徒為生，以窮經砥行為務。著有《春秋經義說約》十八卷、《春秋述朱》四卷、《左傳塾鈔》十四卷、《儀禮先易》八卷圖考一卷、《字母明義》、《今是草》二卷、《詩學啟蒙》四卷、《明文引》八卷、《經律體譜法》一卷、《古今圖考》四卷。

曾家模 春秋述朱 四卷 佚

◎光緒《湖南通志》卷二百四十六《藝文志》二：《春秋經義說約》十八卷（《州志》）、《左傳塾鈔》十四卷（自序：做左氏原本，經自為經；更易杜氏編次，傳自為傳。不拘年分，事以類從，文以事屬，始終本末，展卷了然。雖變易讀本，卒無改左氏舊觀，而揆諸左氏行文之法，則亦未嘗悖也。爰寫成帙，復加輿圖、年表、世系圖考。名曰《經傳塾鈔》，藏之家塾）、《春秋述朱》四卷（柳邁祖序署：「武岡曾資汀，好學深思，明於經義。嘗讀《春秋》，隱病傳說之誣，益信朱子之言簡而明，直而盡。凡朱子之言《春秋》散見於各書者，匯鈔成帙，斷以己意，名曰《述朱》，凡四卷。」《武岡志》云：曾氏此書，前一卷採錄朱子之言，有關於《春秋》而散見各書者，曰《語類》、曰《文集》，凡五十三條；後三卷以己意論斷，曰辯、曰說、曰論，凡七十一篇，鏊為四卷），武岡曾家模撰。

◎郭嵩燾《郭嵩燾日記》光緒八年八月初七日：鄧彌之亦寄到潘應斗所著《白石山史評補》、曾家模所著《春秋述朱》二種。

曾家模 左傳塾鈔 十四卷 佚

◎光緒《湖南通志》卷二百四十六《藝文志》二：《春秋經義說約》十八卷（《州志》）、《左傳塾鈔》十四卷（自序：做左氏原本，經自為經；更易杜氏編次，傳自為傳。不拘年分，事以類從，文以事屬，始終本末，展卷了然。雖變易讀本，卒無改左氏舊觀，而揆諸左氏行文之法，則亦未嘗悖也。爰寫成帙，復加輿圖、年表、世系圖考。名曰《經傳塾鈔》，藏之家塾）、《春秋述朱》四卷（柳邁祖序署：「武岡曾資汀，好學深思，明於經義。嘗讀《春秋》，隱病傳說之誣，益信朱子之言簡而明，直而盡。凡朱子之言《春秋》散見於各書者，匯鈔成帙，斷以己意，名曰《述朱》，凡四卷。」《武岡志》云：曾氏此書，前一卷採錄朱子之言，有關於《春秋》而散見各書

者，曰《語類》、曰《文集》，凡五十三條；後三卷以已意論斷，曰辯、曰說、曰論，凡七十一篇。釐為四卷），武岡曾家模撰。

曾士瀛　春秋國際公法　一卷　未見

◎吳茂雲、鄭偉榮編著《台州古籍存佚錄》卷四《經部五・春秋類》：《春秋國際公法》一卷，臨海曾士瀛撰，有稿本，今未見。

◎曾士瀛（1866～1931），字菉洲（六舟），號又僧，別號僧君，又署海上騎鯨客、越王望海館主人。臨海（今浙江臨海）人。受業於黃巖王菉（子莊）。著有《春秋國際公法》一卷、《春秋左氏傳大義述》不分卷。

曾士瀛　春秋左氏傳大義述　不分卷　存

臨海市博物館民國油印本

◎吳茂雲、鄭偉榮編著《台州古籍存佚錄》卷四《經部五・春秋類》：《春秋左氏傳大義述》不分卷，臨海曾士瀛撰。今有民國油印本，存臨海市博物館。

曾受一　春秋解義　未見

◎尋霖、龔篤清編《湘人著述表》著錄。

◎曾受一（1710～1786），字正萬，號靜庵。湖南東安〔註2〕人。乾隆三年（1738）舉人。曾知四川琪縣、江津、開縣、綦江、閬中、巴縣、長壽等縣，陞任廣安、合州、涪州知州，重慶知府，署東川兵備道。著有《易說》五卷、《春秋解義》、《四書講義》二十卷、《尊聞錄》八卷、《學古錄》、《朱子或問文集纂註》七十七卷、《語類文集義纂》等，與修《江津縣志》二十二卷《藝文補編》一卷、《琪縣志》十五卷首一卷。

曾熙　春秋大事表　二卷　佚

◎陳三立《散原精舍詩文集・文集》卷十六《清故兵部主事曾君墓誌銘》：君本治戴氏《禮》、公羊左氏《春秋》，溢而為文辭詩歌，雅懿棄凡近，生徒經君指授，從風為改觀。復迭充監督師範、法政學堂、教育會、諮議局、自治局，物望翕然……所著有《左氏問難》十卷、《春秋大事表》兩卷、《歷代帝王年表》兩卷、《和陶詩》兩卷、書畫錄、文集、詩集各若干卷。

〔註2〕一說廣東東安河漣鄉（今新興縣河頭鎮竹園窩村）。

◎曾熙（1861～1930），原名榮甲，字子緝、嗣（俟）元，晚自號農髯。湖南衡陽人。光緒十七年（1891）舉人，補兵部武選司主事。光緒二十九年（1903）進士，任提學使、湖南咨議局副議長、湖南教育學會會長、石鼓書院兼漢壽龍池書院主講、湖南官立南路師範學堂監督。善書法，與李瑞清並稱「南曾北李」，與李瑞清、沈曾植、吳昌碩並稱「民初四家」。張大千、謝彬、馬宗霍皆出其門下。著有《左氏問難》十卷、《春秋大事表》二卷、《歷代帝王年表》二卷、《和陶詩》二卷、《書畫談藝錄》、《曾熙文集》、《曾熙詩集》、《清故廩貢生王君墓誌銘》、《衡山處士周先生墓誌銘》、《伍壽春墓誌銘》、《李爕勳墓誌銘》、《衡山趙先生壬匯墓碑》。

曾熙 左氏問難 十卷 佚

◎陳三立《散原精舍詩文集・文集》卷十六《清故兵部主事曾君墓誌銘》：君本治戴氏《禮》、公羊左氏《春秋》，溢而為文辭詩歌，雅懿棄凡近，生徒經君指授，從風為改觀。復迭充監督師範、法政學堂、教育會、諮議局、自治局，物望翕然……所著有《左氏問難》十卷、《春秋大事表》兩卷、《歷代帝王年表》兩卷、《和陶詩》兩卷、書畫錄、文集、詩集各若干卷。

曾學傳 春秋大義繹釋 八卷 存

上海藏 1914 年皁江學社刻本

◎曾學傳（1858～1930），又名紹新，字習之，晚自號皁江逸叟，人稱皁江先生。三試不售，遂再無功名之心，潛心著述，設館授徒二十餘年。後任成都存古學堂經學教習，繼任四川國學院院長。光緒三十年（1904）任溫江學務總理，改萬春書院為師範傳習所，次年改溫江高等小學堂。光緒三十三年（1907）後先後執教於成都甲種工業學校、四川高等學堂、四川法政學堂、四川鐵道學堂、陸軍弁目速成學堂，後返縣創辦皁江學社和國粹班。宣統二年（1910）年與門人彭芸生創立國粹學會，繼又組建常學會、教育研究會、中華國粹學會。1913 年發起孔教扶輪會，1914 年併入上海孔教總會，任會長。同年宣導成立孔教會溫江支會，兼任會長。1922 年任溫江縣第一高級小學校長。著有《春秋大義繹釋》八卷、《宋儒學案約編》二十卷、《中國倫理學史》七卷、《皁江文集》及其《補編》《外編》共二十三卷、《皁江詩集》六卷。纂修《溫江縣志》，編寫《溫江縣鄉土志》《溫江志案答問》。

曾運乾 春秋三傳通論 一卷 存

民國石印本

◎曾運乾（1884～1945），字星笠，晚號棗園，益陽人。曾任東北大學、湖南大學教授。著有《尚書正讀》六卷、《毛詩說》、《三禮說》、《禮經禮記通論》一卷、《春秋三傳通論》一卷、《爾雅說》、《聲韻學》、《切韻五聲五十一紐考》、《喻母古讀考》、《廣韻研究講義》、《古聲韻學講義》、《歷代經學流別論》、《切韻釋義》二卷、《喪服釋例》、《通史敘例》三卷（與陳鼎忠合撰）、《目錄學講義》、《荀子說》、《莊子說》。

曾釗 春秋國都爵姓考補 一卷 存

北師大、遼寧大學、金陵藏咸豐十一年（1861）南海伍氏刻粵雅堂叢書本（春秋國都爵姓考附）

國圖出版社2009年賈貴榮宋志英輯春秋戰國史研究文獻叢刊影印咸豐十一年（1861）南海伍氏刻粵雅堂叢書本

◎卷末云：右四十三國俱陳書未載，茲據《大事表》補列於此，《大事表》尚有共、鄾、郭、樊、劉、鍾離、不羹凡七國。按陸氏《釋文》，共，地名；《公羊》襄十四年傳：「劉者何？邑也」；《史記・晉世家》引服虔注：「陽樊，周地。陽，邑名也。樊，中山甫所居，故曰陽樊」；《吳世家》引虔服注：「鍾離，州來西邑」，據此則共、劉、樊、鍾離四邑，非國，傳注有顯文矣。桓九年《左傳》云：「鄧南鄙鄾人」，昭十一年《左傳》云：「城陳蔡不羹」，尋其文義，亦不以為國。莊二十四年「赤歸于曹郭公」，《公羊》連六字為句，《釋文》郭音虢，考《戰國策》郭君注：「古文言虢也」，《穀梁》昭元「會于郭」，《左》作「虢」；《公羊》僖二年傳「夏陽者何？郭之邑」，《穀梁》亦作「虢」，則郭實虢之異文，不得別為國，皆《大事表》之誤，故皆不取。讀者詳之！四月十七日勉士又記。

◎卷末又云：

春秋之世，見於經傳者總一百廿四國，魯、晉、楚、齊、秦、吳、越、宋、衛、鄭、陳、蔡、邾、曹、許、莒、杞、滕、薛、小邾、息、隨、虞、北燕、紀、巴、鄧、郕、徐、鄫、芮、胡、南燕、州、梁、荀、賈、凡、祭、宿、鄅、原、夔、舒、鳩、滑、郯、黃、羅、邢、魏、霍、郜、鄍、蹣、向、偪陽、韓、舒庸、焦、楊、夷、申、密、耿、麇、萊、弦、頓、沈、穀、譚、舒、邳、白

狄、賴、肥鼓、戎、蠻、唐、潞、江、郳、權、道、柏、貳、軫、絞、蓼、六、遂、崇、戴、冀、溫、厲、項、英氏、介、巢、盧、根牟、無終、邘、姒、蓐、狄、房子、鮮虞、陸渾、桐、郜、於餘邱、須句、顓臾、任、葛、蕭、牟、鄅、極、鄟，蠻夷戎狄不在其間（《春秋列國東坡圖說》）。

右說見秦刻《春秋》，今節錄於此，所舉國名有陳書未及者，如潞盧二國，潞即宣十五年晉滅赤狄潞氏，今山西潞安府潞城縣；盧即桓十三年盧戎，今湖光襄陽府南漳縣東北五十里，皆足補陳書未備。又陳書有郳有小邾，此則有小邾而無郳，頗為詳審。惟說云總一百二十四國，今僅一百二十一國，嘗秦氏句讀，似以舒庸為二、鄅瞞為二、於餘邱為二，然經傳中不聞國名有於、鄅、瞞，原非兩國。下既有舒，則舒不得舍庸自名，是皆不可解者。大抵文有脫誤，秦氏破讀以足一百二十四國之數耳。學者不可不知，勿震東坡之名而惑之也。道光丁亥立夏日，曾釗勉士識。

◎程春海有詩贊云〔註3〕：粵東風高不可攀，學希馬鄭文揚班。思深力厚取舍正，盡采蕟蕙遺榛菅。我求明珠向南海，離朱喫詬驚愚頑。崑崙第一未即得，羊鬚首抒緣希慳。

◎趙爾巽《清史稿》卷一百四十五志一百二十《藝文》一：《春秋國都爵姓續考》一卷，曾釗撰。

◎是書據顧棟高《春秋大事表》補列陳鵬《春秋國都爵姓考》所未載，計楊、姜戎、驪戎至沈、黃四十三國，考其誤者計、祭、原至鄏、郳等四十六條，又論及顧書七國之誤。

◎曾釗，字敏修，號冕士。廣東南海（今佛山南海區）人。道光五年（1825）拔貢。官合浦縣教諭，調欽州學正。篤學好古，讀一書必校勘譌字脫文，遇秘本遇秘本或雇人影寫，或懷餅就鈔，積七八年，得數萬卷。曾任學海堂學長。著有《周禮注疏小箋》四卷、《詩說》二卷、《詩毛鄭異同辨》一卷、《毛詩經文定本小序》一卷考異一卷音讀一卷、《虞書命羲和章解》一卷、《春秋國都爵姓考補》一卷、《論語述解》一卷、《讀書雜志》五卷、《面城樓集》十卷。

曾釗 春秋國都爵姓續考 一卷 未見

◎趙爾巽《清史稿》卷一百四十五志一百二十《藝文》一：《春秋國都爵姓續考》一卷，曾釗撰。

〔註3〕錄自桂文燦《經學博採錄》卷四。

曾倬 左氏分編 佚

◎劉聲木《桐城文學撰述考》卷一「曾倬撰述」：《自敘年譜》一卷、《習是篇》□卷、《左氏分編》□卷、《震川論文》□卷、《常熟縣志》十卷。

◎曾倬，字漢瞻，號一川。江蘇常熟人。康熙三十八年（1699）舉人。援例候選知縣。汪應銓師。讀書於破山興福寺近三十年。工書法。文宗歸有光。好理學，兼及道釋，精於《易》。著有《左氏分編》、《自敘年譜》一卷、《習是堂文集》二卷附年譜一卷、《習是篇》、《震川論文》、《常熟縣志》十卷。

查繼鎮 左氏分國編 佚

◎嘉慶《涇縣志》卷二十六《藝文》：查繼鎮《左氏分國編》（錢鄭二志。繼鎮自撰序）。

◎查繼鎮，安徽涇縣人。著有《左氏分國編》。

查日乾 左傳臆說 四卷 佚

◎查禮《銅鼓書堂遺稿》卷三十《跋左傳臆說》：先大夫諱日乾，字天行，號惕人。少孤失學，年二十餘甫憤志讀書。博聞縱攬，凡古今經籍，目之所歷，盡一一成誦。尤酷嗜《左氏傳》，意有所得，隨筆述之，積久成帙，名之曰《左傳臆說》。長沙陳滄洲先生曾為之敘。辛酉，先大夫殁，禮撿閱手澤，得是本讀之涕下。手錄一過而未及授梓。十數載來，禮作宦瘴鄉，是本藏之行笥，萬里相攜，未嘗去諸左右。去年夏，禮來守太平，公事之暇，復又校讀，編為四卷，付之剞劂，以副先大夫窮經之志焉。其中論斷多古人所未發明者，覽者當自得之。

◎查日乾（1667～1741），字天行，號惕人，又號慕園。原籍順天宛平（今北京）。少孤，隨母寄居姊夫江南儀徵知縣馬章玉。及長，遷於天津。初家貧。善經營，以行鹽致富。築水西莊。讀書不務章句，尤精史事，負經濟才。子為仁、為義、為禮。著有《左傳臆說》四卷、《史膜》四卷等。

查燕緒 春秋地理異同考 八卷 佚

◎劉聲木《桐城文學撰述考》卷四「查燕緒撰述」：《群書異詁》八卷、《大戴禮箋疏》□卷、《春秋地理異同考》八卷、《分纂湖北通志》□□卷。

◎查燕緒（1843～1919），字翼甫，號檻亭。浙江海寧人。光緒十年（1886）舉人。曾任職湖北志局，與葉昌熾善。富藏書，室名木漸齋。著有《大戴禮箋

疏》、《春秋地理異同考》八卷、《群書異詁》八卷，分纂《湖北通志》，嘗為其
師張裕釗編印《濂亭文集》。

詹汝謙 春秋摘義 佚

◎同治《續纂揚州府志》卷十三《人物志》五：著有《漢易折衷》《春秋
摘義》《梓香書屋詩文集》（《家狀》）。

◎詹汝謙，字受茲。江蘇高郵人。道光十二年（1832）舉人。晚年主講珠
湖書院。著有《漢易折衷》《春秋摘義》《梓香書屋詩文集》。

詹維修 左氏摘艷 佚

◎汪正元、吳鶚光緒《婺源縣志》卷五十五《藝文志・典籍》：詹維修著
（《秦漢菁華》、《六朝文膾》、《尚書代言》、《左氏摘艷》、《史記拔奇》、《漢書衷瞻》、
《雲寥雜疏》、《雲寥樂府》十卷、《逃禪賸語》）。

◎詹維修，婺源（今江西婺源）人。著有《秦漢菁華》、《六朝文膾》、《尚
書代言》、《左氏摘艷》、《史記拔奇》、《漢書衷瞻》、《雲寥雜疏》、《雲寥樂府》
十卷、《逃禪賸語》。

詹之吉 春秋比類匯參 佚

◎汪正元、吳鶚光緒《婺源縣志》卷二十六《人物志・風雅》：彙纂《策
學集成》《春秋比類匯參》《春秋提要》《周易發蒙》《傷寒旁訓》《金匱旁訓》
《雜症匯要》等卷藏於家。

◎民國《重修婺源縣志》卷三十六《人物》九：彙纂《策學集成》《春秋
比類匯參》《春秋提要》《周易發蒙》《傷寒旁訓》《金匱旁訓》《雜症匯要》等
書藏於家。

◎詹之吉，字潤初。婺源（今江西婺源）龍灣人。庠生。資敏力學，涉獵
羣書，屢躓棘闈，家居課讀，通醫術。著有《周易發蒙》《春秋比類匯參》《春
秋提要》《策學集成》《傷寒旁訓》《金匱旁訓》《雜症匯要》。

詹之吉 春秋提要 佚

◎民國《重修婺源縣志》卷三十六《人物》九：彙纂《策學集成》《春秋
比類匯參》《春秋提要》《周易發蒙》《傷寒旁訓》《金匱旁訓》《雜症匯要》等
書藏於家。

詹紹慶 左凡印可正續編 佚

◎汪正元、吳鶚光緒《婺源縣志》卷五十五《藝文志·典籍》：詹紹慶著（《三經整》《左凡印可正續編》《大麓野抄》）。

◎汪正元、吳鶚光緒《婺源縣志》卷十九《人物志·名賢》：所著有《三經整》《左凡印可正續編》藏於家。

◎詹紹慶，字本修，學者稱大麓先生。婺源（今江西婺源）慶源人。天性孝友，靜默不逐世紛。少從族賢軨光學，研究紫陽心性之旨，兼肆力古學。著有《三經整》《左凡印可正續編》《大麓野抄》。

張賓雁 春秋傳通釋 二十二卷 佚

◎道光二十五年張同聲修、李圖纂《重修膠州志》卷二十《藝文》：張賓雁《春秋傳通釋》二十二卷。

◎孫葆田《山東通志》卷百二十七《藝文志》第十：是書見《州志》。

◎張賓雁，字秋臣，一字雪爪。山東膠州人。廩貢生。歷官萊蕪訓導。著有《詩古音》六卷、《夏小正考證》一卷、《春秋傳通釋》二十二卷。

張炳翔 春秋三傳分類集說 不分卷 存

蘇州藏稿本

◎張炳翔，原名翔，字叔鵬。長洲人。葉昌熾弟子。輯刻《許學叢書》三集。精讎校，喜藏書，有藏書樓儀郵廬。著有《春秋三傳分類集說》不分卷、《光緒十九年癸巳恩科江南鄉試硃卷》一卷，纂修《蘇州張氏家譜》四卷。

張超 春秋字訓 佚

◎光緒《續修廬州府志》卷四十四《儒林傳》：著有《萊山書說》《春秋字訓》《儀禮節釋》《兩射車制》《律呂圖》等編，又有《待定集》《華國編》《思位齋文稿》藏於家

◎張超，字居東，號萊山。安徽無為人。歲貢生。欽賜舉人。天性孝友，博極羣書，考求一是。著有《萊山書說》《儀禮節釋》《兩射車制》《春秋字訓》《律呂圖》等編，又有《待定集》《華國編》《思位齋文稿》藏於家。

張曾慶 春秋 佚

◎乾隆《再續華州志》卷十二《雜志·藝文》：《性理輯要》、《燕遊草》、

《毛詩外傳》、《商書》四冊、《周易觀玩錄》、《春秋》九冊、《十三經源流》、《廿一史述畧》、《大易潔淨篇》、《四書精旨講義》（俱翰林檢討張曾慶著）。

◎張曾慶，字子餘，一字昆詔。華州（今陝西渭南市華州區）東溪人。康熙二十三年（1684）舉人、三十年（1691）進士。官翰林院檢討。著有《大易潔淨篇》、《周易觀玩錄》、《周易觀玩錄彙考》十五卷、《毛詩外傳》、《商書》、《春秋》、《四書精旨講義》、《十三經源流》、《性理輯要》、《燕遊草》、《廿一史述畧》。

張辰昌　麟經家言　佚

◎吳茂雲、鄭偉榮編著《台州古籍存佚錄》卷四《經部五・春秋類》：《麟經家言》，卷數不詳，明臨海張辰昌撰，書未見。

◎張辰昌，字漢明，號對文。臨海（今浙江臨海）人。萬曆四十一年（1613）進士。官豐城令，以廉明著。著有《麟經家言》。

張次仲　春秋隨筆　一卷　佚

◎張次仲（1589～1676），字元岵，號待軒、鈍庵，晚號浙汜遺農。初名允昌，字孺文。浙江海寧人。天啟元年（1621）舉人。年十八為諸生，訪周新之希昌於五泄，尋胡玉呂廷試於螺螄山，相與為忘年交。讀書黃鶴山房，室名一經堂，危簷敗壁，旁風上雨，窮寒暑不輟。明亡後隱居鄉里，潛研經學，舉賢良方正不就。著有《周易玩辭困學記》十五卷首一卷、《待軒詩記》六卷、《春秋隨筆》一卷、《左傳分國紀事》二十一卷、《左傳鈔》、《史記鈔》、《晉書纂》、《孔子年譜》一卷、《瀾堂夕話》一卷、《偶書》一卷、《張待軒先生遺集》十二卷、《待軒遺集鈔》一卷等。

張次仲　左傳鈔　佚

張次仲　左傳分國紀事　二十一卷　佚

張聰咸　左傳杜注辨證　六卷　存

中科院藏抄本

國圖、吉林藏光緒二十二年（1896）劉世珩刻聚學軒叢書第二集本

江蘇廣陵古籍刻印社 1982 年據光緒貴池劉氏刻聚學軒叢書重印本

◎原名《左傳刊杜》，後改今名。

◎段玉裁《左傳杜註辨證序》：《左氏》古學，肇于劉歆。《漢書》歆本傳載歆為訓詁，然歆學未立，至賈逵、服虔始沿其緒，于是有賈、服之學。漢魏間兩學竝立，至晉有杜氏輯解之而賈學漸微，服、杜猶竝稱焉。隋大業目後，則服氏之學行于河雒、杜氏之學行于江左。自唐貞觀中，孔穎達作《正義》，而服學遂浸。杜氏本集侍中、太守諸說，大率芟繁務簡，欲期明而反晦；緣事依仰，復略古而自見。後之言《左氏》者僅知元凱之長，不知有賈、服之舊也。劉光伯《規杜》、衛冀隆《難杜》皆發明其義。然元凱之疑誤，豈惟《長曆》非法、短喪免禮可議也？國朝顧炎武、惠棟皆有補正，而顧氏弟尋繹經文，裁目己意；定宇則廣摭賈、服舊注，而于地學一則又博采京相璠《土墜名》、《左》、《百》、兩漢《漢志》及酈元《水經注》；婺源江晸修證其星曆之訛、訂其車法之謬，極見精確。近見程魚門《左傳翼疏》三十卷，凡異于杜氏者悉詳錄之，亦為精密，然卒未嘗審度是非持目公論也。《左氏》有古文不可強解者，古文位為立、讓為攘、跗為不、鱄為專一類；有古義不可闇附者，「有麥麰乎？曰：無。有山麰窮乎？曰：無」、「專之渝，攘公之羭」一類；有脫文不可遺漏者，施于夷狄稱天子、施于諸夏稱天王、施于京師稱王一類；有古韻不可牽混者，「如魚窺尾，衡流而方羊，裔焉大國，滅之將亡」，羊亡為韻一類。得傅巖《辯證》一書，既博且精，咸有根柢。至其于墜里之學，能據《毛詩》《尚書》訂漢水入江目後猶得稱漢，自元凱誤讀《禹貢》導漾節「過三澨至于大別南」為句，遂沿誤千有餘年，無能發蒙者，此《辯證》之功為最鉅。後之言《左氏》者，當推是編為本朝鉅製云。歲嘉慶庚午正月二十日。

◎段玉裁《左傳刊杜序》〔註4〕：凡著書者，將以求其是而已，非將以求勝於前人而要名也。將以求勝於前人而要名，則吾斯未信而欲天下後世信之，無是理也。雖然，吾非以要名，吾非以求勝於人，而誠求其是，則其書之成宜若必可信矣。然而其所謂是者未必真是，又難以必人之信從，其或信從之，則著書者之幸而聖人之道之不幸。天下之真是不易知，不必真是之說轉易曉，使淺人自滿其量之能容受，悅目猒心而不自知，以至舉世尊之、功令尊之。如朱子改竄古經之《大學》、屏棄古序之《毛詩》是也。然雖舉世尊之、功令尊之，而讀者未安，詆議者未嘗絕於世，以為誣聖人，以為誤學術，則亦豈得為著書者之幸乎哉！今所謂十三經者，《左傳》用杜元凱《經傳集解》。自唐人作《正義》，而然前此之注皆亡矣。其書說天子諸侯喪服敔為非聖，其他訓詁、名物、

〔註 4〕錄自段玉裁《經韻樓集》卷四。

地理、曆法特多疵纇，要其尊傳以釋經，非有若改竄古經、屏棄古序之大謬也。自唐以來多有相訾謷者，蓋亦未盡得真是與！鄭氏之於《三禮》得真是者取多，杜氏之於《左傳》得真是者較少，要其著書之時，固皆以求其是，而非以求勝於前人以要名也。今張君阮林有《左》癖，蘊積既久，乃取自漢以來及於國朝諸儒說異杜者，匯集其成，參以己說，為《刊杜》若干卷。夫亦將求其是以裨《左氏》，而非欲求勝於前人以要名者，而真是未嘗不在其間，書固可以傳諸通邑大都矣。人之信之不以為幸，即有不信而更正之、補苴之，果確中其肯綮，且深以為幸也，此阮林之志也。著書者，固以天下後世信從真是之為幸，而非以天下後世信從未必真是之為幸。《左氏》非不樂《公羊》《穀梁》之後出，杜氏非不樂劉炫輩之後出。朱子在今，必深幸詆議之有人。夫君子求為可信，不求人之信，求其真是而亦不敢自必為真是，此真是之所以日出也。然則阮林之學其可限量也哉！嘉慶辛未七月，金壇段玉裁撰。

◎自序：漢季《左氏》之學，鄭、賈最著，蓋其原同出於劉歆。服虔繼之，由是章句訓詁於古義為備，其書皆行於魏、亂於晉而衰於隋、絕於唐矣。故《隋書・經籍志》猶載賈逵《左氏傳解詁》三十卷、《左氏傳條例》九卷、服虔《左氏傳解誼》三十一卷。自杜氏《集解》出而晉宋以下服、杜遂並立國學，此《北史》所以稱「河洛《左傳》則服子慎，江左《左傳》則杜元凱」也。然《隋志》猶謂其先通《左氏》者唯傳服義，及於隋而杜氏盛行，服無師說。然杜既行而劉炫、衛冀隆、周樂遜輩即有《規》《難》《發》《違》諸作。至於唐作《正義》，復專成杜氏一家之學，而其時如權德輿及宋之晁公武又議其錯傳分經矣。竊以為杜解之乖於義者大端有四：《長曆》非曆也。抉其繆者發端於《通鑑外紀目錄》，而鄭漁仲以為杜氏通星曆，則淺識矣。論喪短喪也，詳列於顧棟高《杜注正訛表》，而是時博士殷暢猶為強相證會，則亂禮矣。釋軍制則車法徒法不分，釋田賦則丘賦甸賦莫辨。東吳惠氏棟始博採侍中、太守之《解誼》，京氏相璠之《土地名》，證以秦漢子書，為《補注》六卷，徇足以延不傳之緒，其功為鉅。然子慎解傳曆用太極，上元姜岌已駁其失，惠雖未及詳，亦終無以閒執信杜者之口。惟婺源江氏永獨能據唐一行曆及姜岌、大衍、授時三家以正《長曆》之繆，據《周禮》鄭君「車有卒伍」注以辯軍制之訛，予猶惜其說散見於經義中未有專帙也。今參以末學之見，更證之羣經諸子及《漢志》載子駿說之可證會者，悉蒐輯之。其辭繁而不殺，誠欲使劉、鄭、賈、服之古義今時猶得闚其緒餘，亦知杜解多本之舊說而刪逸其精

詳、更易其義例，轉不若韋叔嗣之注《外傳》猶存賈侍中、唐尚書之舊也。至訓詁之小誤、地理之參差則有顧亭林《補正》、江慎修《考實》與夫惠君之《補注》，皆各詳其說。馬一丈器之又廣援《郡國志》《水經注》以補松崖之未備。然杜氏地理之大乖者，莫若以漢水之名不踰江夏，而偽《書傳》及後之言地學者皆沿其誤，竟無有起而正之者。此予之急欲明辨也。歲嘉慶己巳十一月二日，錄於錢唐寓齋。

　　◎附段若膺明府書：上年別後，為祈寒所迫成疾，至二月望後乃有生人之樂，蓋老境如此耳。大箸既博且精，辨證咸有根柢。中論漢水，破征南傳注之謬。《尚書》《毛詩》皆可由此說發明。千有餘年地理家皆未之省，誠為本朝鉅製。惜瀏覽尚未及半，拙序未敢輕率，竟尚未屬稿，姑先將原槀呈還，俟徐日奉寄也。四月望段玉裁頓首。

　　◎胡培翬《左傳杜注辯證跋》〔註5〕：嘉慶十有九年甲戌二月，桐城阮林張君卒於都城旅次，其卒之前數日，出所著《左傳杜注辨證》〔註6〕授家墨莊太史〔註7〕，屬為刪訂其說〔註8〕。太史為寫副存焉〔註9〕，而原書仍歸其家。屬余〔註10〕校其字，余因卒讀是書。夫〔註11〕《左氏》自當陽《集解》出而賈、服諸家之注遂佚〔註12〕。先王父〔註13〕樸齋先生撰《左傳翼服》，凡古義之異於杜者一一引申其說，宋以前諸書引古注有與今杜注無殊〔註14〕者亦俱〔註15〕錄出〔註16〕。蓋《集解》多承用舊說，其自出新意則往往紕繆難通。張君〔註17〕是編，憤杜氏之襲舊而不著其名，又如長曆非法、短喪誣禮，皆乖經

〔註5〕　胡培翬《研六室文鈔》卷七題《左傳杜注辯證書後》，文有小異。
〔註6〕　胡培翬《研六室文鈔》卷七《左傳杜注辯證書後》此下有小注：初名《左傳刊杜》，段氏懋堂謂其過激，乃易今名。《經韻樓集》中有《左傳刊杜序》，即是書也。
〔註7〕　胡培翬《研六室文鈔》卷七《左傳杜注辯證書後》「墨莊太史」作「編修墨莊」。
〔註8〕　胡培翬《研六室文鈔》卷七《左傳杜注辯證書後》無「其說」二字。
〔註9〕　胡培翬《研六室文鈔》卷七《左傳杜注辯證書後》「太史為寫副存焉」作「編修寫副藏焉」。
〔註10〕　胡培翬《研六室文鈔》卷七《左傳杜注辯證書後》「屬余」上有「以寫本」三字。
〔註11〕　胡培翬《研六室文鈔》卷七《左傳杜注辯證書後》「夫」作「烏虖」。
〔註12〕　胡培翬《研六室文鈔》卷七《左傳杜注辯證書後》「佚」下有「矣」字。
〔註13〕　胡培翬《研六室文鈔》卷七《左傳杜注辯證書後》「王父」作「大父」。
〔註14〕　胡培翬《研六室文鈔》卷七《左傳杜注辯證書後》「今杜注無殊」作「杜注同」。
〔註15〕　胡培翬《研六室文鈔》卷七《左傳杜注辯證書後》「俱」作「為」。
〔註16〕　胡培翬《研六室文鈔》卷七《左傳杜注辯證書後》「錄出」下有「以明杜之所本」。
〔註17〕　胡培翬《研六室文鈔》卷七《左傳杜注辯證書後》「張君」作「阮林」。

義之大〔註18〕。乃博采眾說，參證〔註19〕其失。徵引繁富，誠足為〔註20〕治是經者考訂之資也。君銳於箸述，博聞多識。六經子史，罔不尋覽。於詩專學少陵，遺貌求神，追摹甚力〔註21〕。卒以為學太勤，不自節省〔註22〕，攖疾以終，深可惋〔註23〕已。君所著書，其已刻者有《經史質疑錄》一冊；其〔註24〕未刻者，是編外有漢晉各家逸史，謝承《後漢書》及王隱《晉書》已輯有成本。其遺槁俱存姚幼楷孝廉處。又有詩集八卷存徐檺亭農部處〔註25〕。君之疾也，姚孝廉與偕臥處〔註26〕，躬候湯藥者月餘。其卒〔註27〕也，徐農部〔註28〕及姚〔註29〕孝廉經紀其喪，殯斂盡誠〔註30〕，不辭勞瘁。夫禮，朋友皆在他邦，袒免〔註31〕，良以遠出在外而死，無為之主，悲憫尤深，故有袒免之服〔註32〕。今徐、姚二君之篤於友誼如是，庶古人重友之義復明，以視世之酒食徵逐、詡詡笑語，反眼若不相識者，其相去何如哉！君諱聰咸，字阮林〔註33〕，庚午歲與余〔註34〕同舉於鄉。在京師以力學相切劘，每辨論經義〔註35〕，精悍

〔註18〕胡培翬《研六室文鈔》卷七《左傳杜注辯證書後》「乖經義之大」作「大乖於經義」。

〔註19〕胡培翬《研六室文鈔》卷七《左傳杜注辯證書後》「參證」作「糾正」。

〔註20〕胡培翬《研六室文鈔》卷七《左傳杜注辯證書後》無「足為」二字。

〔註21〕胡培翬《研六室文鈔》卷七《左傳杜注辯證書後》「追摹甚力」作「竭盡心力」。

〔註22〕胡培翬《研六室文鈔》卷七《左傳杜注辯證書後》「為學太勤，不自節省」作「為學過勤」。

〔註23〕胡培翬《研六室文鈔》卷七《左傳杜注辯證書後》「惋」作「惜」。

〔註24〕胡培翬《研六室文鈔》卷七《左傳杜注辯證書後》無「其」字。

〔註25〕胡培翬《研六室文鈔》卷七《左傳杜注辯證書後》「謝承《後漢書》及王隱《晉書》已輯有成本。其遺槁俱存姚幼楷孝廉處。又有詩集八卷存徐檺亭農部處」作「內謝承《後漢書》、王隱《晉書》俱已輯有成本，又有《傅巖詩集》八卷」。

〔註26〕胡培翬《研六室文鈔》卷七《左傳杜注辯證書後》「姚孝廉」作「姚孝廉幼楷」。

〔註27〕胡培翬《研六室文鈔》卷七《左傳杜注辯證書後》「卒」作「歿」。

〔註28〕胡培翬《研六室文鈔》卷七《左傳杜注辯證書後》「徐農部」作「徐農部檺亭」。

〔註29〕胡培翬《研六室文鈔》卷七《左傳杜注辯證書後》無「姚」字。

〔註30〕胡培翬《研六室文鈔》卷七《左傳杜注辯證書後》「誠」作「情」。

〔註31〕胡培翬《研六室文鈔》卷七《左傳杜注辯證書後》「皆在他邦，袒免」作「無服，其弔服加麻而已。至皆在他邦，則服袒免，與宗族五世者同」。

〔註32〕胡培翬《研六室文鈔》卷七《左傳杜注辯證書後》「有袒免之服」作「制為袒免之服以厚之」。

〔註33〕胡培翬《研六室文鈔》卷七《左傳杜注辯證書後》下有「一字小阮」四字。

〔註34〕胡培翬《研六室文鈔》卷七《左傳杜注辯證書後》「余」作「培翬」。

〔註35〕胡培翬《研六室文鈔》卷七《左傳杜注辯證書後》「辨論經義」作「有辨論」。

之色見於眉宇。雖互相詰難，而終無忤容〔註36〕。今讀是書，所謂音徽未沫而其人已亡，青簡尚新宿草將列，孝標之悲，惡能已也！七月既望，年愚弟績溪胡培翬跋〔註37〕。

◎道光《桐城續修縣志》卷十六《人物志・文苑》：少穎悟，所為詩文嘗見賞於同里先輩姚鼐，有異才之目。遊京師則為儀徵阮宮保元、寶應王侍郎引之、涇縣胡給諫承珙所知。生平於經通《左氏傳》，於小學通音韻諸書，於史熟漢晉逸事。著有《左傳杜註辨證》、《經史質疑錄》、《傅築詩集》。

◎道光《續修桐城縣志》卷第二十一《藝文志・春秋類》：《左氏杜註辨證》一卷（張聰咸撰）。

◎劉聲木《桐城文學撰述考》卷二「張聰咸撰述」：《左傳杜註辨正》六卷（《聚學軒叢書》本）、《經史質疑錄》二卷（《聚學軒叢書》本）、《音韻辨微》八卷、《漢晉佚史》（已佚）、《六書正體》（已佚）、《枕畔雜輯》二卷、《開寶詩品》（已佚）、《謝承後漢書》□卷、《王隱晉書》□卷。

◎《重修安徽通志・文苑》：詩文宗法古人，於經通《左氏傳》，於小學通音韻，於史熟漢晉逸事。著有《左傳杜注辨證》、《經史質疑錄》及《傅巖詩集》。卒於京師，年僅三十有二（《桐城縣志》）。

◎孫殿起《販書偶記》卷二：《左傳杜注辨證》六卷，桐城張聰咸撰。底稿本。

◎劉開《孟塗文集》卷十《張阮林傳》：張氏為吾邑巨族，世有達官，才人亦且不乏。而文辭能直追古人，則自阮林始。阮林怯弱如不勝衣，其筆力精悍無前，振厲風發，不可一世。所為詩宗法少陵，其深造者幾欲神合，近時之善學杜者，未有能或之先也。往時姚惜抱先生見阮林所作，嘆曰：「其文其詩皆有雄傑之氣，可謂異才矣。」先生不輕許可人，而賞識阮林如此。阮林於經通《左氏》，於小學通音韻，於史熟於漢晉逸事，著有《左傳杜註辨正》及《經史質疑錄》。阮芸臺宮保、王伯昇閣學、胡墨莊給諫皆深器之。

◎趙爾巽《清史稿》卷一百四十五志一百二十《藝文》一：《左傳杜注辨證》六卷，張聰咸撰。

〔註36〕胡培翬《研六室文鈔》卷七《左傳杜注辯證書後》「終無忤容」作「論罷相說如初」。

〔註37〕胡培翬《研六室文鈔》卷七《左傳杜注辯證書後》「七月既望，年愚弟績溪胡培翬跋」作「是歲七月既望書」。

◎上海古籍出版社 2015 年《續修四庫全書總目提要‧春秋類》「《左傳杜註辨證》六卷」：是書前有段玉裁序、張氏自序，據自序，張氏以為杜解之乖於義者，大端有四：長曆非曆也；論喪短喪也；釋軍制則車法、徒法不分；釋田賦則丘賦、甸賦莫辨。雖有江永、顧棟高、惠棟、馬宗璉等糾誤之作，然或散見未能成帙，或亦有遺漏不足之處。張氏銳於著述，博聞多識，六經子史罔不尋覽，參以末學之見，更證之群經、諸子及《漢志》載劉歆說之可證者，「欲使劉、鄭、賈、服之古義今時猶得，闚其緒餘。亦知杜解多本之舊說，而刪逸其精詳，更易其義例」，乃作是書以辨證之。是書以十二公為序，列傳文、杜注於前，後引諸說，結以案語加以辨證。張氏以為杜氏地理之大乖者，莫若以漢水之名不逾江夏，且後世地理學者皆沿其誤，然竟無起而正之者。故在是書中，張氏據《毛詩》、《尚書》，並依班、鄭、桑、京之說定大別山在安豐，訂正漢水入江以後猶得稱漢，並列圖明示，此辨證之功為最鉅。張氏博采眾說，徵引繁富，非止於辨證杜失，於眾說皆辨其良莠。如桓公二年《傳》「是以清廟茅屋」，杜注：以茅飾屋，著儉也。清廟，肅然清靜之稱。張氏引《漢宮篇》胡廣注、惠氏說證「杜注、孔疏皆不能詳也」，又「咸以為明堂配天之祭，故清廟謂之清明堂。謂之明，蓋清明象天也」，鄭、賈、穎、服之說皆未善，後引蔡邕《明堂月令論》、《大戴禮記‧明堂篇》佐證，不偏不倚。故段玉裁稱其「既博且精，咸有根底」。書前有嘉慶癸午段玉裁序、嘉慶己巳張聰咸自序，後有《附段若膺明府書》、胡培翬跋。此本據上海辭書出版社圖書館藏清光緒間貴池劉世珩刻《聚學軒叢書》本影印。（潘華穎）

◎張聰咸（1783～1814），字阮林，一字小阮，號傅巖（崖）。安徽桐城人。嘉慶十五年（1810）舉人。性簡傲寡合。考得覺羅官學教習，留京師，因咯血卒。著有《左傳杜註辨正》六卷、《經史質疑錄》二卷、《音韻辨微》八卷、《漢晉佚史》、《六書正體》、《傅巖詩集》四卷、《枕畔雜輯》二卷、《開寶詩品》、《謝承後漢書》、《王隱晉書》。

張道緒 春秋氏族圖 不分卷 存

上海、重慶藏嘉慶十八年（1813）人境軒刻袖珍本

◎雷夢水《販書偶記續編》卷二《經部‧春秋總義類》：《春秋氏族圖一卷》（清溧水張道緒輯。嘉慶癸酉人境軒刊袖珍本。是書陳厚耀原撰，張道緒重訂）。

◎張道緒，江蘇溧水人。著有《周易義傳合訂》十五卷首一卷、《春秋氏族圖》不分卷、《文萃十三種》四十五卷。

張德耀 左傳分國條貫 佚

◎孫葆田《山東通志》卷百二十七《藝文志》第十：是書見《縣志》。

◎張德耀，字星聚。山東利津人。道光二十二年（1842）歲貢。著有《周禮講義》《儀禮講義》《左傳分國條貫》。

張鼎 讀左日記 一卷 存

復旦藏民國抄本

國圖藏 1936 年盧學源鉛印張銘齋先生遺著本

學苑出版社 2006 年俞冰主編歷代日記叢抄本

臺中縣文聽閣圖書有限公司 2010 年晚清四部叢刊第四編影印 1936 年鉛印本

◎一名《春暉樓讀左日記》。

◎王欣夫《蛾術軒篋存善本書錄‧庚辛稿》卷一：

《春暉樓讀左日記》一卷（一冊），清海鹽張鼎撰。鈔稿本。

鼎字銘齋，與秀水高均儒最善。均儒嘗曰：「銘齋，我之死友也。」此書于《左氏傳》玩文釋義，時創新見。如莊公八年傳「齊侯使連稱管至父」篇，謂「彭生之見，非真彭生也。使人為之。又令從者指鹿為馬以懼公，使先歸也。皆連稱等之謀也。公怒，射之，則為豕之人，惶遽立啼。豕、人二字，當略斷。上但言大豕，後言豕人，補注於後」。案此說實合當時情事。既是大豕，何得從者皆見為人，其詐明甚。所以必人為者，為特大于常豕，以表異耳。此利用迷信心理以懼公。而左氏以豕人為解，固未為所惑也。乃服虔云：「公見巋，從者乃見彭生，鬼改形為豕。」杜預襲之，亦謂「皆妖鬼」。則本詐偽而反加以證實，不免為連稱等所笑矣。酈道元不知，《水經注》淄水所引則作「豕立而啼」，無「人」字。舊讀又有以豕字略讀者，皆非也。又宣公二年「靈公不君」篇，謂「靈公之立，迫于穆嬴，非盾本意，當日必不委盾大權。盾恐公長，修廢嫡之怨，故欲謀孽其短以弒之」。靈公不過「少年任性，未為大惡。宣子驟諫者，意在觸其怒，以激成大惡。鉏麑之賊、嗾獒、伏甲之事，皆宣子所深望于公而預為之備者也。觀其入朝而以力士為車右，則設備可知。鉏麑之死，非真自死也。宣子戕之而虛構觸槐之事及不忘恭敬之言，以播諸通國也。太史責其弒君，曰：『亡不越境，反不討賊，非子而誰？』如老吏斷獄，推見至隱。孔子稱之曰『書法不隱』，言深中其陰謀，不為隱匿」。案亦剖析詳明，言之成

理。鉏麑不忘恭敬之言，固不知向誰言之，而又誰得而聞之耶？惟多論文法，有「頂承」、「雙提」等語。隱五年「諫觀魚」篇，謂「『凡物至不舉焉』，如時文破題；『君將至所以敗也』，如承題」，則直以時文之法讀之，帖括之病，非說經所宜矣。鼎所著，近有排印《春暉樓叢書》上集四種而無此書，其將列入下集而未果印歟？

◎張鼎，號銘齋。浙江海鹽人。曾任徐州兵備道。著有《讀易日記》二卷、《易漢學訂誤》一卷、《易漢學舉要》一卷、《讀左日記》一卷、《春暉樓禹貢地理舉要》、《春暉樓論語說遺》、《春暉樓四書說略》諸書，收入《春暉樓叢書》。

張爾岐 春秋三傳駁義 十二卷 佚

◎乾隆胡德琳《重修濟陽縣志》卷十三《藝文志・著述》：《易經說略》八卷、《詩經說略》五卷、《儀禮集註句讀》十卷、《吳氏儀禮考注訂誤》一卷、《春秋三傳駁義》十二卷、《夏小正傳注》一卷、《弟子職注》一卷、《老子說略》二卷、《蒿庵集》三卷、《蒿庵閒話》二卷、《新濟藝文》三卷、《濟陽縣志》九卷（逸），以上俱張爾岐著。

◎道光《濟南府志》卷六十四《經籍》：《周易說略》四卷、《詩經說略》、《春秋傳議》四卷、《吳氏東堂禮考註訂誤》、《弟子職註》、《儀禮鄭註句讀》十七卷附《監本正誤》《石經正誤》二卷、《夏小正傳註合輯》一卷、《新濟藝文》、《濟陽縣志》、《蒿庵閒話》二卷、《老子說略》一卷，濟陽人張爾岐著撰。

◎張爾岐（1612～1677），字稷若，號蒿菴，又號汗漫道人。山東濟陽西鄉宜約人。著有《易經說略》八卷、《詩經說略》五卷、《夏小正注》一卷、《儀禮鄭注句讀》、《吳氏儀禮注訂誤》一卷、《春秋三傳駁義》十二卷、《春秋傳義》六卷、《濟陽縣志》九卷、《新濟藝文》三卷、《弟子職注》一卷、《老子說略》二卷、《蒿庵集》三卷附錄一卷、《蒿庵閒話》二卷。

張爾岐 春秋傳議 六卷 存

天津藏稿本

天津藏清抄本（佚名校）

國圖藏清抄本（題春秋傳義。缺第 12 冊）

國圖藏清抄本（四卷）

光緒十五年（1889）山東書局刻蒿庵全集本

四庫全書存目叢書影印天津藏稿本

◎錢載《蘀石齋文集》卷二十四《處士張蒿庵墓表》作《春秋傳義》：其他所著《易經說略》八卷、《詩經說略》五卷、《夏小正注》一卷、《弟子職注》一卷、《老子說略》二卷、《蒿庵集》三卷、《蒿庵閒話》二卷、《濟陽縣志》九卷、《吳氏儀禮注訂誤》一卷，《春秋傳義》未成。

◎孫葆田《山東通志》卷百二十七《藝文志》第十：是書《四庫存目》又有十五卷之本，見《學部圖書館善本書目》。《存目提要》曰：「意在折衷三專，歸於至當。然發明胡傳之處居多，猶未敢破除門戶。同時有樂安李煥章為爾岐作傳云：『著《春秋傳議》未輟而卒。』今此本闕略特甚，蓋未成之稿，而好事者刻之也。」

◎陸燿《切問齋集》卷十《蒿庵書院碑》：齊魯自伏生、轅固而還，至東京之末，康成鄭氏始為諸經箋注，號為經師。爰及北宋，乃有泰山孫明復、徂徠石守道特起為人倫師表。越六百餘年而復有濟陽蒿庵張先生。先生名爾岐，字稷若，生於明季際會興朝，當正學昌明之日，博綜載籍，篤志躬行。當是時，孫鍾元講學於蘇門、李中孚標宗於盩厔，類沿明人餘論，出入白沙、陽明、心齋、近溪之間，先生獨守程朱說不少變。海內君子如桐鄉張考夫、太倉陸道威，各以韋布力行，任斯道之重。先生縞紵不通，而風期合轍，隱然有以開陸清獻、張清恪之先。故崑山顧寧人亦每以康成、泰山、徂徠三先生相勉。嗚呼，若先生者，其庶幾人師也已！

◎趙爾巽《清史稿》卷一百四十五志一百二十《藝文》一：《春秋傳議》四卷，張爾岐撰。

張琯 春秋經傳解 佚

◎道光《濟南府志》卷六十四《經籍》：《春秋經解》《三傳解》，新城人張琯撰。

◎民國《重修新城縣志》卷十七《人物志》五：所著有《春秋經傳解》《三傳解》《協菴詩文集》等集，皆沒於水。

◎民國《重修新城縣志》卷二十五《藝文志》二：《春秋經傳解》《協菴文集》《協菴詩集》，右張琯著。

◎孫葆田《山東通志》卷百二十七《藝文志》第十：二書〔註38〕見《府志》。

〔註38〕題《春秋經解》《三傳解》。

◎張瑄，字官玉，號協菴。山東新城（今桓臺）人。張夢雷子。少承家學，尤稱淹博。學使重其文，歲科七試皆首選，順治三年（1646）登賢書。著有《春秋經傳解》《三傳解》《協菴文集》《協菴詩集》。

張瑄 三傳解 佚

◎民國《重修新城縣志》卷十七《人物志》五：所著有《春秋經傳解》《三傳解》《協菴詩文集》等集，皆沒於水。

◎民國《重修新城縣志》卷二十五《藝文志》二：《春秋經傳解》《協菴文集》《協菴詩集》，右張瑄著。

◎孫葆田《山東通志》卷百二十七《藝文志》第十：二書見《府志》。

張觀曾 春秋大事表摘要 二卷 佚

◎宣統《建德縣志》卷十五《人物志·文苑》：著有《木石軒詩文集》十二卷，並輯《春秋大事表摘要》二卷、《周易指掌圖》一卷、《柳蘇古文合選》二卷、《唐宋五律正宗詩選》二卷、《名文春華／秋實》二集均擬付梓，惜年三十六卒，藏稿盈篋，後被兵燹。

◎張觀曾，字少芝，號柘圃。安徽建德人。優廩生。與弟觀美相為師友。著有《周易指掌圖》一卷、《春秋大事表摘要》二卷、《柳蘇古文合選》二卷、《木石軒詩文集》十二卷、《唐宋五律正宗詩選》二卷、《名文春華集》、《名文秋實集》。

張光漢 春秋三傳述 佚

◎道光《滕縣志》卷八《人物志》：居近奚公山，讀書山之白雲洞，有所書，每識白雲，學者由是稱白雲先生……說經不滯章句，務闡明義理，以適於用。尤邃於易，謂聖人作易，開物成務，為人事也。易之理即日用之理，日用之理弗明，即與時消息之義終不可識。古來說易者多，而出處語默惟程、邵、朱子為與易合，學易者不可舍是而他適也。時同邑孔吾門亦善易，著《周易述翼》，力排朱子以占言易，非易之本義；濂溪《太極圖說》添入無極、五行，與易不合，以動靜分屬陰陽，與靜專動直、靜翕動闢，陰陽皆有動靜之旨不合；堯夫以天地定位三章鑿分先天後天，亦係懸揣。與先生反復辨論。先生力守程朱舊說不少變，論者嘉吾門能進取，而服先生之篤信焉……卒年八十有二。著有《周易原本鈔》《春秋三傳述》《禹貢山水考》《養正編》《朱子近思錄》等書。

◎孫葆田《山東通志》卷百二十七《藝文志》第十：是書見《王文直公遺集》。

◎孫葆田《山東通志》卷百七十二本傳作《鈔春秋三傳述》。

◎張光漢（1730～1811），字倬章，號毅齋，一號定齋。山東滕縣西倉人。乾隆四十二年（1777）舉人。著有《周易原本鈔》《禹貢山水考》《春秋三傳述》《養正編》《朱子近思錄》《日省集》《暗修條約》《修志論略》。

張光華 左傳評林 八卷 補遺一卷 存

中科院、陝西、石家莊、首都圖書館藏雍正七年（1729）刻本

石家莊藏道光二十六年（1846）刻本

◎各卷卷首題：蠡吾李恕谷先生鑒定，郃陽張光華崑崖手輯，受業崔鑑明遠、胞弟光天海旭全校。

◎左傳評林序：古今來立德、立功、立言謂之三不朽。而德修於身，充然自得，非言無以表著；功則待時而成，常紀之實亦有藉於言。自史皇制字，書籍以興，墳典丘索、五經四子、秦漢之記載、六朝之駢麗、唐之詩賦、宋之論策、元人之詞曲、前明昭代之制義，皆言也，皆文章也。代有先後，世有汙隆，文章之氣流行其內無少間斷。五經四子尚矣，無能贊一辭矣。《左傳》翼《春秋》而有作，其文極委婉詳審、提挈照應、奇正變化之妙。文本嚴密也而出之以疏宕，本和平也而承之以峭急。其借賓印主、回龍顧母，極山斷雲連之妙，而又句煉於字、字麗於意，意不悖於《春秋》。二百四十二年一百二十國君卿大夫士之事績功勳，細大必羅。二百四十二年一百二十國之英雄辣手、愷悌慈心、奸邪之面目、宵小之肺肝趯然現於紙上。非文以載道、功與德藉以傳世而行遠者耶？春秋至今，時代幾更，文風不能無盛衰純駁之異。譬之天時，雖有春夏秋冬之分，而美景良辰四時咸具。自《左氏》後，《國語》、《國策》、班、馬、韓、歐，下逮前明以及我朝名公巨卿之文，亦如四時之中各有佳處。其中正和平鏘金振玉之聲固自不乏，而尋其緒系，總不外于《左氏》。注左氏者自杜氏、胡氏外無慮數十百家，究竟藍勝於青，莫能得《左傳》之神髓。余童而習之，每欲衷前人之精華，參以己意，為《左傳會編》一書，以教子弟。數年來，奉天子命，督學三秦，旬宣畿輔，志有未逮。而張君雲燦曾博採眾論，為《左傳評林》一書，欲梓以行世。乃旋令建陽，旋即謝世，願亦成虛。今令兄光前、令弟光天為捐橐付梓，求余文序其端。余既嘉建陽之有是編足以傳世而行遠，又嘉賢昆仲克成其志，孝友足風也，不辭而為之序。至若建陽平昔採擇

之精嚴、心思之艱苦，李廣文恕谷言之詳矣，余不復贅。雍正甲寅嘉平月，太倉王蓍撰。

　　◎張崑崖左傳評林序：客冬陑陽張孝廉海旭兩辱過，匍匐求為其兄進士崑崖所輯《左傳評林》序。予初以為古文不講久矣，而北人又荒劣，其或平平掇拾者耳。及批而讀之，則見其以王崑繩所評為主，而又博采來說，尾以自鏤心思，得古作者神髓。乃拜而歎曰：今其大道休明之時乎！何聖學之掩抑千載者，顏習齋先生起而倡明之，海內興起。然習齋不欲人趨於詩文空言，故不以文辭教人。王崑繩執贄習齋，傳其學，乃謂文者載道之器，更卓然講古文。謂古文自六經後，接以先秦西漢，迤東漢以降，為駢麗時文所雜，至唐韓昌黎特起振之，故人稱曰起八代之衰。宋則歐、蘇遵之，然第遵其文從字順，而其變化離奇者，憚於步趨，遂染以策論時文，而氣格亦卑。明如歸震川、茅鹿門、王遵岩輩，皆學歐、蘇者也，又以八比時文為根柢，而運以散行古文之法，遂曰古文，而實不古。李滄溟、王弇州餖飣秦漢字句以求勝，無能勝也。今崑繩崛起，謂古文不在字句而在章法，以斷以離以變化。株株頂篏續麻者，童觀也。於是批《左傳》《孟子》《離騷》《史記》諸書。而《左傳》徽人汪氏梓之，遂先行世，布於書林。崑崖酷嗜其說，而更詳之。其細批也，極字斟句酌、柳暗花明之妙；其總評也，盡峰迴路轉、山止雲連之奇，而古文斷續離合順逆虛實賓主奇正雜整錯綜之章法，劃然臚列矣。夫文猶兵也，《易》也，禮樂也。兵不過奇正，奇正之變不可勝窮也；《易》不過八卦，八卦之變不可勝原也；禮樂不過進反，進反之變不可勝用也。《易傳》曰：「象言天下之至賾而不可惡，爻言天下之動而不可亂。」觀其會通以行其典禮，則知《易》之大小往來進退，禮之象也；禮之相交相對相錯相綜，《易》之撰也。而文亦然。賁彖曰：「觀乎天文以察時變，觀乎人文以化成天下。」天下不過陰陽，陰陽之變化，莫測其妙也。人文不過仁義，仁義之變化，莫盡其美也。文得之而自豎一乾坤，自成一經緯，將見《左傳》明而先秦西漢皆了然指掌矣，六經、十三經皆燦然可得其意矣。知變化中有典常，知典常中即變化，而經文緯武之學亦可得而造矣，而步豎希聖之詣亦可得而入矣。其所聞豈淺鮮哉？爰序之以為天下之能文者告，並為天下之求道者告，以應休明之運焉。雍正八年二月中和節，蠡吾年家眷同學弟李塨頓首拜撰。

　　◎建陽令張君雲燦批評左傳序：《左氏》文自杜注外有《胡傳》，《胡傳》而後，元明大儒之註釋評選者無慮數十百家，本朝王崑繩復有專本行世。陑陽

先達張雲燦祖崑繩意，雜以先輩大家評語，而以已批評綴其後，是可謂好學深思與前賢爭烈者矣。先是張君未第時，硯食四方，苦心此道，凡時藝及有明大家文，並先秦以上至《左傳》諸書，靡不一一精研，授諸及門，期玩索而有得焉。而于《左傳》尤所加意，裒集獨多。迨登仕版，即謀梓問世。因榮任年餘，繡翁老年伯赴修文館，願竟成虛。悲夫！一日佳弟海旭年兄謂余曰：「先建陽兄有《批評左傳》一冊，素存笥中。今仲兄與弟將成建陽未成之志，授之梓人，期書成就正當世大人先生，子幸為序之。」余辭不獲已，乃弁數言簡端，希附驥遠傳，是所謂見獵心喜者也。夫天下才人達士亦不乏矣，然往往拘墟固陋。讀時藝者不知有先輩，讀先輩者不知有古文。一知半解，夏蟲難以語冰。建陽公擅長時藝，固矣。進而先輩選有善本焉，又進而古文選有善本焉，而且于《左傳》殫精竭慮，批點成書，以詔學者。該貫淹博，卓爾不羣，其丘明之功臣而崑繩之同調也乎？！而二年兄並海旭年兄，不以建陽既沒，使遺志未伸，殷勤求序于李恕谷先生，俾訂正其或有未逮。即不肖如〔註39〕，亦不鄙無識而求一言以為序。蓋皆虛懷善下，未容負其雅志而不為之序也。若謂余言有關重輕，則何敢！是為序。雍正八年三月既望，樊興年眷弟闔鎬頓首拜撰。

◎周按此書摘錄王崑繩《左傳評》為多，兼採眾論。

◎張光華，字雲燦，號崑崖。山西永濟人。著有《左傳評林》八卷補遺一卷。

張光泰 春秋集注 佚

◎光緒《湖南通志》卷二百四十六《藝文志》二：《春秋集注》，善化張光泰撰（《縣志》）。

◎張光泰，湖南善化人。著有《周易集注》《詩義緒餘》《春秋集注》《玉屏詩話》。

張國華 春秋試律 二卷 佚

◎咸豐《興義府志》卷三十九《藝文志》：《易源約編》二卷、《讀書求問錄》二卷、《誦詩多識錄》一卷、《貴州竹枝詞》一卷、《蔚齋詩鈔》三卷、《詠雪詩》一卷、《紅葉詩》一卷、《詠物詩》一卷、《春秋試律》二卷、《蔚齋賦鈔》二卷，國朝副貢生張國華撰。

〔註39〕此下原文空一格。

◎張國華（1808～1871），字蔚齋。貴州興義（今黔西南布依族苗族自治州安龍縣）人。道光五年（1825）副貢生。張之洞啟蒙師。少年勤學，屢試不中，遂絕意仕進，曾主講貴陽貴山書院。著有《易源約編》二卷、《春秋試律》二卷、《讀書求問錄》二卷、《誦詩多識錄》一卷、《回變紀略》一卷、《貴陽雜詠》一卷、《虎口餘生吟草》一卷、《貴州竹枝詞》一卷、《詠雪詩》一卷、《紅葉詩》一卷、《詠物詩》一卷、《蔚齋試律》二卷、《蔚齋詩鈔》三卷、《蔚齋賦鈔》二卷、《禹甸吟編》。

張際盛 春秋傳注 佚

◎乾隆《泉州府志》卷七十四《藝文》：張際盛《春秋傳註》《禮記約解》。

◎道光《晉江縣志》卷之七十《典籍志》：張際盛《春秋傳注》《禮記約解》。

◎乾隆《泉州府志》卷五十五《向學·國朝向學》二：所著有《春秋傳註》《禮記約解》。

◎張際盛，字唐卿，號勳園。福建晉江人。雍正十年（1732）副榜。家貧不能購書，凡經史子集俱向知友求借，手抄成袠，熟復不厭。設教於永春，負笈相從者踵至。年三十九卒。所著有《春秋傳註》《禮記約解》。

張寄岫 左國選讀 存

商務印書館 1937 年王雲五、丁燮音、張寄岫主編中學國文補充讀本排印本

◎導言〔註40〕：一《左傳》在中國文學上和史學上的位置、二《國語》的來源及內容、三《戰國策》在中國文學上的價值、四本書選輯的取材。

◎目次〔註41〕：鄭莊之跋扈。齊桓霸業。宋襄圖霸。晉文建霸。秦穆霸西戎。楚莊爭霸。吳闔廬入郢。越勾踐滅吳。

◎摘錄「本書選輯的取材」節：本書選取的材料及註釋，都由梁寬／莊適先生選註《左傳》、葉玉麟先生選註《國語》、臧勵龢先生選註《戰國策》節錄而來。附註於此，以表謝忱。

◎張寄岫，著有《左國選讀》。曾與王雲五、丁燮音等主編《中學國文補充讀本》第一集、《萬有文庫》等。

〔註40〕僅錄大綱。

〔註41〕《國語選讀》部分之目次略。

張嘉韻 春秋五傳攷義 佚

◎光緒《湖南通志》卷二百四十六《藝文志》二：《春秋五傳攷義》，漵浦張嘉韻撰（《縣志》）。

◎張嘉韻，湖南漵浦人。著有《春秋五傳攷義》。

張鑑 左傳規過比辭 三卷 佚

◎張鑑《冬青館甲集》卷四《左傳規過比辭序》：古今注《左氏傳》者代不乏人，自杜元凱《集解》出而漢以後賈逵、服虔之解詁廢；自孔沖遠《正義》出而隋以前沈文阿、蘇寬之義疏又廢。嘗讀《北史・儒林傳》載劉炫學通南北，而《唐書・藝文志》亦載炫著述有《春秋規過》三卷。蓋光伯北產，習服氏之學，杜解非其所好，故往往襲古說以規之。今其書已佚，儒者之習焉不察久矣。孔氏《正義》序稱得百有五十餘事，其存於疏者，不無裁割之痕，然大旨具在。方今漢學日興，征南所解不免嚮壁虛造者，天下之士咸思正而補之。鑑嘗引申其義，件係而條列之，得若干事，都為三卷。劉氏之規雖有未盡發其覆者，而宣德之致難要不失為後來者之先鳴，孰謂古今耳目能以雙手郭蔽之耶！鑑自三十歲後有志是役，南北驅馳，雖簏以自隨，未遑卒業，然已三易其槀。今年課誦吳門，不忍棄去，復手謄一通。其中疏舛，良不可掩，用就正有道君子補其闕焉。丁丑三月。

◎張鑑（1768～1850），字秋水，號春冶。浙江烏程南潯（一作歸安）人。嘉慶九年（1804）副貢，任武義縣教諭。與同里楊鳳苞、施國祁肄業於西湖詁經精舍。喜藏書，藏書處名冬青館。著有《左傳規過比辭》三卷、《十三經叢說》五十卷、《冬青館甲集》六卷、《冬青館乙集》八卷、《畫賸詩》三卷、《秋水詞》二卷、《賞雨茅屋詞》二卷、《古宮詞》三卷、《詹詹集》八卷、《秋水文叢》五十卷、《秋水文叢再編》、《秋水文叢三編》、《秋水文叢四編》、《蠅須館詩話》五十卷、《上林子虛賦郭注輯存》二卷、《楚詞釋文》十七卷、《杭漱錄》一冊、《破睡錄》一卷、《冬青館隨筆》一卷、《破虱錄》一卷、《夢史》一卷、《西夏紀事本末》三十六卷、《金山錢氏守山閣藏書記》諸書凡三百餘卷。曾佐修《鹽法志》、《經籍簒詁》。又為董蠡舟作《夢好樓記》，為劉桐撰《眠琴山館藏書目錄》，為葛香士作《包山葛氏瀲波皓月樓藏書記》，為何元錫寫《夢華訪書圖歌》，為計光炘作《澤存樓藏書記》等。

張節 春秋獻疑 一卷〔註42〕佚

◎道光《徽州府志》卷十一之四《人物志・文苑》：著有《周易溯原》《春秋獻疑》《瘳忠恕錄》《顏瘤子》《六書會指》《松滋餘業》《張氏醫參》《瘳畹詩文集》。

◎道光《徽州府志》卷十五《藝文志》：張節《春秋獻疑》一卷。

◎民國《歙縣志》卷七《人物志・文苑》：著有《周易溯源》三卷、《春秋獻疑》十二卷、《瘳忠恕錄》一卷、《顏瘤子》二卷、《松滋餘業》十卷、《六書會指》四卷、《瘳畹詩文集》五十八卷、《張氏醫參》十卷。又著《詩韻存音》，並選同時人詩曰《嚶嚶集》。

◎民國《歙縣志》卷十五《藝文志・書目》：《周易溯原》一卷、《春秋獻疑》一卷、《六書會旨》四卷、《醫參》一卷、《張氏醫案》一卷、《顏瘤子》二卷、《瘳畹詩文集》、《嚶嚶集》《忠恕錄》（俱張節）。

◎張節，字心在。安徽歙縣紹村人。歲貢生。諸子百家及音韻、岐黃之書無不淹貫，講經尤多心得，每發前人所未發。晚年究心忠恕義蘊。著有《周易溯源》三卷、《春秋獻疑》一卷、《瘳忠恕錄》一卷、《顏瘤子》二卷、《松滋餘業》十卷、《六書會指》四卷、《瘳畹詩文集》五十八卷、《張氏醫案》一卷、《張氏醫參》十卷、《詩韻存音》、《嚶嚶集》、《忠恕錄》。

張九鐔 左傳筮法考 佚

◎李元度《國朝先正事略》卷四十三《文苑》：尤邃於經學，於羣經多所辨證。

◎張九鐔（1718～1784，一說 1721～1787），字竹南，號吾溪，一號蓉湖。湖南湘潭縣上五都龍安山（仙女山）南塘人。張坊長子，張世浣父。乾隆二十四年（1759）舉人、四十三年（1778）進士，選庶吉士，官翰林院編修，為《四庫全書》繕書處分校官，館中以耆宿推之。留心正學，以貢選郴州學正。年六十七乞歸，子世浣任曲沃知縣，迎養，遂卒於河津。工詩文，與從兄張九鉞齊名。力治經學，於時人抨擊朱熹注疏常加辨正。著有《十翼餘聞集》、《古文尚書考》一卷、《笙雅堂全集》五種二十一卷（《易通》一卷、《竹書紀年考證》

〔註42〕民國《歙縣志》卷七《人物志・文苑》著錄作一卷、卷十五《藝文志・書目》著錄作十二卷，前後抵牾。茲從前說及道光《徽州府志》卷十五《藝文志》著錄作一卷。

一卷、《文集》四卷,《詩集》十四卷、《竹南賦略》一卷)、《孝經考證》、《左傳筮法考》、《六學集》、《孫子評》、《先儒文略》十六卷、《興寧縣志》十二卷首一卷。《湖南文徵》卷二十七收錄其《費氏古文易論》一篇、卷八十八收錄其《書左氏筮法後》一篇、《跋參同契》一篇。

張康遜 春秋地理圖考 佚

◎甘鵬雲等《湖北文徵》卷十二：有《周易象詞解》《毛詩正義》《春秋地理圖考》。

◎張康遜,字學臣。湖北蒲圻(今赤壁)人。以軍功保主簿,分發安徽,歷辦水鹽釐局。有《周易象詞解》《毛詩正義》《春秋地理圖考》。

張珂 春秋滙義 十二卷 佚

◎民國《續修歷城縣志》卷二十二《藝文考》一：張珂《春秋滙義》十二卷,坿《春秋緯》三卷(據本書)。是書初名《節本春秋斷》,皆採自楊天祿《春秋管見》而稍刪其繁冗。後又取諸家之說益之,間坿己見,改題此名。有山陰陳錦序。《春秋緯》則分類編輯之本也。

◎孫葆田《山東通志》卷百二十七《藝文志》第十：是書初名《節本春秋斷》,皆採自楊天祿《春秋管見》而稍刪其繁冗。後又取諸家之說益之,間坿己見,改題此名。有山陰陳錦序。《春秋緯》則分類編輯之本也。

◎張珂,字韻坡。歷城(今山東濟南歷城區)人。著有《春秋滙義》十二卷、《春秋緯》三卷。

張珂 春秋緯 三卷 佚

◎孫葆田《山東通志》卷百二十七《藝文志》第十：是書初名《節本春秋斷》,皆採自楊天祿《春秋管見》而稍刪其繁冗。後又取諸家之說益之,間坿己見,改題此名。有山陰陳錦序。《春秋緯》則分類編輯之本也。

張利蒼 春秋要略 佚

◎喻長霖民國《台州府志》卷一百二十四《人物傳》二十五《一行傳》二：有《春秋要略》《逸圃尺牘》《竹窗雜詠》《列眉錄》。

◎吳茂雲、鄭偉榮編著《台州古籍存佚錄》卷四《經部五‧春秋類》：《春秋要略》,卷數不詳,清天台張利蒼撰,書未見。

◎張利蒼，字雲夫。天台（今浙江天台）人。附貢生。雍正六年，葺學宮，利蒼獨創建兩廡，遇歲歉勸振施粥，分男女兩廠，存活甚眾。著有《春秋要略》《列眉錄》《竹窗雜詠》。

張廉 春秋論 佚

◎陳遹聲、蔣鴻藻修纂光緒《國朝三修諸暨縣志》卷四十六《經籍志·經部》：《春秋論》，國朝張廉撰。廉字通源。歲貢生。前有趙思恭機序，稱其文十年次於厥貉之後，左楚右晉，獨具手眼。據此可得其大概矣。

◎張廉，字通源。諸暨（今浙江諸暨）人。歲貢生。著有《春秋論》。

張鏐 春秋大義 佚

◎孫葆田《山東通志》卷百二十七《藝文志》第十：是書見《武定詩續鈔》。

◎張鏐，字紫峯，號心陽。山東樂陵人。乾隆九年（1744）舉人。官臨清學正。著有《周易晚學編》《春秋大義》。

張冕 春秋初年歲星行表 一卷 未見

◎孫殿起《販書偶記》卷二：《春秋至朔通考》二卷、《春秋初年歲星行表》一卷、《春秋日食星度表》一卷、《春秋日表》一卷，邵武張冕撰。嘉慶間刊。

◎張冕，字繁露，號盅軒。福建邵武人。道光六年（1826）進士。任永福（今廣西）教諭。未幾調建寧府學教授，後任泉州府學教授。道光二十一年（1841）辭歸。主瀧川書院講學七年。精天文曆法。著有《尚書紀疑》、《春秋至朔通考》二卷、《春秋初年歲星行表》一卷、《春秋日食星度表》一卷、《春秋日表》一卷。

張冕 春秋日表 一卷

◎孫殿起《販書偶記》卷二：《春秋至朔通考》二卷、《春秋初年歲星行表》一卷、《春秋日食星度表》一卷、《春秋日表》一卷，邵武張冕撰。嘉慶間刊。

張冕 春秋日食星度表 一卷

◎孫殿起《販書偶記》卷二：《春秋至朔通考》二卷、《春秋初年歲星行表》一卷、《春秋日食星度表》一卷、《春秋日表》一卷，邵武張冕撰。嘉慶間刊。

張晃 春秋至朔通考 二卷 卷首一卷 存

國圖藏嘉慶二十五年（1820）刻本

中科院存道光十九年（1839）泉州府學刻本

四庫未收書輯刊影印道光十九年（1839）泉州府學刻本

◎卷首一卷：春秋閏表、春秋朔表、春秋日食星度表。

◎敘：同年張繁露先生譔《春秋至朔通攷》，復為閏、朔二表以明之。析理數之微，括河洛之蘊，博而能精，簡而能該，真治《春秋》者所必讀之書也。昔泰州陳泗源先生依杜氏《長曆》作《曆編》外，并作《曆證》《曆存》。泗源為康熙丙戌進士，官蘇州教授。距兩甲子而先生亦以丙戌通籍，司泉州郡鐸，其科名同、官同、階同而其學亦同，何相合之巧有如是哉！然以治《春秋》論，陳僅達其委，而先生能通其源；陳僅承其訛，而先生能正其誤；陳引書每論列鋪敘，而先生則斷制之語為多。何者？先生蓋深於易學者也，其言易數四倍之即是曆數，曆數四分之即是易數，以四十八數八倍之即為三百八十四數，新奇之論，鑿破混屯而不知實天地自然之妙。此等學識，直當壓僧一行、郭守敬輩而下之，於陳氏又何論焉。蓋嘗思《易》與《春秋》相表裏：易本大道也，聖人以人事明之；《春秋》本人事也，聖人以天道明之。天人合一之旨，漢唐以來儒者未能窺見：京君房論易候，推本中孚，知曆元之說，能言其然而不能言其所以然；杜征南作《春秋長曆》，知求合經文而不知追溯曆元。二者皆譏，先生則由易學知曆學，由曆學知《春秋》，始能務本，繼乃集成，與術家異，與治經專家者亦異，故能洞悉天人，深明理蘊，知干支五行之數即卦爻陰陽之數，陰陽生五行，極參差之中自有極整齊之致，以是推氣盈朔虛，錯而綜之，會而歸之，春秋二百四十二年之至朔可以無失，三千年之章法亦可以無失矣。乃知曆家之有曆元，猶易家之有乾元，通一元之理，舉而貫之，豁如也。由斯以觀，善治曆者先治易，善治《春秋》者先治曆。倘泗源先生有知，其許為同心，且能發所未達也夫！道光庚子臘月，年愚弟陳金城謹敘。

◎自敘：是編為攷《春秋》至朔而作，非徒為攷《春秋》至朔而作也。初，晃之治《春秋》也，求明筆削大義，於日之干支、月之晦朔與夫日食不留意。既知《春秋》上律天時者也，不明此而欲窺筆削大義，終有阻隔。因取杜氏之所編者究之，而知其謬，亦未有以正之也。及讀《易》至「象者象也，象者像也」，初疑其何以語複，徐乃知從仰觀言之，則易象者天象也；從俯察言之，則天象者物象也。釋上文而首章「在天成象，在地成形」之旨，其益明乎夫二

編之策萬有一千五百二十星之垂象也，其數符之矣。而山川脈絡又上符天星，則凡羽毛鱗介之在地者，無非本於在天之象以為像焉。此理淵深，推步者其果能究乎？而聖人括以「三百六十，當期之日」之一語，愚以知三百六十者干支之數原於五行者也。三百六十四者，卦爻之數，本於陰陽者也。太極生陰陽，陰陽生五行，其為數也雖若參差不齊，究之，氣盈朔虛有會歸之理，則必有會歸之數，夫是以陰陽和而五行順斯道之一者，無不貫焉。此聖學之所以在天象中，天日以此示人，聖人亦即以此垂訓諄諄焉。以為此至賾而不可惡，至動而不可亂者也。澄心靜坐，有得於此，因取春秋二百四十餘年日月干支晦朔為閏表、朔表以驗之，而《春秋》之至朔與日食皆可推，即上而推諸《書》之一月壬辰、《詩》之朔日辛卯，下而推之於歷代測景與日食而無弗合，既有以知僧一行、郭守敬與夫西法實測之精，復有以知三法之不能無纖微或失者，由未知究陰陽五行之合，語詳於凡例中。而杜氏之進退遷就疏密失倫者，為其求合於經而不知求合於天，以是轉多誣經，則由其於朔不知晉齊有建寅之殊、於閏不知晉魯有先後之異。後儒如陳泗源、顧復初、姚秋農諸君子，雖欲為杜氏補苴罅漏，而胸無定見，終不能使《春秋》之閏合於章法。是猶大廈敧而正其戶牖，無益也。夫測天於二百四十餘年之間亦無幾矣，於是另為《三千年章法攷》一編以證是編之上推下推而合，而不得與此同編。則即以是編為攷《春秋》至朔而作也，亦可。嘉慶二十五年正月元日，邵武張冕繁露書於盅軒書屋。

◎凡例：

一、自祖沖之始覺歲差而立法未密，故百年而差一度與五十年而差一度之說，其疏闊不待言。至郭守敬則定為六十六年有奇而差一度，西法則定為六十九年有奇而差一度。雖立法漸密於前人，究之俱為未達歲差之理者也。自愚思之，歲差之原即黃極與恆星極二者相差之數，為五運六氣之根源也。蓋宗動天挈太陽、恆星二天以左旋，遲速不同，然極參差之中卻有極整齊之妙，故二天之度皆得以三百六十析之，既有三百六十極整齊之數，故大撓作甲子以配之。藉使不然，則甲子為虛設其名，實無其理，太陽、恆星之度全不與之相應，而五運六氣之說亦為虛說矣。今按恆星左旋至三百六十一周，太陽左旋只得三百六十周，故在人間為三百六十日，在天則太陽與恆星會焉。至三百六十五日三時，而太陽與宗動天會，則恆星反東移五十二秒半矣（周天三百六十度每度六十分每分六十秒）。此五十二秒半即歲餘五日三時之所從出也（三時得四分日之一，二秒半得四分十秒之一），是故歲餘積得三百六十五日三時則歲差一度，蓋六十

九年七分年之四也；歲餘積得二千五百五十六日九時則差七度，蓋四百八十七年也；歲餘積得一萬零九百五十七日六時則歲差三十度為一宮，蓋式千零八十七年七分年之一也。至二萬五千零四十五年七分年之五，而恆星一周天（西法二萬五千二百零二年九十一日二十五刻而恆星一周，雖法密於古，然於天運自然之度終未合也），恆星天亦自有東南西北。僧一行云：「四象天正正東房二度，正南星七度，正西昂七度，正北虛九度」，堯元年甲辰冬至日在虛危之間，至二十一年甲子入虛九度，故《堯典》以鳥火虛昂測式分式至之中星，而邵子指以為中天者，謂其正東正西正南正北，恰與恆星天合也。至九十一年甲戌至日躔虛八度，啟元年甲申日躔虛七度，夏后相十九年癸巳日躔虛六度，少康六十一年癸卯日躔虛五度，后泄八年壬子日躔虛四度，后扃三年壬戌日躔虛三度，后孔甲三十年辛未日躔虛二度，距堯二十一年甲子四百八十七年。又四百八十七年至小辛十一年戊寅日躔女六度。又四百八十七為厲王三年乙酉日躔牛七度，宣王二十二年乙未日躔牛六度，平王三十五年乙巳日躔牛五度。越十五年入春秋，為隱公元年己未，至惠王十年甲寅為莊公二十七年日躔牛四度，定王十年甲子為宣公十二年日躔三度，景王十七年癸酉為昭公十四年日躔牛二度，貞定十一年癸未日躔牛一度，安王十三年壬辰上距厲王乙酉四百八十七年日躔牛初斗末，慎靚王二年壬寅日躔斗二十三度，故《月令》曰：「仲冬之月，日在斗上。」距唐堯甲子式千零十八年，此《月令》之中星所以異于《堯典》也。漢和帝十一年乙亥，上距安王壬辰四百八十七年日躔斗十七度。又四百八十七年至陳後主至德四年丙午日躔斗十度。又四百八十七年至宋神宗熙寧六年癸丑，日躔斗三度。又四百八十七年至明世宗嘉靖三十九年庚申，日躔箕十一度。今法斗二十三度半強，《漢書》則斗二十六度。蓋《漢書》作周天三百六十五度四分度之一算，今法作三百六十整度算。又古今宿度時有闊狹不同。又恆星極古今有漸移之殊，極移則諸星橫斜略差，因之度有闊狹。此理之所以難明、數之所以難稽也。

一、日月星辰，邵子以為四象。旨哉言乎，其各自行也。實以其各自有極，而極心相去不同，宗動天之極與恆星天之極相去約五度又四分度之一，太陽天之極（即黃極）與太陰天之極（即白極）相去約五度又三分三十九秒五十八微，邵子之所謂辰指宗動天言之，故曰：「天無星處皆為辰」，至其樞則謂之北辰，萬古不動，孔子所以有居所之歎。今以指南針測之，正指者是也。恆星天繞北辰而右旋二萬五千零四十五年又七分年之五而一周，實由其極之右旋一周而

致也。漢魏以前，混恆星與宗動為一，故歲差之說未明。唐宋以來雖知恆星之動另是一重天，然猶錯認恆星極為北極，遂錯認紐星為北極之樞，故漢時賈逵、張衡、蔡邕之徒測之，謂北極在紐星不動之處。晉時祖緪測之，謂在紐星之末差一度。宋時沈括測之，謂遠極三度，此非古今之測法有未精，亦非北極竟搖動，乃恆星極繞北辰而右轉故也。但其右轉也極緩，必二萬五千零四十五年又七分年之五而周天。又其去極也僅五度強，遂使後人混二極為一極，久而不覺耳。今按《明史・天文志》云：「指南針，人用之以定南北，辨方位，咸取則焉。」然針非指正子午，曩云偏丙午之間，不知針之所指者乃正子午，即北極萬古不動處；其偏者乃恆星極之偏西耳。蓋恆星極之不動處有眾星繞之而可驗其實，亦久而右移。北辰之不動處乃恆星極於二萬餘年間繞之，而眾星之繞者轉似有微偏矣。觀夫近黃赤六度內外諸星，古今互有出入，由恆星極之有升降故也。自唐僧一行後，推步家俱知天自為天（指宗動天言之）、星自為星（指恆星天言之），而二極不同心，猶未有深思其旨者，故此理晦而未顯也。又《天學初涵》云：「地球分五大州，極西一州為歐邏巴，亦謂之大西洋。中華一州彼土人呼為亞細亞。又歐邏巴之東南、亞細亞之西南二大州曰利未亞，亦謂之小西洋。此三州地脈相連，大海環之。又一大州曰亞默利加，又一大州曰默瓦臘泥加，皆大海隔之，不與三州相通。歐邏巴人浮海而來，望東南斜迤而行，歷利未亞州，其地有大浪山見南極，出地三十六度。既過此山，乃漸迤東北而行至廣東番禺登岸，計海程九萬里。海舟必藉羅針與天星以引路，當其未至大浪山則針偏於丙，既過大浪山則針偏於丁，惟當大浪山之處，針正對南極之下無所偏。」閱此說者多未達其理，不知二極相去既六度弱，自中華望之，則恆星天之北極在宗動天北極之東，故北針偏壬、南針偏丙。自大西洋望之，則恆星天之北極在宗動天北極之西故北針偏癸南針偏丁（按《明史・天文志》西洋人湯若望曰：「天啟三年九月十五夜，戌初二刻望，月食，京師初虧在酉初二刻十二分，而西洋意大里推諸國望在晝，不見，推其初虧在巳正三刻四分，相差三時二刻八分。以里差計之，殆距京師之西九十九度半也」）。自小西洋大浪山下望之，則恆星天之北極在下，宗動天之北極在上，恆星天之南極在上，宗動天之南極在下，其經度恰相貫。二極之上下既合為一線，故針正指而無偏（江慎修先生謂地亦有南北極，針之所指者乃地之南北極。此論亦謬。先生極精天文，而二極不同心之故未深思也。有論另見）。然亦數百年如此，久則漸移，又當不同矣。又《明史・天文志》謂針之偏者以法考之，地各不同。在京師則偏東五度四十分。不知此即恆星極

偏西五度四十分之驗也。夫自一歲言之，則二十四氣有盈縮，此由太陽與宗動二極不同心故也。統二萬五千零四十五年有奇而恆星右轉一周言之，則古今日輪有大小，歲實有消長，此由恆星與太陽二極不同心之故也。天文事奧，必先明此層而後其他可漸悟，故因推春秋至朔而先論之。

一、日月合朔，其理寓于易，其數亦寓于易。古人有日月為易之論，而夫子贊易曰懸象著明莫大乎日月，惜夫後世未有能以天象釋易、以易數測天者也。愚嘗思之深矣，易數四倍之即是曆數，曆數四分之即是易數。必四倍之者，何也？以宗動、恆星、太陽、太陽四重天各具有易數，統此四重天以計之，必須四倍也。是故周天之度當用三百八十四，每度四分，統計得一千五百三十六分。周天之日亦如之，是故一日十二時，一時八刻，一刻當作十六分，而平朔實則每月二十九日一千五百三十六分日之八百一十五，其不能滿三十日者，以月之象常缺，故其數亦缺也。然以每月三十日乘之，凡一千五百三十六月，其所缺者七百二十一日（所缺之數即月小之數也），平朔實無餘分矣。至八倍萬有一千五百二十之數為九萬二千一百六十月，而平朔實還元矣（大月四萬八千九百，小月四萬二千二百六十，共二百七十二萬一千五百四十日，是為溯元），此甲子與易數相配之妙理，所謂懸象著明莫大乎日月者也。唐僧一行聰明絕世，以《大衍》名曆，是矣。然亦誤讀聖經，以四十九起數，每四十九月而大月二十六小月二十三，其一千四百四十七日日無餘分，其實平朔實之數一千四百四十七日尚須短一分，纔見掛一為虛中法象，而一行未之知也，故用《大衍》則六千二百七十二月，而朔長一時逆推至春秋時，遂差二三時矣。今按經云：「大衍之數五十，其用四十有九」，以一象太極，而四十九則三才未剖，觀此亦可知周之諸侯三正各建也。余嘗反覆《左氏內傳》，至定公四年祝鮀云：「魯與衛之始封也皆啟以商政，晉之始封也啟以夏正」，然後知魯用丑建、晉用寅建，實始於分封之日。蓋魯衛為殷墟，即使之用殷正；晉為夏墟，即使之用夏正。古文政正通，商政夏政必非政事之政。若以政事之政，則是魯衛與晉全不遵王，而王朝之政不能行於三國矣，詎有此理耶？夫以晉與魯衛之邦，本用夏正殷正，有世其官者，而以是啟之，欲其修二代之遺法，而周王未嘗自矜己法之是，此所以能監二代而取其精也。然則周之諸侯有沿祖宗之法而用丑建寅者，如楚用丑建、齊用寅建是也。有封於夏殷之墟仍其世官、聽其修明古法而不革者，如魯與晉是也。而《左氏》記事得諸晉之《檮杌》、魯之《春秋》者為多，至他國史書除周宗齊衛陳以外，據傳文求之，知其皆不可考矣，故惟三國之曆於《內傳》中可按云。

一、歲首書春王某月，其有但書春而不書王某月者，初疑為月缺而不可考故耳，然有時細按下條書二月三月則上條為正月，可知似非不可考。且如西狩獲麟，豈有孔子忘其月而不能考之理？又書月必書王，十一公皆然，惟桓公時書春正二月而不書王者十三、無書三月者則有書春不書月者一，此豈無意？且有無事書春正月亦不書王者，《公羊》以為桓無王，可知此義必有所授矣。《周禮》太史氏有正歲年之文，歲者寅建也，年者子建也，各須正之，知周畿內用子建亦不廢寅建，重農事也。列國雖有用丑寅建者，其告於天子必悉從子建。而禮莫大於新君即位告於天子而天子命之，以即位應用王朝子建，但東遷以後不可知耳。至於史官自書本國之事，從本國之建書之，方為各自為正。然則《春秋》於元年書王正月，實失大一統之義，宜徹上徹下通看。凡十二公以書公即位為正例，若隱之攝，《春秋》成公之志而不書即位，莊、閔、僖之繼弒而不忍言即位，俱為變例之正。桓、宣與聞乎弒亦如其意，而以即位書。定元年半歲無君，故不書春王正月，遇三月有事則書之於夏，書六月戊辰公即位以紀其實，皆變例中之變者也。自元年書春王正月以外，其餘或書王或不書王，先宜就一公之始終專看，又宜從各公遞看，或從二公互看，各有意義。今試從隱之始終專看，除元年書王為大一統之義須合十二公通看外，隱只三年、四年、十年書王二月者三，七年書王三月者一，其餘六年俱不書王，并不書某月，細按之俱是正月（二年春公會戎於潛，傳以為修好，凡修好多在正月。五年春公矢魚於棠，按《月令》：「季冬命漁師始漁，天子親往」，隱公於丑月舉此事，本不為不合，推是，矢魚則為習水陣，故傳曰「陳魚而觀之」，近於戲樂，乃為非禮，而僖伯稱疾不從。及十二月晦日辛巳僖伯卒，又似疾公之六年正月復觀魚而不願見此事者，故公曰「叔父有憾於寡人，寡人弗敢忘」云。六年春鄭人來渝平，按渝平亦在正月。如昭公七年經傳皆書正月暨齊平，據傳，齊求之，故用魯之正月以求平。定公十年經書三月及齊平，說云「平前八年再侵齊之怨」，是齊求之，故用齊之寅建正月，而在魯則為三月。若定公十一年冬及鄭平而不書月，則以昭叛於晉而不敢使晉知之，故未及正月而先私平也。定公十五年夏五月宋人及楚人平，則以圍急而晉救不至，不得不平，亦不能俟正月。其餘釋小忿小怨以修好者，皆在正月也。八年春宋公衛侯遇於垂，據傳亦是齊平宋衛，是時宋衛皆用丑建，故宋衛之正月亦即魯之正月。九年春天王使南季來聘，按朝於天子則宜用王正，聘於魯則用魯正。十二年春滕侯薛侯來朝亦宜用魯正），其不書正月者，以明魯之正月實非周之正月。《公羊傳》曰：「隱何以無正月？」此語必有所授，傳之既久，不得其解，以為隱將讓於桓，故不有其正月，失其

義矣。其書王二月三月者，以明三正可各建，於王章無碍。何氏休之說未為無據，汪氏克寬非之，未細讀《左傳》耳（何休曰：「經書王二月王三月者，王者存二王之後使統其正朔、服其服色、行其禮樂，所以尊先聖，通三統」，其說與《左傳》魯衛之始封啟以殷政、晉之始封啟以夏政合，汪氏克寬以為當周之世而存夏殷之正朔，非大一統之義。試思各君其國，於大一統何碍耶），不然每歲但書春王正月足矣。又試取桓之始終專看，亦除元年書王為大一統之義，須合十二公通看外，桓只二年書王，隔七年至十年書王，又隔七年至十八年書王，蓋二年為始申之，十年為中申之，十八年為終申之，以正桓弒隱之罪，其餘書正月二月而不書王，在十二公中獨異者，以明桓之無王，雖無事備時，亦只書春正月而不書王。細玩桓十二年經文，其義尤見也。惟九年春紀季姜歸於京師，禮宜是卯月，即桓公丑建時之三月，獨此條不書月者，是宜與隱之正月不書月者互看，知隱之詳書王二月王三月，可知其不書月者皆正月矣。知桓之詳書正月二月，可知其不書月者必三月矣。蓋隱讓而桓弒，《春秋》既以不書即位與書即位各如其意以明其心迹矣，故此外書法不同處多以互文見義。至於莊公之世，亦除元年為大一統之義，須合十二公通看外，其餘書王正月與王二月三月者，固為義合。隱、桓時文不止如隱、桓時書法，但各主一義。蓋桓公薨於齊彭生之手，而文姜與齊襄弒夫，姦而至於滅倫。即無弒逆，厥罪同之，況兼此二者乎？《春秋》於莊公元年書曰：「三月，夫人孫於齊」，明三月以前尚未歸魯也。雖以孫諱，然不稱姜氏，罪比於哀姜之外淫猶得稱氏者重矣。蓋夫人非特不足為魯先君婦，并不得為齊先君女也，故去其氏。二年書冬十有二月夫人姜氏會齊侯於禚、四年書春王二月夫人姜氏享齊侯於祝邱，以月書者，雖皆為未踰月之辭，然禚為齊近魯衛之界（詳定九年杜註），蓋將假謀伐衛之意以肆其淫。祝邱為魯近齊紀之界（詳桓五年註），又將假謀存紀之祀以縱其欲。五年書夏夫人姜氏如齊師，師即禚地。按四年冬公及齊人狩于禚，齊侯書人，《公羊》以為諱與仇狩，《穀梁》以為刺釋怨，意猶未盡。當時兩師相會，曠日遲久，如有能乘間擒殺齊襄而殺之以雪魯恥者，實《春秋》所許。計不出此，蓋畏之也。經書曰公及齊人，明其不足畏也。《胡傳》說《齊詩・載馳》作於姜氏如齊師時，甚是。前此曰會曰享，猶為之名；此則久而不返，羞惡全亡。《春秋》于四年之冬五年之夏皆不書月，據實以彰其宣淫之久，中間特書春王正月以正其罪，此聖人之筆也。八年之春王正月也亦然。蓋自莊元年至十年，八次書王，惟七年與九年不書王，以明八年之書王為特筆。若齊襄當有見弒於無知之禍，蓋姜氏與齊襄之宣淫終

于七年之春會于防、冬會于穀，《春秋》亦據實不書月，以著其久。統計襄之罪，以姦妹而殺其夫，既娶王姬，淫惡不悛，致王姬旋卒。若夫紀為周與魯之婚國，始遷而終滅之；郕為魯同姓之國，同圍而獨降之，抗王師以納衛朔，《春秋》皆每歲書王以正其罪于其卒也，非特筆無以見義矣。莊十年荊敗蔡師于莘，以蔡侯獻舞歸，書王以正其罪，此荊見經之始。後四年荊入蔡，同是此事，不必再書見義矣。莊十一年魯主王姬歸齊事，書王以著王命。按莊元年亦有主王姬歸齊事，因元年有十二公通例書王之義，此義幾隱，得此條乃知莊元年書王實兩義，並著莊十二年書王以正宋萬弒君之罪，亦可知隱四年桓二年莊八年之書王兼以正衛州吁、宋督、齊無知弒君之罪，實兩義並著。莊十六年荊伐鄭書王以正其罪，此荊爭中原之始。前三年北杏之會，實齊霸之始，不書王者，傷無王乃有霸，于齊桓無可褒亦無庸貶也。莊十八年王室預知子頹之將為亂，求諸侯來朝，而惟虢晉至，故饗賜踰禮。又虢晉與鄭使原莊公逆王后于陳，蓋藉婚以求外援。至十九年秋子頹亂作不克，奔衛，衛燕立之。廿年王出居于櫟，魯皆不與聞此事，故《春秋》不書。然實隱責其不勤王，故連三書王以正之。廿一年秋文姜薨，廿二年正月葬，連書王以正文姜弒夫之罪。義與莊八年正齊襄之罪同。廿四年夏公如齊逆女，秋公至自齊，八月丁丑夫人姜氏入，《穀梁》曰：「親迎，桓事也。不志，此其志，何也？不正其親迎于齊也。」蓋莊公于毋卒後猶求婚于仇女而不知有父，故《春秋》于是年書王以正其罪，而前此之罪無不著矣。莊廿八年齊伐衛，蓋奉王命以正衛立子頹之罪，《春秋》書王，此條最易曉。莊三十年書王亦然。是年王命虢公討樊皮，執之歸于京師，齊魯不與聞此事，而謀伐山戎。夫燕與衛黨立子頹，齊侯于上年奉王命伐衛，取略而還。《春秋》書王以正衛之罪，而實無所取于齊，故以齊人伐衛書山戎之伐燕也，意必借燕立子頹以為名，齊侯既受衛略，其于燕可知。故《春秋》書齊人伐山戎，與伐衛書人同義。雖《史記‧齊世家》載桓公救燕，命燕君納貢于周，諸侯聞皆從之，無非掩飾之詞，皆求略耳。書王以正燕之罪，亦以正齊之罪也。莊公一代，書王義各不同。有宜專看者，有宜遞看者，有宜與隱桓時之書王互看者，細分之，一一俱可理會也。閔只二年，除元年書王為大一統之義須合十二公通看外，若二年書王以正哀姜、慶父之罪，亦罪易曉。自僖公元年至十年，書王者八，惟五年七年不書王義較大。蓋元年書王有十二公通例為大一統之義，此不待言。又有夫人氏之葬至自齊，海昌朱氏兆熊謂哀姜已討之，自齊義絕于父母，故不言姓。論極正大，故與二年之葬當同文姜卒葬（莊公廿

一廿二），年皆書王以正其罪。互看亦見，又合元二三四年觀之。《楚漢中原遞年圖》鄭至四年齊率諸侯伐楚盟召陵，此不能以一年書王見義，然五年不書王，六年楚圍許以救鄭又書王者，則以五年齊率諸侯會王世子以定其位，而惠王廢嫡之意甚堅，召鄭伯曰：「吾撫女以從楚，輔之以晉，可以少安」，致鄭逃盟，此乃開門迎寇，亂祖宗之法，傷先王之心，《春秋》之不書王，傷無王也。夫自五年至七年，鄭俱從王之亂命，宜以傷無王見義。然六年楚圍許，又不得不同元二三年書王之例。七年齊伐鄭以正其逃盟之罪，于此首尾兩年以傷無王，見義足耳。八年會洮，而襄王位定。九年會葵邱，申五禁而王子帶無能為亂，觀于初命曰「誅不孝」隱指帶也、「無易樹子」隱指襄王也、「無以妾為妻」隱指惠后也，皆以正王室，故為初命，其下諸命皆切指各國之事。左氏取國史以敘事，刪五命而只引「凡我同盟」以下數句，識不如孟子故也。夫子謂桓公一匡天下指此，謂桓公正而不譎亦指此，故皆書王以予齊，而正王子帶之罪。十年書王以正里克弒君之罪，義亦易見。十二年楚滅黃而齊不能救，十五年齊率諸侯救徐而不力，書王以正桓，而楚之罪益著。十六年正月戊申朔星隕，當與隱三年、文元年、襄十四年廿二年、定五年諸日食互看，蓋王省惟歲，凡三正元曰星隕曰食，均關于王，書王所以著天警之宜知。此非臆說，按《日食星度表》可互證。十八年宋襄公從桓之亂，命率曹衛邾伐齊，納齊孝公，致狄人伐衛轉為師出有名。十九年宋又為曹南之盟，用鄫子，俱書王以正其不義求霸之罪。廿四年王室有子帶之亂，書王以正其罪。廿五年衛滅邢，廿六年楚滅夔，書王以正暴滅同姓之罪。卅年衛成公以賂王得釋歸，即殺子適子儀，豈王命耶？書王所以正成之罪。卅二年冬秦穆公違蹇叔之諫，密謀襲鄭以圖中原，其志肆矣。卅三年春謀泄不成，復滅滑于此，二年春書王以正其罪。及其悔過也，則取《秦誓》附于書之末，而此義可思矣。文公元年書王，兼三義，均見前。二年逆祀躋僖公，是不知僖與閔有君臣之分，故書王以正夏父弗忌亂典章之罪。三年春公如與晉宋陳衛鄭同伐楚討逆，詎非詞嚴義正？乃權下移于大夫，不能伐楚，而使大夫伐楚之與國沈，轉致楚人伐江。時晉襄嗣位，志在禦秦，未暇及楚。其使先僕伐楚以救江也，經不書。及其急而晉以江故告于周，乃特書晉陽處父帥師伐楚以救江，故於是年書王，而楚之罪著。四年滅江，不必再書以見義矣。五年書王，以正秦入鄀、楚滅六蓼之罪。十年書王，以正楚申宜謀弒之罪，猶以大夫書者，商臣本弒君父之賊，楚人得而誅之，以申宜越十年，君臣之分已定，乃謀弒耳。《胡傳》謂此為《春秋》之微

義，極是。十二年書王，以正郕人弗徇太子而私立君，而太子以夫鍾與郕邽來奔之罪，書曰「郕伯來奔」，謂其實宜為君也。十三年自正月不雨至于秋七月世室屋壞（《左》《穀》作大），則是久不修，而非風雨之故也。書王以正君臣之不共。十四年春頃王崩，周公閱與王孫蘇爭政，竟不赴而訟于晉，趙宣子平王室而復之，書王以正周臣與晉不能匡周室之罪，亦以正齊商人弒其君舍之罪。十六年經既書宋人弒其君杵臼以正舉國之罪矣，然昭公無道，不能其大夫，至于君祖母以及國人。夫祖母與聞此非王者之明法所得而及也，不書王而《春秋》于君臣與祖孫之分義乃兩明矣。十八年齊魯莒皆有弒逆事，均應書王。宣公元年書即位，隱用桓例也。然亦如文、成諸公之例，故可避罪我之迹。若以在位年同復用桓二年、十年、十八年書王三申之例，則太顯。且桓弒一君、宣弒君之二子而出其母，罪又倍之，故除元年係通例外，以二年為始。而二年不可上移，則於三四年重申之。十年可上下移，則于九年十一年重申之。十八年不可下移，則於十六七年重申之，合桓之三申，九次皆是春王正月，義隱而著矣。若宣二年之書王二月，自是從董孤〔註43〕之筆，以正趙盾弒君之罪。死你那有兼義，以正鄭歸生弒君之罪，與桓二年有兼義同。惟十年書夏徵舒弒君以正其罪，而歲首不書王者，為陳靈公自宣其淫惡而殺忠臣，豈王法所容，如不書王，亦以著靈公滅王章之罪也。以上諸義俱備，成、襄以下可類推矣。又傳每年春下書王不書王，與經多不相符。初疑其何以不從經，繼知從舊史方足以證聖人之筆削更有深義。使《左氏》不存舊史書王不書王之本文，後人究于何處窺聖人筆削之意耶。知此乃《左氏》不從經而從舊史本文，正是其精細處矣。

　　一、自漢代至晉初，未知測景，故冬至往往後天三日（詳見何承天奏語中）。及知測景，至常在景長之日。然歷代史書景長之日，後人以當時實測通千餘年計之法，屢更而不能悉合。至《統天》《授時》二歷，知古之歲實贏而今之歲實縮，于是立消長之法，上推既往則百年而長一分，下推未來則百年而消一分，求諸歷代測景，多所合矣。然未達歲實所以有消長之理，而為百年驟消驟長之說，是其立法疏處。且其消長無所底止，是其窮理疏處。今按西法太陽有最高最卑之度，其理亦如一歲之躔，有冬至夏至最高最卑與冬至夏至之日躔同度，則日輪小而歲實消；最高最卑與春分秋分之日躔同度，則日輪大而歲實長。按黃赤大距古多今少，元至元測是二十三度三十三分，明季時測是二十三度三十

〔註43〕周按：原文如此。

一分半，康熙甲午二十三度二十九分半，此皆自數百年內測之，恐所測猶未的。又至元以前當反是，古無有能測之者，不然，由後世距差之度可驗上古歲實之數，由後世歲實之數可求上古距差之度，但太陽最高卑之度每半周而遂易位，其消長之理復相同。即以半周為一周以驗消長亦可耳，非必如朔望之必不可易名也。元世祖庚辰年夏至（梅鼎文《歲實消長論》云：「《授時》立法之時，最高卑正與二至同度」，江永亦云：「至元辛巳間，最高與夏至同度」，愚定指為庚辰夏至者，酌二章法之中而知在是年也），當是黃極周天之半，乃最高最卑易位之時。是年定歲實在半消半長之間。越五千六百六十九年又八分年之七而合四分曆計之，是年歲實小餘二時七刻四分（每刻十六分算）十二秒（每分六十四秒）九微（每秒六十微，以每年消長八微算，是年只應得五微，以此年順逆俱有半年長分四微，遂得九微），故世祖庚辰年前天正冬至（即己卯十一月）是癸丑日戌時初一刻七分六十二秒五微。元世祖辛巳年前天正冬至（即庚辰十一月）是己未日丑時初一刻十二分十秒十四微（此以郭守敬所測元世祖辛巳前天正冬至用萬分曆作五十五日六百分氣應依法推之，若郭太史有誤，亦不能定其刻分也）。由元世祖庚辰年前天正冬至逆推至春秋隱公元年己未前天正冬至，首尾相距二千零一年，以平歲實，每年三百六十五日四分日之一計之（《周髀經》所紀指平歲實也，漢時不知有平歲實、定歲實之殊，遂以此為定歲實，誤矣），則此二千零一年中當得一萬二千一百八十一甲子零五日三時（通共七十三萬零八百六十五日三時）。以元世祖庚辰年前天正定冬至欠平歲實之數十一分五十一秒五十五微逆推，每年長八微，積至春秋隱公元年己未前天正定冬至欠平歲實之數七分四十一秒七微，共欠平歲實十二日八時零七分廿三秒五十一微（照隱公己未年定冬至，算當欠十五日四時五刻二分十三秒十五微，相差五日五時一刻五分四十二秒四十八微，折半二日八時四刻十分五十三秒廿四微，遂得其每年消長之定數，此推消長之定法也）。故知隱公己未年前天正定冬至乃是辛酉日卯時三十八秒十四微，則此二千零一年中定歲實實只一萬二千一百八十甲子零五十二日六時七刻八分四十秒九微也。由元世祖辛巳年前天正冬至順推至本朝康熙甲子年前天正冬至，首尾相距四百零三年。以平歲實每年三百六十五日四分日之一計之，則此四百零三年中當得二千四百五十三甲子零十五日九時（通共十四萬七千一百九十五日九時）。以元世祖辛巳年前天正定冬至欠平歲實之數十一分五十一秒五十五微順推，每年長八微，積至本朝康熙甲子年前天正定冬至，欠平歲實之數十分六十二秒十一微，共欠平歲實二日十一時六刻十五分四十七秒九微（照元世祖辛巳年定冬至算當欠三日

一時一刻九分五十八秒二十五微，照本朝康熙甲子年定冬至算當欠二日十時四刻五分三十五秒五十三微，相差二時五刻四分二十二秒三十二微，折半為一時二刻十分十一秒十六微，遂得其每年消長之定數，其算法與前同，須互參之），故知本朝康熙甲子年前天正定冬至乃是辛未日戌時初二刻十二分廿七秒五微（康熙二十三年甲子及癸亥十一月初四冬至，去甲子七日，有推作氣應七日六五六三七四九二六者，依法推之，是辛未申時初三刻十一秒四十七微三十六纖。江氏據此又有推作亥時正初刻一分者，梅氏據之。按最卑以冬夏至八日後為盈縮之初，次日壬申初五日子正一分最卑，應七度一十分一十一秒一十微），則此四百零三年中定歲實實只二千四百五十三甲子零十二日九時一刻零十六秒五十一微也。自隱公元年己未至康熙二十三年甲子，通共二千四百零五年，定歲實得一萬四千六百四十甲子零十日六時七刻十三分五秒九微，其日躔亦差三十五度強。中間以曆代測景與歲差之度分較之，而《授時曆》之疎又見矣。

一、張蒼少為秦御史，主柱下書。漢興，蒼沿顓頊法以治曆，劉歆取其說作《三統曆》，逆推至春秋時，遂至朔先一日，奉命與張壽王推勘各曆。壽王主殷曆，歆謂魯自有曆（按殷曆但於春秋時為不差，至其推春秋前後，亦不可用劉氏之說，見《漢書・律曆志》。啖氏曰：「其所傳魯曆不與《春秋》相符」，杜氏亦以為好事者為之也），俱不知晉齊書事用寅建。雖然，此無怪乎歆與壽王也。《左氏》據舊史，先不達此義，見魯史書晉齊事往往後二月，疑為赴遲，經因赴書之，不知赴雖遲，史官當以實告，豈有彼以偽時月告之而此以偽時月書之之理乎？至襄公二十七年宋之盟魯，叔孫豹會晉楚蔡衛陳鄭許曹八國之大夫，則不得云赴遲矣。而晉齊史、魯史書事復差二月，遂疑魯失閏，竟於是年日食條下有「辰在申，司曆過也，再失閏矣」之語。然二十八年經書春無冰，杜氏亦知如果再失閏，則次年春無冰未為災，經必不書矣。又襄公卅年傳二月癸未絳縣老人自言生于正月甲子朔，得四百四十五甲子，其季于今三之一，本是文公十一年子建五月甲子朔，傳據晉史為三月，又誤三為正，於數本無不合。杜氏不以正字為誤，乃於文公十八年壬子、宣公八年庚申頓減二閏以求合於絳老之言，不思九年而減二閏。至六十四年始知其差，頓補二閏。次年經書春無冰，可無非災之嫌矣。而絳老之言在補閏後，豈其所歷之月前因失閏而減，後不因補閏而增耶？且杜于成公三年癸酉又應閏不閏，是積二十一年而連失三閏，以酉月為子月，寒暑差謬，遲之六十餘年乃知耶？又昭公廿三年傳正月壬寅朔二師圍郊，亦是據晉史，於魯史為三月朔。宋儒劉敞因

此知晉用寅建，是矣，詳見閏表。又昭三十二年魯晉齊宋衛鄭曹莒薛杞小邾之大夫同城成周，亦不得云赴遲矣。左氏見晉史作「十一月己丑士彌牟營成周」，魯史作「定公元年正月辛巳，晉魏舒合諸侯之大夫，將以城成周，庚寅栽」，於是依二史時月分作二年，詳見本年條下。至于齊事，僖公十七年經云：「冬十有二月乙亥，齊侯小白卒」，傳作十月乙亥卒、十二月乙亥赴、辛巳夜殯，隔六十七日矣，豈其然乎？文公十三年經九月齊公子商人弒其君舍，傳作七月。襄公十九年經七月辛卯齊侯環卒，傳作五月壬辰晦，皆是傳據齊史，其辛卯壬辰差一日，又是齊朔，不同處各詳本年條下。至傳書楚事未見經者，俱丑建閏與魯初年同。若晉閏遲在年終，同于丑建者，月與楚合。以此考魯晉齊楚所書月日皆可通矣。

一、《論語》載冉求為季氏聚斂，常疑夫子何不早責之，乃待其聚斂成始使小子鳴鼓而攻之乎？及詳玩哀公十二年春用田賦，季氏先同冉有訪於夫子，孔子不對，而私於冉有曰：「君子之行也，度於禮，施取其厚，事舉其中，教從其薄」，又云：「有周公之典在」，乃歎孟子所謂「賦粟倍他日」者，是《論語》聚斂二字確註。季氏不過假託一問預為弭謗之地，謂孔子亦云此法可行耳。然孔子惟私於冉有，不明告季孫者，此不非其大夫之義也。及其法既行而痛責冉有，不明言季孫者，亦不非其大夫之義，實即痛責季孫以自表其心，使國人不至信季孫之誣言也。至是年冬十二月螽、明年冬十二月又螽，天時人事感應速矣，季氏懼災興而民謗愈甚，又假託一問，謂孔子曾云：「火伏而後蟄，今火猶西流，司曆過也。」書諸國史，欺天極矣。按是年有五月甲辰、十二月丙申，下年有六月丙子乙酉丙戌丁亥、七月辛丑，司曆何過？如果以戌為亥，螽不為災，不必書於經矣。傳不達經旨，故詳論之。

一、僖公五年傳云：「春王正月辛亥朔日南至」，是史官特筆，誌魯用子建之始。按子建與寅建干支相通，只晦朔先後差一日，以晉齊實用寅建，故魯史于是年冬書晉事，不欲其混于子建，引晉臣對君語稱十月，又明白書十有二月丙子朔，以指示後人。第左氏從魯史引此二條，未達其旨，故傳書南至，則以為登臺書雲物，不知《春秋》記變不記常，至朔同日而登臺雲物其常也，不必記。然則經何以不書？曰諱非王命而擅改建也（《春秋》凡魯僭王之事皆不書，如郊禘與用幾佾之類，多因他事以見意）。然則前此安得書春王正月？不知魯始封以來用丑建王命之，改用子建非王命，蓋僖公無事不好夸大，喜更張，觀《魯頌》可見，其改建亦猶是耳。使四年前不書王正月，五年後乃書王正月，筆削大義，

轉顛倒矣。且考《博古圖》載周仲稱父鼎銘曰「維王五月初吉丁亥」、齊侯鎛鍾銘曰「維王五月辰在戊寅」、敔敦銘曰「維王十月」、晉姜鼎銘曰「維王九月」，可知書王是魯史本文，非聖人新意（劉原父以王字為聖人新意者，非是），孔子惟於正二三月書之，以明三王並建。又不每年悉書王，即以明列國之不盡遵王正也。傳書晉事如文公元年之五月辛酉朔、成公十七年之閏月乙卯晦、十八年之正月甲申晦、二月乙酉朔、襄公十九年之五月壬辰晦、二十六年之三月甲寅朔、昭公元年十二月既書事後脫去正月二字之甲辰朔、廿三年之正月壬寅朔未知分別是寅建。若僖公廿四年之三月己丑，是晉失一閏之寅建合於丑建者，益不知矣。惟襄公廿七年之六月丁未朔、廿八年之十二月己亥朔（誤己作乙）、昭公十二年之十月壬申朔、廿三年之七月戊辰晦，其中雖有書他國事者，直從魯史舊文，皆是子建。若襄公十八年之十月丙寅晦、十一月丁卯朔、昭公廿年之六月丁巳晦、七月戊午朔，是子建失閏合於亥建者。若僖公五年之南至，漢張壽王據殷曆，是壬子至朔，合以是年九月有戊申朔日食、十二月有丙子朔推之，當為定論。殷曆不載周王之年號，而以周公伯禽以下為紀，亦魯用殷曆之證。僧一行《合朔議》曰：「《春秋》日蝕有甲乙者三十四，殷曆魯曆先一日者十三，後一日者三」，觀此可知魯曆本殷曆為之矣。後世推步家如隋張胄元、唐傳均仁、李淳風皆從之，惟僧一行、郭守敬朔從壬子、至作辛亥，謂當時測景南至不得有誤。然是年魯史本是推辛亥晦至，因改建，強以晦為下月朔，詳見本年條下。昭公二十年之南至，壽王據殷曆，是庚寅至朔合，或魯法稍先數時作己丑晦至，致前十一月失閏，誤閏於來年八月。或宋衛法如是，然梓慎輩必於己丑庚寅互測景，知是庚寅乃能推列國之災祥而有驗，因正其誤曰：「二月庚寅朔日南至」，此傳至漢或脫去「庚寅朔」三字，歆取故魯曆復按之，是己丑而非朔，誤據此補之，轉致至朔皆謬矣。

　　一、崇明施樸齋謂本朝檇李徐圃臣先生能以曆證明經術，考定全經朔日，著為《經傳註疏辨正》，而其書不傳，求諸先生曆法，積年布算，於《春秋》三十七日食，若宣十七年之非六月癸卯、襄廿一年廿四年之無連月比食外，均與《大衍》《授時》合。惟僖公十五年五月日食經不書日朔，徐以為不應食，而據郭守敬算法亦不在食限而云食，譏郭之誰欺欺天。此足破千古之疑，而匡守敬所未及矣。按此次日食劉孝孫推五月癸未朔，一行、守敬推四月癸丑朔，徐推四月亦不應食，再推前後月朔，更去交分限益遠，是矣。然以此為十二年之五月而誤出于此，則非是。按昭公十七年四月乙巳晦，春分五月丙午朔，一

行知推是日應食在黃道婁四度，而不知傳之所云即是五月事。又是年九月甲戌連閏五，相去五月日又食，江慎修先生知傳有祝史請用幣平子不從事，太史云：「日過分而未至，是五月事，不然左氏安得有此謬言」，此言是矣。冕按「丙午朔」三字，經文已脫落；「五月日又食之」六字誤屬于僖公十五年夏，亦彼處有脫簡，誤補以此耳。左氏作傳時尚不誤，但下條誤九為六則朔法不合，徐謂祝史之請平子不從，左氏不審，誤以彼繫此，則非也，然其推日食實有與一行合者。又徐謂僖公五年前魯用夏正而失一閏，至五年直用周正，蓋推日食而有得之言，然于各條傳義究未能融會也。

一、孔聖生辰，《公羊》作己酉年十一月庚子，《穀梁》作己酉年十月庚子，《史記》作庚戌年而不詳其月。後儒紛紛議論，如賈逵、服虔、孔若古、洪興祖則年主《公》《穀》，杜預、張華、胡舜陟、孔宗翰、羅泌則主司馬遷。愚以為三者皆誤而皆得其傳聞之實也。蓋《公》《穀》誤于《論語》「行夏之時」一語，謂孔子作《春秋》必以夏時說經，如桓公八年春正月己卯烝，《穀梁》云：「烝，冬事也。春興之志，不時也」，《公羊》之意亦同，是以正月為寅月，不知桓公時正月乃丑月也。成公元年二月無冰，《穀梁》云：「終時無冰則志，此未終時（猶言此非冬時）而言無冰，加之寒之詞也。」彼以為卯月應無冰，但天時大寒，雖無冰亦誌之，不知成公時之二月亦丑月，丑月無冰，應寒不寒者也。誤以《春秋》為用寅建，故其妄解經也如是。然則《公》《穀》之記孔子生皆用夏正可知矣。按襄公己酉，魯曆閏六月，齊用寅建，閏在歲終，故魯人以孔子為己酉年十二月生。穀梁魯人也，改從寅建書之，有不曰「冬十月孔子生」乎？齊人必以為孔子十一月生。公羊齊人也，即用寅建書之，有不曰「冬十一月孔子生」乎？秦用亥建，以亥為正，戌為十二月，置閏俱在十二月（後來追改俱作後九月，或謂秦用亥建而不改月者，未詳考追書後九月之說也），當此之時，七十二子之後人有私為牲醴之奠，如後世臧榮緒之庚子陳經者，在魯人必於正月，在齊人必於二月，故林回文載孔子以庚戌二月生，則以林回秦時人也。漢初猶用亥建，當此時，父老相傳，惟知孔子為庚戌生矣。司馬遷聽父老之傳聞而誤也，固無足怪。至朱子作《論語序》，年從《史記》，月從《公羊》，於是一誤而再誤矣。今按孔子當是己酉年乙亥月二十二日庚子生，故當時有水精之子生為素王之讖。水精者指亥月而言之，非酉月也。至孔子以哀公十六年四月十一日卒（以夏時推算則為二月十一日），江慎修先生已明辨於前矣。

一、左氏蓋魯之史官而世其職。古者左史記言右史記動，故因官以命氏。傳初但記其為左氏而已，自司馬遷論《春秋》言魯君子左邱明懼弟子人人異端，各安其意而失其真，因孔子史記具論其語。班固述之，謂孔子思存前世之業，以魯史官有法，與左邱明觀其史記，據行事以作《春秋》，口授弟子。弟子退而異言，邱明恐弟子各安其意以失其真，故論本事而作傳，則遷與固皆以邱明為名而左為氏矣。然遷復言「左邱失明，厥有《國語》」，按譜有左氏有左邱氏，遷以左邱為氏，則傳安得名左氏耶？且孔子弟子有左人郢，安知為傳者非其族耶？乃漢儒以《論語》之左邱明附會之，惟程朱以《論語》之左邱明為古之聞人，最為近正。今按《春秋》終于哀十四年，續經終十六年孔子卒，傳終二十七年，觀其敘及韓衛知伯、趙襄子之事，且名魯悼公、楚惠王，以年考之，楚惠王之卒去孔子四十七歲，魯悼公卒去孔子四十八年，趙襄子卒去孔子五十三年，不知左氏後襄子復幾何時。又按定公五年曾子生，哀公六年始受業於孔子，孔子卒，曾子年二十七，而劉向《別錄》以為曾申傳左氏以授吳起（想是曾申以《春秋》經文傳諸左氏，左氏作傳以授吳起），起授其子期，期授鐸椒，椒授趙人虞卿，卿傳同郡荀卿名況，況授張蒼，則左氏之後孔子卒當在六七十年內矣。至《公羊疏》云：「子夏口授公羊高，高五世相傳至壽，漢景帝時壽及其弟子胡毋生著於竹帛，胡毋生親題師故曰《公羊》。」又《穀梁疏》云：「穀梁名淑，字元始，一名赤。魯人傳孫卿，卿傳魯人申公而不載題籤之始，然以為俱子夏弟子，豈其然乎？」按漢初以《公羊》為齊學，以其出於江公，江公齊人也；《穀梁》為魯學，以傳出於申公，申公魯人也。《公羊傳》有子沈子、子北宮子、子司馬子、子女子及魯子、高子矣，《穀梁傳》有尸子、沈子矣。古者以子稱人，皆師事之詞，故《論語》顏子名稱，而曾參、冉有獨稱子，先儒謂是二子之弟子所記，使公、穀而受業於子夏之門，獨無一語及子卜子乎？既師子夏而其師乃若是之多乎？且《公羊傳》桓六年有子公羊、子穀梁傳，隱五年有穀梁子，此乃公穀門人之所增益，而非公穀所自記也明矣。至經文有三傳互異者，乃因當初未敢遽出，及其出也，隔孔子之卒已六七十年，此時簡策豈能免傳受之不誤？後來遂據誤為各有師承。然必有一是一非處，其有可以理斷者，如三月二月十二月十一月多誤，此字畫加減一筆之誤也。古文卯作夘、酉作丣，卯酉多誤，此字畫分合一筆之誤也。乙巳多誤，此字畫多少一筆之誤也。寅申辰多誤，此音同之誤也。凡推排經傳日月至此，驗其誤否，須以天正為是，不得順經傳以求合，致閏朔轉乖，竟謂古人之不精曆算也，然魯曆之不合者，蓋亦寡矣。

　　◎陳壽祺《左海文集》卷四下《與張繁露論春秋至朔通考凡例書》：讀足下尊著《春秋至朔通考凡例》，精於推步在何承天、祖沖之之間；貫穿經義卓識亦在劉歆、杜預之右。唯以魯自僖公四年以前用丑建、僖公五年以後始改用子建，據《左氏》僖公五年傳云「春王正月辛亥朔日南至」，此乃史官特筆，而經不書者，諱非王命而擅改子建也；又據《春秋緯命曆序》，以為傳本書曰「壬子朔日南至」，特劉歆偽改為辛亥耳，以哀十二年冬十二月螽、十三年十二月又螽，孔子云「火伏而後蟄，今火猶西流，司曆過也」，其語為季氏假託，誣聖欺天。之二者皆未協事理，何也？魯之禘郊與雩僭禮始於《春秋》之前，經皆書之；初稅畝、作邱甲非禮始於《春秋》時者，經亦書之，未嘗諱也。使魯果自僖四年以前用丑建、自僖五年以後用子建，則改正乃國家一大事，經何故刪之？且僖五年正月辛亥朔日南至魯史既特筆言之，經焉得諱而刪之？經即刪之，而傳著之，焉有不言經所以諱而不書之故乎？足下引《春秋緯命曆序》本於隋唐兩曆志：《隋志》云「太史令劉暉、國子助教王頗、司曆劉宜等以為若依《命曆序》推勘春秋三十七日食，合處至多；若依《左氏傳》，合者至少，是以知傳為錯。足下祖述其說，又自推測而信其不謬。壽祺案《漢書·曆志》曰：「釐公五年正月辛亥朔旦冬至，殷曆以為壬子。昭公二十年春王正月距辛亥百三十三歲，是辛亥後八章首也。正月己丑朔旦冬至失閏，故傳曰二月己丑日南至。然則劉歆《三統曆》本用殷曆參校而得之，其他每引殷曆春秋曆覈其同異，豈不知殷曆有壬子庚寅之朔，而臆改《左氏》以從己者哉！《唐志》僧一行《中氣議》曰：「《春秋傳》僖公五年正月辛亥朔，日南至，以周曆推之入壬子蔀第四章，以辛亥一分合朔，殷曆則壬子蔀首也。昭公二十年己丑朔，日南至，以周曆得己丑二分、殷曆得庚寅一分。殷曆南至常在十月晦，則中氣後天也。周曆蝕朔差經或二日，則合朔統天也。傳所據者周曆也，緯所據者殷曆也。氣合於傳，朔合於緯，斯得之矣。」又曰：「《命曆序》以為孔子修《春秋》用殷曆，使其數可傳於後。考其蝕朔不與殷曆合，及開元十五年，朔差五日矣，氣差八日矣。上不合於經，下不足以傳於後。蓋哀、平間治甲寅元曆者託之，非古也。」壽祺案此則《春秋緯》之不足據，昔人已明言之。《左氏傳》所據者周曆，其文非歆所改，亦明矣。足下又謂漢壽王所得殷曆乃是壬子朔日南至，《春秋命曆序》亦然。壽祺案《漢志》太史令張壽王治黃帝調曆，課皆疏闊。又言黃帝至元鳳三年六千餘歲，丞相屬寶、長安單安國、安陵桮育治《終始》，言黃帝以來三千六百二十九歲，不與壽王合。壽王又移《帝王錄》，舜禹年歲

不合人年。壽王言化益為天子代禹，驪山女亦為天子，在殷周間，皆不合經術。壽王曆乃太史官殷曆也。《漢志》所列壽王說甚詳，然不言壽王據殷曆改壬子朔冬至事。《漢志》所引殷曆僖公五年朔一條乃劉歆《三統曆》之文，非壽王之言也。《唐志・合朔議》又曰：「《春秋》日蝕有甲乙者三十四，殷曆、魯曆先一日者十三、後一日者三，周曆先一日者二十二、先二日者九，其偽可知矣。莊公三十年庚午朔、襄公二十一年九月庚戌朔、定公五年三月辛亥朔，當以盈縮遲速為定。殷曆雖合，適然耳，非正也。」壽祺案此則殷曆之不足據又明矣。足下又以隋張賓、唐傅仁均／李淳風皆從殷曆作僖公五年正月壬子冬至，壽祺案張賓下當增劉孝孫、張冑元。《隋志》劉孝孫與劉焯並摘張賓之失，所駁六條，其二云：「賓等不解宿度之差改，而冬至之日守常度」，而孝孫曆法第三勘氣影長驗，引《春秋緯命曆序》魯僖五年正月壬子朔冬至，今以甲子元曆術推算得合。壽祺案甲子元曆者，祖沖之所造也，劉暉、王頗等引《命曆序》僖五年天正壬子朔旦日冬至，張賓曆、張冑元曆皆合《命曆序》，是二張皆信緯而棄傳者也。然張賓依《命曆序》壬子朔冬至，張冑元謂三日甲寅冬至，不從傳亦不從緯，固不能盡合矣。足下又以郭守敬與僧一行並朔從壬子至辛亥，壽祺案唐開元大衍術固以氣合於傳、朔合於緯，《元史・曆志・授時曆議》曰：「僖公五年正月辛亥朔旦冬至，授時、統天皆得辛亥，與天合。下至昭公二十年己卯歲正月己丑朔旦冬至，授時、統天皆得戊子，並先一日。」授時者，元郭守敬所造曆；統天者，宋慶元初楊忠輔所造曆也。然一行、守敬未嘗以僖公五年至朔同日，而足下謂傳本書曰正月壬子朔日南至，則是至朔同日，與一行、守敬乖，其說亦自不可通矣。案江徵君慎修嘗言《元史》有六術冬至，載魯獻公戊寅至至元庚辰四十九事。勿菴梅氏因之作《春秋以來冬至考》，刪去獻公一事，各以其術本法詳衍，然未有折衷。徵君因作《冬至權度》，就梅氏所考定者實測而推其不合，斷為史誤與術誤。《左氏》所記兩日至僖公丙寅朔在壬子二日癸丑冬至、昭公己卯冬至當在辛卯，傳皆先天二三日，術家惟紀元（宋崇寧曆）與重修大明（金曆），僅得僖公五年壬子冬至，餘皆步算有差。違者固非，合者亦未盡是。徵君之術精矣，然雖摘左氏之誤，要以為至朔不同日耳。一行、守敬不能無失也，足下之書，未審於梅、江二家何如？而步算未合，立說輒多抵牾，得毋猶有所蔽與？！《唐志・日度議》曰：「哀公十二年冬十有二月螽，開元曆推是歲九月己亥朔，先寒露三日，於定氣，日在氐五度，去心近一次，火星明大，尚未當伏。至霜降五日始潛日下，乃《月令》『蟄蟲咸俯』，則火辰

未伏，當在霜降前。雖節氣極晚，不得十月昏見，故仲尼曰『火伏而後蟄者畢，今火猶西流，司曆過也』。方夏后氏之初，八月辰伏，九月內火，及霜降之後，火已朝覿東方，距春秋之季千五百餘年，乃云『火伏而後蟄者畢』，向使冬至常居其所，則仲尼不得以西流未伏，明是九月之初也。然則丘明之記，欲令後之作者參求微象以探仲尼之旨。」据此則左氏所述仲尼之言，固非季氏所得偽託矣。足下以左氏為不曉曆，又以仲尼之語為誣，是經傳皆不足信，恐曆法雖通，而於解經之道未善也。解經之道，莫患於改經傳而從我而無所據依，則穿鑿之弊將至於鹵莽滅裂而不可止，此儒者之所慎也。否則自漢以後，通經與明天算者不乏人，豈盡不知經傳有不可通之處？而卒無有言魯僖改用子建者，其亦思之熟矣。若夫獲麟為漢興之祥，乃何邵公語，不可以厚誣《公羊》謂為漢初人。《春秋》三傳互異，自緣師承不同。觀《漢書‧儒林傳》及陸機《毛詩草木蟲魚疏》、陸德明《經典釋文敘》述三傳授受瞭然分明，不可以其文字異同專歸傳寫之誤。請足下更詳察之，幸甚。

◎趙爾巽《清史稿》卷一百四十五志一百二十《藝文》一：《春秋至朔通考》四卷，張冕撰。

◎孫殿起《販書偶記》卷二：《春秋至朔通考》二卷、《春秋初年歲星行表》一卷、《春秋日食星度表》一卷、《春秋日表》一卷，邵武張冕撰。嘉慶間刊。

張旼 春秋四傳折衷 佚

◎孫葆田《山東通志》卷百二十七《藝文志》第十：是書見《州志》。

◎張旼，字穆庵。山東濮州人。張其仁孫。諸生。著有《春秋四傳折衷》。

張沐 春秋疏略 五十卷 存

清華、天津藏康熙十四至四十年（1675～1699）著蔡張氏敦臨堂刻五經四書疏畧本

南京、山東、中科院藏康熙十九年（1680）陳如升刻本

◎春秋疏畧序：《春秋》有傳而後為經，無傳則魯史而已，不足為經也。鶻突之文、忌諱之語，魯君臣以之自省自治則有餘，以之告天下萬世以為常道則不足。聖人取而左之以傳，則鶻突者明，忌諱者顯，有目者見之，心動神懷，善惡猶己出焉，福禍猶身受焉，不容不懲且勸，久之化也。於是《春秋》乃為經矣。奈何後儒不察，過求經而薄棄傳也。蓋亦未詳傳為孔子作，因以昧其義耳。夫傳豈易易而為之哉？昔孔子去魯，以甚盛德，攜諸大賢，十五年周流轍

環，遍交於列國之君臣上下，得盡聞古今載籍、佚文漏章及野史與父老口說，凡政治得失、風俗美惡、人類賢邪之故、心術誠偽之態，細及婦人女子之隱情，以及鬼怪妖夢之奇、卜筮之法，日與門弟子策記弗忘，以學聚而問辯之，寬居而仁行之，嘗曰：「我非生而知之，好古，敏以求之」，又曰：「蓋有不知而作之者，我無是也。多聞，擇其善者而從之，多見而識之」，子貢曰：「賢者識其大者，不賢者識其小者，莫不有文武之道焉。夫子焉不學，而亦何常師之有？」此孔子之學所以賢堯舜、冠百王，生民所未有者，實在於斯。及歸魯，時窮道喪，欲以此學垂教天下萬世，以為常道，於是贊《易》、刪《詩》《書》、定禮、正樂矣。至於所得平桓以後二百餘年之事獨詳，其說多繁瑣委曲，怪異不經，然亦皆經常之變態、賢佞之原委，不可舍也。不悉揭以示人，則情偽有不盡，即懲勸有不至，天下後世之愚不能盡開，而天理民性終不能盡出也。於是取魯史為經，而以不可為經者，挨年順月，附錄經左，命之曰《左傳》，偕經而傳焉。庶幾天下後世變化之情理不外於斯，而斯人之聰明亦盡啟於斯矣。若左邱明，非甚盛德，又不曾周流轍環攜諸高弟十四五年採訪於外，豈能憑虛而撰之？況作傳有厚意哉！是故經有者傳恆無之，經無者傳多有之。又有經傳同文無異義者，是傳亦非徒為解經也。明乎其自作也，豈他人為聖人作傳，宜如自作之文乎哉？後人薄傳，以其詞膚也、其義譎也，焉知後人所謂膚譎，非即聖人之謂深醇乎？傳之旨在敬，不敬則死；其制在禮，無禮則凶，深醇至矣。反以膚譎棄而不論，惡能辯此中之淺深是非哉。今欲去傳存經，亦謂經聖人筆削也？然如天王狩於河陽之類，聖人正以其野而非史，辭不可馴，間為筆削，仍以還其史體耳，以有傳存也。若律以經典正論，晉文實召天子，飾辭以掩其罪，是聖人欺天下萬世矣。夫《春秋》有大義焉，春統夏，秋統冬，一寒一暑，運行不已，人於其間，法天行健，自強不息，敬而已矣，無一事而敢忽，無一時而或怠，是以魯史君舉必書、赴告必書，雖末細不遺，雖無事亦必虛書時月焉，敬而已。習此心使存，以兢業為萬幾之宰，是故孔子取之，尊以為經焉。故其書法亦不必同，有微而顯，有志而晦，有宛而成章，有盡而不汙，無非懲惡而勸善，如此又焉用筆削乎？今唯用微顯一例以解《春秋》，欲以曲成筆削之說，所以在在難也。然此五例，傳修而後明之，傳不修，不明也。故曰「非聖人孰能修之」。及秦焚書，孔氏子孫，為孔子藏書壁中，曰《書》、曰《傳》、曰《論語》、曰《孝經》，皆孔子書也。且不言《春秋》而言《傳》，《傳》之重也，決可信已。學者因有請曰：「學《春秋》宜如何學？」曰：學《春秋》與學他經

不同。孔子《經解》已言之矣，曰：「入其國，其教可知也，其為人也，屬辭比事，《春秋》教也。《春秋》之失亂，屬辭比事而不亂，則深於《春秋》者也。」今學人其各製一策本，自春徂秋，日取其所言所行之得失，及所見所聞之當鑑戒者，挨年順月，以書之策，屬類其辭以自記，比次其事以相考，如此，自日進於改過遷善之途而不自知，此即《春秋》之學也。至於屬辭也，易失之亂，忌諱之辭近於淆，瑣細之辭近於濫，直實之辭近於偏。人見其亂也，而吾之志常辨焉。其比事也亦易失之亂，前事與後事，復襲而易厭；大事與小事，參雜而易紊；人事與己事，間隔而易疏。人又見其亂，而吾之志自一焉，則可謂深於《春秋》者矣。此孔子教天下後學《春秋》之正說也。即孟子繼《詩》亾、懼亂賊之說，亦言作經之旨及其功效則然，非言學法也。世儒不察，執字泥文，以為其中有袞鉞，孔子以匹夫擅二百餘年誅賞之權。如此以為學，則氣傲心高，無狀甚矣。不然，亦唯日以刻求深督乎古人，與自己身心毫無益焉。皆世儒自撰此口耳之學，孔子無此說也。康熙三十二年夏仲壬申，後學張沐序於敦臨堂。

◎提要：是書以經文為魯史，以《左傳》為孔子所作。謂孔子取魯史尊之為經，而以不可為經者挨年順月附錄經左，命之曰「左傳」。異哉斯言！自有經籍以來未之聞也。

◎《皇朝文獻通考》卷二百十五《經籍考》五：沐以經文為魯史，以《左傳》為孔子所作。謂孔子取魯史為經，而以不可為經者附之經左，故曰「左傳」。殊為駭人聽聞也。

◎張沐（1630～1712），初名西孫，字沖西，後改名沐，字仲誠，號起庵，學者稱上蔡夫子。河南汝寧府上蔡縣人。與孫奇逢、顏元善。與孫奇逢、耿介、湯斌、竇克勤、張伯行、冉覲祖、李來章等並稱「中州八先生」。順治十二年（1655）拔貢入國子監，十四年（1657）舉人、十五年（1658）進士。康熙元年（1662）授直隸內黃知縣。後免，遂返上蔡鄉居。康熙十八年（1679），以魏象樞薦授資陽令，未幾以老病乞休，再歸上蔡。康熙二十三年（1684）受汝寧知府熊仲龍之聘，主掌天中書院。二十九年（1690）主禹州鳳凰臺書院，三十三年（1694）主上蔡縣塾，二十四年（1695）主講開封遊梁書院。著有《春秋疏略》五十卷、《大學疏略》一卷、《論語疏略》二十卷、《中庸疏略》一卷、《溯流史學鈔》二十卷、康熙《河南通志》五十卷、康熙《開封府志》四十卷、康熙《上蔡縣志》十五卷、《道一錄》五卷、《圖書祕典》一卷、《學道六書》

六卷、《為學次第書》六卷、《前川樓文集》二卷、《前川樓詩集》一卷、《張仲誠遺書》十八種附一種。

張念庭訂 春秋衷一 四卷 存

雍正光裕堂刻本

陝西師範大學藏光緒九年（1883）光裕堂刻本（存卷一至二）

◎宋胡安國原傳。

◎目次：第一卷：隱公（在位十一年）、桓公（在位十八年）、莊公（在位三十二年）。第二卷閔公（在位二年）、僖公（在位三十三年）、文公（在位十八年）。第三卷宣公（在位十八年）、成公（在位十八年）、襄公（在位三十一年）。第四卷昭公（在位十五年，在外八年）、定公（在位十五年）、哀公（在位二十七年。經至十四年絕筆）。

張佩芳 春秋世系 佚

◎張穆《斅齋文集》卷八《先大父泗州府君事輯》〔註44〕：府君箸書：《陸宣公翰苑集注》二十四卷、《公餘雜錄》三十卷、《春秋世系》（尚未編定卷數）、《希音堂文集》（無卷數）、《社倉考》一卷、《平定州志攷誤》一卷、《三場百問》（無卷數）、《重修翕縣志》二十卷、《黃山志》一卷。

◎張佩芳（1732～1793），初名汝（洳）芳，字公路，學政夏之蓉為易今名，字蓀圃，號卜山。山西平定人。乾隆二十年（1756）舉人、二十一年（1757）進士。歷任安徽歙縣 / 合肥縣令、壽州 / 泗州知州。著有《春秋世系》、《希音堂文集》無卷數、《社倉考》一卷、《平定州志考誤》一卷、《重修翕縣志》二十卷、《黃山志》一卷、《榆關考》、《公餘雜錄》三十卷、《三場百問》無卷數、《陸宣公翰苑集注》二十四卷。

張佩綸 穀梁起廢疾補箋 不分卷 存

上海藏手稿本

上海藏抄本

◎或著錄二卷。

◎張佩綸《澗于集》文上卷《穀梁起廢疾補箋序》：《穀梁廢疾》，漢何休

〔註44〕撰有年譜。

撰，鄭康成釋。《後漢書・儒林傳》：「休善曆算，與其師羊弼追述李育意以難二傳，作《公羊墨守》《左氏膏肓》《穀梁廢疾》。」鄭君傳：「時任城何休好《公羊》學，遂著《公羊墨守》《左氏膏肓》《穀梁廢疾》。鄭君乃發墨守、鍼膏肓、起廢疾，休見而歎曰：康成入吾室操吾矛以伐我乎？」《隋書／舊唐書・經籍志》均作《穀梁廢疾》三卷，與《墨守》《膏肓》並著錄。《崇文書目》僅存《膏肓》九卷，陳振孫《膏肓》解題謂：「二書今多不存，惟范寧《穀梁集解》載休之說，而鄭君釋之，當是所謂《起廢疾》者」，是直齋已不見此書。今《四庫總目》三書各為一卷，乃山西巡撫朱珪采進本。《起廢疾》凡四十條，即據《集解》及《穀梁／禮記》兩疏所引外，書有盧文弨、莊述祖、劉逢祿、孫馮翼、黃奭、吳省欽諸本，編次小有異同詳略，大要皆本史館原輯。蓋漢義叢殘，堇有存者矣。佩綸涉獵不醇，夙未受《春秋》師法，而性好《左氏》，亦未嘗持《穀梁》義。謫居多暇，閒究遺經。既因臧先生琳之言輯劉子政《穀梁》說以補武子所略，而子政嘗受《公羊》（據《六藝論》），兼說《左氏》（據《漢書・五行志》），班氏但言其詔受《穀梁》，蓋失之疏。《後漢書・儒林傳》治《穀梁》者無聞，《隋志》有段肅注《穀梁》傳十四卷（《經典序錄》作十二卷，是），惠氏棟以為即班固集之段肅（《後漢書》作殷肅，章懷注：固集殷作段），今其書已亡，其時諸臣疏議所稱《春秋》皆《左氏》《公羊》及緯書，引《穀梁》者惟第五倫、尚書郎樊準及宦者呂強耳。賈侍中兼通《穀梁》五家之說，閒引《穀梁》以解《左氏》，而《穀梁》無專書，《左氏膏肓》服子慎尚有《釋痾》，而《廢疾》則未之及，豈非東京之世，《穀梁》師說已微，其存什一於千百者，惟略見於許君《五經異義》及此書而已。劭公之旨，雖云本之李育，然育不引圖讖以難《左氏》，劭公據讖駁傳，實與育違。其孰為羊弼之說，今亦無從分析。鄭釋則義據通深，約分三例：申本傳之義，擘肌分理，比事亭疑，此正例也；何氏好《公羊》，鄭君亦明《公羊》，就《公羊》以起《穀梁》，不執門戶同異之見，此別例也；何氏篤信讖緯，鄭君亦篤信讖緯，據緯書以難何氏，批卻導窾，無待煩言，此又別例也。劭公稱其入吾室操吾矛以伐我，實以《公羊》及讖緯乃何氏獨得之秘，而康成已有升堂嚌胾、持矛陷盾之奇，是以莫逆於心，相視而笑矣。夫《穀梁》之學自瑕邱江公呐口絀於董生，其後魯榮廣高才捷敏，與《公羊》大師眭孟等論，數困之，亦會宣帝欲興《穀梁》，元康石渠之論，蕭望之等十一人以經誼對，多從《穀梁》，是為《穀梁》之初起。《賈達傳》：光武皇帝奮獨見之明，興立《左氏》《穀梁》，會二家先師不曉圖讖，故令中道

而廢（建武初，陳元疏謂《穀梁》與《公羊》並存，殆旋與《左氏》廢罷）。《白虎通論》雖閒取《穀梁》，而劭公復作書廢之，得鄭君之釋然後義例大明，是為《穀梁》之再起。觀劭公歷舉病應，幾如越人之洞見五藏癥結而疾不可為。及鄭君論精微、理是非，說之以要言妙道，可無藥石鍼刺炙療，而《穀梁》固涊然汗出，霍然病已。解釋先聖之積結，洮汰學者之累惑，厥功偉矣。其時黨禁未解，二君年德相若，遭遇相同，錮處蟄居，猶修經業，故鄭君之釋，視駁許叔重《異義》、答臨孝存《周禮》難詞氣獨為遜下。其或穀梁清婉之家法，且以見通儒學養。雖憂患而無所激，隨辨難而無所躝競也。劭公《解詁》晚年手定，則亦自毀其廢疾之說，時引《穀梁》以注《公羊》，亦可知專門墨守十七年之覃思，久而愈虛，固非黨同妒真者所可借口矣。然范解雖宗鄭學，時有未詳，唐人義疏稱引尤略。國朝經學昌明，三傳古義均得鉅儒輯比。《穀梁》最衰，宜共存立。而《毛氏春秋傳》時攻胡氏，波及《穀梁》；劉氏逢祿乃至詆訶鄭君，目為佞者；王懷祖父子至為通博，顧於《釋廢疾》亦有微詞。心竊非之，迺取各本詳加校勘，依十二公篇次，條分件繫，以傳為綱，而附何鄭之說，刺取各家《穀梁》義疏與鄭氏同者理而董之，與《穀梁》異者辭而辟之，彌月告成，仍分三卷，以復《隋/唐志》之舊名，曰《穀梁起廢疾補箋》。《孝經正義》引《鄭志》目錄記作《釋廢疾》（《史通》引獨遺此書，乃誤挩），與孔揚疏同。今曰《起廢疾》，從《後漢書》本傳也。《隋/唐志》有張靖箋《廢疾》三卷，靖《晉書》無傳，嘗為堂邑太守，撰《諡法攷》二卷、《穀梁傳集解》十一卷（《隋制》《冊府元龜》作十卷，茲從《舊唐》），《晉書・禮志》稱其泰始、咸寧閒為博士議喪服，其人蓋長於禮。《地志》元康七年始立堂邑郡，距其為博士已二十餘年，則亦典午耆儒。今惟揚疏引《箋廢疾》一條與張晏《漢書音釋》說同（詳莊十八年「日有食之」條下），餘與《集解》並佚。今曰《補箋》，存張靖舊名也。鄭君《六藝論》云：「注《詩》宗毛為主，若隱略則更表明，如有不同，即下己意，便可識別」，《說文》：「箋，表識書也」，今之箋鄭亦本鄭箋《毛詩》之意，故引舊說者十之七八，下己意者十之二三。顧膚近未學，烏足以補鄭君之十全，而還恐為《穀梁》之病。譬之醫家，類集古方，冀以通其指歸究其微賾云爾。

◎張佩綸（1848～1903），字幼樵，號蕢（簣）齋，又號繩庵。直隸豐潤（今河北豐潤）大齊坨村人。同治十年（1871）進士，歷任翰林院侍講、都察院左副都御史、總理衙門行走，屢呈奏議，自謂「往還五千里，咒罵十三家」。會辦福建海疆事宜，並兼署閩省船政大臣，遭劾謫戍，後寓居津門七年，再遭

彈劾，始遁跡南京。光緒辛丑（1901）再奉旨入都協辦交涉事宜，後以四五品京堂補用，固辭，稱病不出。著有《易殷禮》不分卷、《春秋左氏傳續紀》三卷、《穀梁起廢疾補箋》二卷、《論語漢說》、《淮南經說》、《莊子古義》十卷、《澗于文集》二卷、《澗于日記》、《管子學》二十四卷。

張佩綸 春秋左氏傳續紀 三卷 存

上海藏稿本（蕢齋詩鈔四卷附）

張璞 春秋提要 一卷 存

重慶中國三峽博物館藏光緒十五年（1889）廣漢鍾氏樂道齋刻本

張溥 春秋列國論 二十四卷 存

明末刻春秋三書本

大連藏清刻本

◎總目：卷之一周，論（四則）。卷之二魯，論（十三則）。卷之三齊，論（七則）。卷之四晉，論（十二則）。卷之五鄭，論（六則）。卷之六衛，論（六則）。卷之七杞，論（一則）。卷之八紀，論（一則）。卷之九宋，論（九則）。卷之十陳，論（三則）。卷之十一蔡，論（二則）。卷之十二楚，論（六則）。卷之十三秦，論（四則）。卷之十四吳，論（二則）。卷之十五虢、虞，論（一則）。卷之十六曹，論（二則）。卷之十七許，論（一則）。卷之十八邾，論（一則）。卷之十九莒，論（一則）。卷之二十徐（淮夷附），論（一則）。卷之二十一鄆，論（一則）。卷之二十二滕、薛、小邾，論（一則）。卷之二十三邢，論（一則）。卷之二十四戎、狄，論（二則）。

◎分卷目錄：卷之一周：桓王平王論、莊王僖王惠王襄王論、頃王匡王定王論、簡王靈王景王敬王論，右論五則。卷之二魯：隱公論、桓公論、莊公論、閔公論、僖公論、文公論、宣公論、成公論、襄公論、昭公論、定公論、哀公論，右論十二則。卷之三齊：僖公襄公論、桓公論、孝公昭公懿公惠公論、頃公論、靈公論、莊公景公論、安孺子悼公簡平公論，右論七則。卷之四晉：翼鄂侯曲沃莊伯翼哀侯曲沃武公翼小子侯翼緡侯獻公惠公論、文公論、襄公論、靈公論、成公論、景公論、厲公論、悼公論、平公論、昭公論、頃公論、定公出公論，右論十二則。卷之五鄭：莊公論、昭公厲公子亹子儀厲公奔蔡復入論、文公穆公論、靈公襄公悼公成公論、僖公簡公論、定公獻公聲公論，右論六則。

卷之六衛：桓公宣公論、惠公論、懿公文公論、成公論、穆公定公獻公殤公論、襄公靈公出公莊公論，右論六則。卷之七杞：武公、靖公、共公、惠公、成公、桓公、孝公、文公、平公、悼公、隱公、僖公、閔公，右總論一則。卷之八紀：右摠論一則。卷之九宋：穆公殤公論、莊公閔公論、桓公論、襄公論、成公昭公論、文公論、共公論、平公論、元公景公論，右論九則。卷之十陳：桓公陳佗厲公莊公宣公穆公共公靈公成公論、哀公論、惠公懷公閔公論，右論三則。卷之十一蔡：宣公桓侯哀侯穆公莊公文公景公靈侯論、平侯悼公昭公成公論，右論二則。卷之十二楚：武王文王堵敖成王論、穆王論、莊王論、共王論、康王郟敖靈王論、平王昭王惠王論，右論六則。卷之十三秦：文公寧公出子武公德公宣公成公穆公論、康公論、共公桓公論、長公哀公惠公悼公論，右論四則。卷之十四吳：壽夢諸樊餘祭餘昧王僚闔閭論、夫差論，右論二則。卷之十五虢、虞：右合論一則。卷之十六曹：桓公莊公僖公昭公共公文公宣公論、成公武公平公悼公聲公隱公靖公伯陽論，右論二則。卷之十七許：莊公、穆公、僖公、昭公、靈公、悼公、許男斯、元公，右摠論一則。卷之十八邾：邾子克、邾子瑣、文公、定公、宣公、悼公、莊公、隱公，右摠論一則。卷之十九莒：紀公、渠丘公、黎比公、著丘公、郊公、共公，右摠論一則。卷之二十徐、淮夷（附）：右摠論一則。卷之二十一鄫：右摠論一則。卷之二十二滕：宣公、昭公、文公、成公、悼公、頃公、隱公；薛：襄公、薛伯比、惠公；小邾：右摠論一則。卷之二十三邢：右論一則。卷之二十四戎：論一則；狄：論一則，右論二則。

◎張溥（1602～1641），字乾度，一字天如，號西銘。南直隸蘇州府太倉州（今江蘇太倉）人。崇禎四年（1631）進士，選庶吉士。與同鄉張采共學齊名，時稱婁東二張。崇禎間創復社。著作宏豐。著有《詩經注疏大全合纂》、《春秋三書》（《春秋書法解》一卷、《春秋列國論》二十四卷、《春秋諸傳斷》六卷）、《周易繫辭注疏大全合纂》四卷、《易經注疏大全合纂》六十八卷首一卷、《礪訂瀛洲渡周易》八卷、《歷代史論》、《七錄齋集》等，輯有《漢魏六朝一百三家集》一百十八卷。

張溥 春秋三書 三十一卷 存

國圖、北大、北師大、中科院、華東師大、上海師大、南京、鎮江藏明末刻本

國圖藏清初刻本

　　◎三種：《春秋書法解》一卷、《春秋列國論》二十四卷、《春秋諸傳斷》六卷。

　　◎春秋三書序：《三書》者，我友張子讀《春秋》所作也。曷云三書？一曰《列國論》。天子畿內稱京師，序周即不得言列國，統名之者，畿內亦可稱王國，故得當篇省文。其書取《春秋》所載，分國綴事，終一君則為考經傳、嚴褒譏，如列國各有史，列國君各有傳者，義指希通，是則張子分之以明經。一曰《諸傳斷》。左氏親承經旨，公羊、穀梁受自子夏，宜左有專據，而漢時《公羊》《穀梁》先立學官，《左》最後顯。迨何、杜、范三氏註出，庭戶稍一。後儒又以註學簡脫，即各註立疏旁暢，則是名為三傳，已列九家。永康侯胡氏排黜眾見，特尊聖經，我國家經術設科，獨取立學官，置博士弟子。惜乎制舉家襲績章句，等於射覆，經學頗殘矣。張子指摘諸傳，明具異同，總一年中是否，務取經通，不隨傳惑，是則張子合之以明經。一曰《書法解》。《春秋》書法不一，尊周則卑列國，內魯則外列國，有一事同詞一事殊詞，因有正例有變例。義既參伍，則皆得徇傳巫經。復泥經叛註，張子比事分類，倫脊條目，仍會新舊羣說，次第簡端，乃平理裁中，攸歸至當，是則張子分合一致以明經。此三書者，左右往賢，綱領來訓，使天假之年，刻期可竟，不幸短拆，僅畢強半。張子于經，沒身已矣。今就所屬稿，凡《列國論》已完書；其《傳斷》中缺文公，後缺襄公以下，僖公亦閒缺數年；《書法解》僅見一首。悉出問世，表厥苦心。脫嘲凌落，則應之曰：昔橫渠先生為門人雜說《春秋》，其書未成，今說《春秋》者未嘗不引橫渠。張子書成累冊，信其必傳，夫復奚辨。惟國家崇重六經，諸功在訓詁咸得俎豆宮牆，獨張子音沉響遏、積茂弗章。意謂源流不差，將傳人繼起。經明之士，當有感於斯篇。友弟張采頓首題于知畏堂。

　　◎《明史》卷九十六《志》第七十二《藝文》一《春秋》：張溥《春秋三書》三十一卷。

張溥 春秋書法解 一卷 存

　　明末刻春秋三書本
　　◎僅「元年」一條，引鄭樵、楊慎、熊過諸家說解，末綴己見。

張溥 春秋諸傳斷 六卷 存

　　遼寧藏明末刻春秋三書本

◎目錄〔註45〕：卷之一隱公（始元年己未終十一年己巳），斷十八則。卷之二桓公（始元年庚午終十八年丁亥），斷二十則。卷之三上莊公（始元年戊子終十二年己亥），斷十二則。卷之三下莊公（始十三年庚子終三十二年己未），斷二十則。卷之四閔公（始元年庚申終二年辛未），斷二則。卷之五上僖公（始元年壬戌終十六年丁丑），斷十六則。卷之五下僖公（起十七年戊寅終三十二年癸巳），斷十七則。卷之六（缺）文公（起元年乙未終十八年壬子），斷十八則。卷之七宣公（起元年丁丑終十八年甲午），斷十八則。

張溥 左傳史論 二卷 存

天津藏清刻本

光緒二十四年（1898）掃葉山房石印歷代史論本

光緒二十八年（1902）文盛堂石印歷代史論本

◎一名《左傳史記》。

◎各卷卷首題：明太倉張溥論正。

◎序：昔左氏作傳，動稱君子；史漢繼跡，咸標精意，繫之傳末。然皆乙部之支流，非柱下之專守也。若賈傅《過秦》，嚴尤三將；叔皮王命，雖史論之權輿，而僅備一事，未遑博攷矣。唯《隋志》載蜀丞相諸葛亮撰論《前漢事》一卷、何常侍撰論《三國志》二卷，自是以來，載筆者多從事焉。而宋明兩代學者每好譏彈古人，故史論之作，充棟汗牛，至有未窺全史，莫識始末，空言臆說，不切情事，如錢時之責蕭何以不收六經、胡寅之譏晉元謂當復牛姓者，往往而有，通儒常詬病焉。然學者為文，多患體弱，起衰救弊，莫前於史論，此東萊呂氏《博議》之所由作也。東坡為文汪洋恣肆，論者以為熟精歷史之故。觀坡答李薦書，其推服《唐史論斷》甚至，可知其文之所由至也。明末張天如先生撰《歷代史論》十二卷，起周三家分晉，至元而止。書頗盛行，學者以春秋二百年及有明一代闕而弗備為憾，吉安裴氏仿小司馬補《史記・三皇本紀》之例，取高澹人、谷賡〔註46〕虞兩先生之作合刻之，學者手此一編，非唯有益於文，仰以稍窺史家學也。故樂為之序。光緒五年己卯仲秋，四川督學使者南海譚宗浚。

◎歷代史論原序：編年為學，古有之矣。後世見於學宮，若置身阿閣，猶

〔註45〕正文卷之六未刻，目中卷之七正文作卷之六。

〔註46〕賡一本作廣。

難其人。至服官棄者且挾書也，遑敝帚哉？故有數十年通仕藉而目不寓一行、終身薦華要而手不營一卷，往往然也。間有作者，慕古所為，欲比夷班馬之林，而挾霜噴霧，可旦夕成之。或志火而窘於寒暑，或才小而阻於倥偬，暮氣龐心，終徐陵、《梁史》，狃於半途，回想時藝，奕奕動人，又不屑三鼓，其后不得已取古人一二成書，繆加丹黃之後，陰謀《周禮》，竊附《玄經》，則螟蛉其我，為先聖之苗莠，若此尤甚。夫五都之世，各習其居，九野之纏，不謀其次。鏡於道業，雖非門戶分別，然同文之盛既難有於枝節。君子感豐蔀而思剪焉，力孤則愈壯，無多讓也。非西銘孰克與此？約而言之，學惟一正，時有兩端，畀厥職者在上，在上者久於其分，則己之心志一矣。布厥告者，權在下，在下者務竭其能，則天下之耳目齊矣。未合其旨，賢者難之。是故聖門有回，四方從者日至，游夏文學不居諸子之科，西銘則有之矣。難之者曰：「學非適用，等苟且之音。成、宏而下，豈無文哉而已矣？」庚戌初，功臣多元老壯猷也。近之孔棘，大過于昔廟廷，亟拳勇於文章，作者方臧獲呼之，奉簡書而事明主，疑於鏌鋣，補稽大言匪類，乃悄悄之詩。哲人愈屬，間取往事，私語西銘。秦焚詩書，不在李斯。事不師古，而在六國之君不用孟子，則蘇、張之徒得而張皇其舌有以激之矣。漢興，蕭何收丞相府圖籍，先王之道不難復見於天下。行之百年，尚沒沒也。且已火矣，何故府猶然？豈別有所云僅以資目前之刀筆，而非其至乎？夫何至漢武之世始煥乎有之？當時橫經之士多來自西方，不聞出丞相府也。故相業無補而仲舒、更生相望以議其後，西銘得無意乎？勤北伐而思宣王，誦采苢而懷山甫，鬱茝蓋有同心，揆所緣本，莫若詞林。晉令凡史官初入禁秘，令先作傳一篇以察其緣來，今日似乎密之，凡兵農錢穀之事、制作保邦之猷，罔不歷試，庶無無能之詞覆其艱大之任，則西銘者，其人如日其道如山矣。

◎歷代史論原序：治亂繫乎事，興衰繫乎人，夫古今綿邈時，時異勢殊，其間有治有亂，有興有喪，事不必同符，人不必一軌，於此而欲通其條貫、悉其端委，則必稽之乎載籍。然載籍極博，明於前者慮有遺於後，得於此者或致失於彼，自非嫻雅之識、宏碩之才，恐未易殫究而靡遺也。且是有識與有才者恆千百年而一人，有啟其塗而弗闖其奧，則蘊義不宣；有陳其槩而弗析其微，則大美不著。垣牆而勤以墍茨，樸斲而施之丹雘，殆戛戛乎其難之。自紫陽以編年繼經，是非予奪，義例明備，史學宗工，巍然山斗。建安袁子從而鱗次其

類，彙為紀事本末。至宋元則北海馮子、高安陳子所躍事而增者也。夫自三家分晉以迄世宗征淮南，自宋祖代周以迄諸帥之爭，古今之鑒觀，大略具是矣。書其事而治亂攸分，著其人而興喪以別，且治者忽亂而亂又或返之治，興者旋喪而喪又或代以興，作者引其端不言，意固若將有所待。乃天如先生起而論正之篇，為條例標厥大義，綴以微文。或就事以立言，或連類以盡致，事固詳覈而要以簡潔為宗，語必深至而要以澹雅為尚。彬彬郁郁，才識兼優，當推著作盛事矣。余不敏，竊嘗瀏覽二十一家之書，每苦浩汗而難極。既得是編，句櫛字比，口誦心惟，見其篇幅約而義類必賅，辨析明而指歸自一。坐於几席，周知上古，縉紳之士於焉決嫌定疑，經生之家可以疏志廣識，是其取精多而用物宏。舉凡編年所載、二十一家所裒輯，觸類以相引，旁通而並及，簡冊犁然，指掌可覩矣。向之望洋興歎者，不既於茲快觀止乎！區區為紀事裨益已哉！然則治之不能無亂也，興之不能無喪也，其事固具在而其人可共知也。闇者回惑而冥行，明者審幾以決擇，苟人有焉為之指示迷津、疏條否塞，斯明者奔赴益力，即闇者亦望塗知勉。故著述之家，義存勸戒。是編之中，為勸什三，為戒什七。分在君父則立義必嚴，事屬倫常則持論必正，風節無媿則闡揚或及乎閨閫，纖纇未蠲則諷議不恕於名流，大意與一編相表裏，而依事分註，篇目則加詳焉。要其即一以警百，奪彼而予此，資患履順，明道正誼，使微言不絕於當世，往軌可鑒於將來。勸戒既昭，向背不忒，是在善讀者之得其意爾。旹康熙丁丑秋九，吳郡禮庵居士孫琮執升拜手謹題。

◎歷代史論序：治獄者之當人罪，非曰論如律則曰以何等論，少失其平則受者怨咨聞者謗讟矣。吾儒生古人後，欲以一人筆舌上下數千年，其論斷尤難於治獄。秦漢迄今，代有史冊，褒譏稍謬，聚訟紛如。求所謂不刊之論，學不賅、見不真、識不卓，直誣古人耳。有明上虞迴瀾顧氏，史論中老獄吏也，上自周秦下至元代，一朝或數傳或十數傳，或二三十傳，悉以總論繫之。王鳳洲《綱鑑》及袁了凡《綱鑑補》胥列入各朝篇末，為讀史者階梯。後儒既不敢妄肆雌黃，即歷代帝王政之治忽、德之隆污，亦如爰書一出而甘瞑目泉下。讀史者非宜置諸座右耶！惜無專書，不便觀覽，藝林中一憾事也。謹於《綱鑑》中摘出，錄付剞劂，都為一冊，以公同好，庶足為有志於史者之藉手云。光緒八年歲次壬午花朝前二日，儒林堂主人自序。

◎目錄：

卷之一：

周：王朝交替、桓王伐鄭、王臣之事（王朝交列國、定靈婚齊附，諸侯朝王併附）、王朝庶孽之禍。

魯：隱公嗣國（桓公篡弒附）、魯與列國通好（宋衛、共姬之節附）、文姜之亂（莊公忘仇附）、列卿嗣世（孟孫、叔孫、季孫、臧孫、子叔氏）、三桓弱公室、魯陪臣交叛（南蒯、陽虎、侯犯、公孫宿）、魯與邾莒構怨（魯伐滅小國、小國來伐附）、小國交魯（戎狄兵好附）、郊祀雩祭（旱而不雩見災異，視朔附）、城築蒐狩、孔子仕魯（仲由、冉求、端木賜、高柴附）。

齊：齊滅紀、齊襄公之弒、齊桓公之伯、齊五公子爭立、靈景經略小國（晏子相齊附）、崔慶之亂、陳氏傾齊。

卷之二：

晉：曲沃併晉、晉滅虞虢（驪姬之亂、思懷之立附）、晉文公之伯（襄公繼伯附）、晉楚爭伯（靈公至厲公、楚莊王圖伯附）、晉景楚共爭伯（厲公鄢陵之戰附）、秦晉交兵、晉悼公復伯、晉楚弭兵、晉卿族廢興、晉並戎狄（長狄附）、晉失諸侯。

宋：宋殤閔昭公之弒、宋襄公圖伯、宋公族興廢（魚石之亂、子罕之賢、華向之亂、樂大心辰地之亂、桓魋之亂、大尹之亂，附景公滅曹）。

衛：衛州吁宣姜之亂（懿公亡國、文公定狄難附）、甯武子彌晉難、孫甯廢立、衛靈公之立（蒯聵、輒父子爭國、齊豹之亂、南子之寵附）。

鄭：鄭莊強國（克段、入許、諸公子爭國附）、鄭穆公之立（靈公、僖公之弒附）、鄭滅許、子產相鄭（西宮純門之難、諸臣興廢附）。

楚：楚伐滅小國（成王之弒附）、楚諸令尹代政（武王以後靈王以前）、楚靈王之亂（滅陳蔡、平王得國附）、昭惠復興楚國（白公之亂、惠王滅陳附）。

吳：吳通上國（季札讓國附）、闔閭入郢、句踐滅吳。

秦：穆公伯西戎。

列國：春秋災異。

張岐然 春秋筆削發微圖 一卷 存

吉林藏崇禎十四年（1641）君山堂刻本

寧波市天一閣博物館藏康熙君山堂刻本

◎張岐然，字秀初。仁和（今浙江杭州）人。著有《春秋筆削發微圖》一卷、《春秋年表》一卷、《春秋名號歸一圖》二卷、《春秋年表》一卷、《春秋四

家五傳平文》（一名《春秋左傳平文》）四十一卷首一卷、《春秋五傳》十七卷首一卷、《春秋五傳綱領》一卷、《春秋諸國興廢說》一卷、《春秋左傳綱目杜林詳註》十四卷。

張岐然 春秋名號歸一圖 二卷 存

吉林藏崇禎十四年（1641）君山堂刻本

寧波市天一閣博物館藏康熙君山堂刻本

張岐然 春秋年表 一卷 存

寧波市天一閣博物館藏康熙君山堂刻本

吉林藏崇禎十四年（1641）君山堂刻本

上海、湖北、萍鄉、洛陽藏乾隆六年（1741）同文堂刻本

黑龍江、新鄉、隴縣、洛陽〔註47〕藏乾隆五十九年（1794）同文堂刻莆田書屋印春秋五傳十七卷首一卷附本

◎一名《春秋二十國年表》。

張岐然 春秋四家五傳平文 四十一卷 首一卷 存

吉林藏崇禎十四年（1641）君山堂刻本

寧波市天一閣博物館藏康熙君山堂刻本

四庫存目叢書影印崇禎十四年（1641）君山堂刻本

◎一名《春秋五傳平文》《春秋左傳平文》。

◎提要：《春秋五傳平文》四十一卷（內府藏本），明張岐然編。岐然字秀初，錢塘人。其書採《左傳》、《公羊傳》、《穀梁傳》、胡安國《傳》而益以《國語》。《國語》亦稱《春秋外傳》，故謂之「五傳」。曰「平文」者，明五傳兼取，無所偏重之義也。其自序曰「嘗與虞子仲𡊟泛覽《春秋》七十二家之旨，蓋鮮有不亂者。及觀近時經生家之說，殆不可復謂之《春秋》。究其弊，率起於不平心以參諸家，而過尊胡氏。久之，惟知有胡氏《傳》，更不知有他氏。又久之，惟從胡《傳》中牽合穿鑿，并不知有經。此所謂亂之極也」云云。考胡安國當高宗之時，以《春秋》進講，皆準南渡時勢以立言。所謂「喪欲速貧，死欲速朽」，有為言之者也。元、明兩代，時異勢殊，乃以其源出程子，遂用以

〔註47〕存卷七。

取士，已非安國作《傳》之初意。元制兼用三《傳》，明制兼用張洽《傳》，蓋亦陰知胡安國之多僻，而補救其偏。永樂中修《春秋大全》，襲用汪克寬《纂疏》，乃專尊胡《傳》，又非延祐、洪武立法之初意。然胡廣等之《大全》，雖偏主一家，傷於固陋，猶依經立義也。其後剽竊相仍，棄經誦傳，僅摘經文二三字以標識某公某年。洎其末流，傳亦不誦，惟約略傳意，標一破題，轉相授受而已，蓋又併非修《大全》之初意矣。岐然指陳流弊，可謂深切著明，故其書皆參取四傳以救胡《傳》之失。雖去取未必盡當，要其鍼砭俗學，破除錮習，於《春秋》不為無功。惟五傳皆具有成編，人所習誦，不待此刻而傳。故取其衛經之意，而不復錄其書焉。

◎四庫提要「俞汝言《春秋平義》十二卷」條：是書多引舊文，自立論者無幾〔註48〕。然自宋孫復以來說《春秋》者務以攻擊三傳相高，求駕乎先儒之上，而穿鑿煩碎之弊日生。自元延祐以後說《春秋》者務以尊崇《胡傳》為主，求利於科舉之途，而牽就附合之弊亦遂日甚。明張岐然嘗作《五傳〔註49〕平文》以糾其謬，而去取尚〔註50〕未能皆允。汝言此書亦與岐然同意，而簡汰精審多得經意，正不以多生新解為長，前有自序謂：「傳經之失不在淺而在於深，《春秋》為甚」，可謂片言居要矣。此本為汝言手〔註51〕槀，其中〔註52〕塗乙補綴朱墨縱橫，其用心勤篤，至今猶可想見也。朱彝尊《經義考》載繆泳之言，稱汝言「研精經史，尤熟於明代典故。嘗撰有《宰相列卿年表》，其詩古文曰《漸川集》，今皆未見」，蓋亦好學深思之士，所由與枵腹高者異歟？

◎沈復粲《鳴野山房書目》卷一《經之五春秋》：《春秋左傳平文》四十一卷（仁和張岐然輯）。

張岐然 春秋五傳 十七卷 首一卷 存

北京師範大學、重慶藏乾隆六年（1741）桂華樓刻本
煙臺藏乾隆六年（1741）華文堂刻本（存一至五、首一卷）
上海、湖北、萍鄉、洛陽藏乾隆六年（1741）同文堂刻本

〔註48〕庫書提要「是書多引舊文，自立論者無幾」作「是書成於康熙丙辰，書中多引舊文，其自立論無幾」。
〔註49〕庫書提要無「五傳」二字。
〔註50〕庫書提要無「尚」字。
〔註51〕庫書提要「手」作「原」。
〔註52〕庫書提要無「其中」二字。

浙江藏乾隆六年（1741）令德堂刻本

上海藏乾隆五十一年（1786）莆田書屋刻本

黑龍江、景德鎮藏乾隆五十九年（1794）同文堂刻本

黑龍江、新鄉藏乾隆五十九年（1794）同文堂刻莆田書屋印本（附春秋年表一卷）

輝縣市博物館藏乾隆華文堂刻本（存卷七）

香港中大藏乾隆連元閣刻文華閣印本

湖南藏文光堂刻本

湖北藏清令德堂刻本

湖北藏清華文堂刻本

◎張璞重編。

張岐然　春秋五傳綱領　一卷　存

吉林藏崇禎十四年（1641）君山堂刻本

寧波市天一閣博物館藏康熙君山堂刻本

張岐然　春秋諸國興廢說　一卷　存

吉林藏崇禎十四年（1641）君山堂刻本

寧波市天一閣博物館藏康熙君山堂刻本

張岐然　春秋左傳綱目杜林詳註　十四卷　存

乾隆永安堂刻本

南開藏雍正十三年（1734）木活字本

芸生堂刻本

◎一名《春秋四家左傳》。

◎目次〔註53〕：

第首卷（序文、綱領、註釋、年表、目錄、圖說）。第一卷隱公（元年至十一年）。第二卷桓公（元年至十八年）。第三卷莊公（元年至三十二年）。第四卷閔公（元年至二年）。第五卷僖公（元年至三十三年。《國語》《公羊》《穀梁》元年至三十三年）。第六卷文公（元年至十八年）。第七卷宣公（元年至十八年）。第八卷成

〔註53〕晉杜預元凱、宋林堯叟唐翁、宋朱申次元註釋，唐陸德明德明音義，明孫鑛月峰、鍾惺伯敬批點，明張岐然秀初編輯，後學張璞璽玉重校，姪鎔希西參閱。

公（元年至十八年）。第九卷襄公（元年至二十一年）、第十卷襄公（二十二年至三十一年）。第十一卷召公（元年至十三年）、第十二卷召公（十四年至三十二年）。第十三卷定公（元年至十五年）。第十四卷哀公（元年至二十七年）。

張其淦 春秋持平 十卷 未見

◎祁正《邵村學易跋》：師平日博覽多識，於書無所不讀，而提要鉤元，凡有撰述，必能綜其大旨，其駢散文及詩皆為當世所推重。其著述已付活印者，《邵村學易》而外，有《左傳禮說》十卷、《洪範徵》一卷、《老子約》六卷、《讀老小言》六卷、《松柏山房駢體文鈔》一卷；已付梓者，有《東莞詩錄》六十五卷、《夢痕仙館詩鈔》十卷、《五代詠史詩鈔》六卷、《讀五代人詩題詞》一卷、《邵村詠史詩鈔》十八卷、《吟芷居詩話》四卷；已寫定，未付刊者，有《春秋持平》十卷、《春秋教旨》二卷、《兩漢史論》二卷、《莊子旨歸》十卷、《郭子翼莊偶釋》一卷、《讀老隨筆》十卷、《讀列子隨筆》二卷、《程子易傳摘鈔》一卷、《寓園文鈔》二卷；其在撰述中，尚未成書者為《孟子學說》《寓園漫鈔》，皆未定卷數。因附識於此，以見師之於學至老彌勤云爾。丙寅五月，受業謹跋。

◎張其淦（1859～1946），字汝襄，號豫泉，又號豫道人。廣東東莞篁村人。陳澧弟子。光緒十八年（1892）進士。入翰林院庶吉士。後任山西黎城縣知縣。光緒二十六年（1900）任山西巡撫府文案，後涉保教不力遭革職。歸任石龍龍溪書院山長、明倫堂沙田局總辦。又官安徽提學使。辛亥後棄官隱滬。工書，善詩文。著有《邵村學易》二十卷、《邵村易說》一卷、《程子易傳摘鈔》一卷、《春秋持平》十卷、《春秋教旨》二卷、《左傳禮說》十卷、《洪範徵》一卷、《孟子學說》、《邵村史論》、《兩漢史論》二卷、《張氏家傳》、《老子約》六卷、《讀老隨筆》十卷、《讀老小言》六卷、《莊子旨歸》十卷、《郭子翼莊偶釋》一卷、《讀列子隨筆》二卷、《松柏山房駢體文鈔》一卷、《夢痕仙館詩鈔》十卷、《吟芷居詩話》四卷、《寓園文鈔》二卷、《寓園漫鈔》、《五代詠史詩鈔》六卷、《讀五代人詩題詞》一卷、《邵村詠史詩鈔》十八卷，輯有《東莞詩錄》六十五卷、《元代八百遺民詩詠》八卷、《明代千遺民詩詠》。

張其淦 春秋教旨 二卷 未見

◎祁正《邵村學易跋》：師平日博覽多識，於書無所不讀，而提要鉤元，凡有撰述，必能綜其大旨，其駢散文及詩皆為當世所推重。其著述已付活印者，

《邵村學易》而外，有《左傳禮說》十卷、《洪範徵》一卷、《老子約》六卷、《讀老小言》六卷、《松柏山房駢體文鈔》一卷；已付梓者，有《東莞詩錄》六十五卷、《夢痕仙館詩鈔》十卷、《五代詠史詩鈔》六卷、《讀五代人詩題詞》一卷、《邵村詠史詩鈔》十八卷、《吟芷居詩話》四卷；已寫定，未付刊者，有《春秋持平》十卷、《春秋教旨》二卷、《兩漢史論》二卷、《莊子旨歸》十卷、《郭子翼莊偶釋》一卷、《讀老隨筆》十卷、《讀列子隨筆》二卷、《程子易傳摘鈔》一卷、《寓園文鈔》二卷；其在撰述中，尚未成書者為《孟子學說》《寓園漫鈔》，皆未定卷數。因附識於此，以見師之於學至老彌劬云爾。丙寅五月，受業謹跋。

張其淦 左傳禮說 十卷 存

上海、吉林社科院、內蒙古民族師範學院、臺灣大學藏 1926 年鉛印寓園叢書本

臺灣屏東教育大學藏臺灣力行書局 1970 年經學粹編影印 1926 年鉛印寓園叢書本

文聽閣圖書有限公司 2008 年民國時期經學叢書第一輯影印 1926 年鉛印寓園叢書本

臺灣新文豐出版公司叢書集成續編影印 1926 年鉛印寓園叢書本

◎自題詩：天下雖亂，吾心太平。柔日剛日，讀史讀經。學孔子學，困知勉行。道考子道，抱樸守貞。否極則泰，大有元亨。我欲乘槎，浮海以待天下之清。丙寅豫道人自題。

◎自序：中國，禮治之國也。禮始於燧皇，作於黃帝，傳於堯舜禹湯文武，而盛於周公。孔子曰：「殷因夏禮，損益可知；周因殷禮，損益可知。其或繼周者，雖百世可知。」所謂因者，三綱五常也；所謂損益者，文質三統也。其中有禮之意有禮之文，故百世可知。吾今乃知中國乃禮治之國也，六經皆典禮之書也。惟周公攝政，制禮作樂，集羣經之大成而禮治隆。惟孔子服膺周公，常夢見之，於以贊《周易》、刪《詩》《書》、定禮、樂而禮教昌。昔者韓宣子適魯，已知《易象》《春秋》之為周禮矣，乾坤之尊卑、天澤之定分、家人嚴君、歸妹女貞之訓，孰非禮教？若夫右史記事左史記言、事為《春秋》言為《尚書》、典朕三禮汝作秩宗、天秩有禮自我五禮，然則典謨訓誥誓命非禮不行也。樂與禮通，《詩》與樂通，曰風曰賦曰比曰興曰雅曰頌。大師之職，凡饗射師旅祭祀之

禮皆用之。孟子曰：「王者之跡熄而《詩》亡，《詩》亡然後《春秋》作」，乃知《春秋》以道名分，是禮教之所存；《詩》以正性情，皆禮教之所在也。《詩》曰：「人而無禮，胡不遄死」，禮之於人，重矣！孔子以六經教萬世，遂為禮教之大宗。後來之諸子百家，皆禮教之支流餘裔也。攷之《周官》，司徒以祀禮教敬，以陽禮教讓，以陰禮教親，以樂禮教和。子所雅言，《詩》《書》、執禮，曰「君子博學於文，約之以禮」，其教伯魚也，曰「不學《詩》，無以言；不學禮，無以立」，其教顏淵也，曰「克己復禮為仁」，非禮勿視聽言動。聖人之教人以禮，蓋如是其備也。豈非以上下之紀、天地之經緯不可不曲折以赴之也歟？！孔子作《春秋》紀二百四十二年之事，明天理，正人倫，誅亂臣，討賊子，尊周室，外夷狄，筆削之旨，皆本乎禮。左氏作傳，亦言禮特詳。鄭康成曰：「左氏善於禮」，誠哉是言也。雖其中或有舛誤，後世儒者每援三禮以折衷之，然《周禮》之書已非周公之舊，故孟子言諸侯惡其害己而皆去其籍。《禮記》輯自漢儒，成書在左氏之後，未可據以說《春秋》。所可信者，《儀禮》而已。左氏言禮，比《檀弓》為徵實。春秋賢者如季札、伯玉、叔向、子產之流，其言行皆著於篇。余最愛左氏之言禮得禮之意，是儀非禮，必表而出之。觀其粗而得其精，因其繁以探其本，誰謂其是非謬於聖人乎？夫禮者所以明君臣父子兄弟夫婦朋友之倫，形孝弟而顯仁義者也。其始也起於飲食之微（《禮運》：孔子曰：「禮起於飲食」），其繼也範以綱常之大，其終也可以參天地而贊化育，是故天之經也地之義也。孔子以言孝，子產以言禮，天地之經而民則之，故曰民之行也，民之所以生也。左氏於國之存亡興衰、人之榮辱生死，每以禮斷之，而不爽銖累焉，亦可異矣。余嘗謂聖人因人情而制禮，孟子性善之語見道獨真。乃若其情，則可以為善可以為不善矣。人惟性善，故教之以明人倫、形孝弟、顯仁義，與夫恭敬謙讓之道、拜起坐立之節，成之若天性而無待勉強。狙猿之形非不若人，設使教以人倫愛敬忠信之道、揖讓擎跪曲拳之節，則惟有穿山林遵沮澤而走耳，何也？其性不同也。然則中國成為禮治之國，人類不至同於禽獸之倫者，豈非先王先聖之遺澤長哉！時至春秋，禮之意寖失矣，故孔子有「禮云禮云，玉帛云乎哉」之嘆。林放問禮之本，而孔子嘉之。老子亦曰：「禮者忠信之薄而亂之首」，慨世之人務其末而忘其本也。左氏之傳獨於禮之所謂忠信共敬謙讓者諄諄言之，誠得周孔禮教之遺意。辛酉之歲，余閉門讀禮，因摘取《左氏》言禮者輯為茲篇，附以論說。余於禮學習焉未精語焉未詳，聊倣魏叔子《左傳

經世鈔》之意以發其蘊。夫今日三禮之書尚未能盡周孔禮教之傳,敢謂左氏之言遂可盡《春秋》禮教之傳乎?禮儀三百威儀三千,書缺有間,斷圭碎璧皆可寶也。孔子曰:「夏禮吾能言之,杞不足徵;殷禮吾能言之,宋不足徵。文獻不足故也。」然先王之文獻雖不足,而先聖言禮之精意猶存,故孔子曰:「文王既沒,文不在茲乎?文武之道,布在方策。」子貢曰:「夫子之文章可得而聞也」,六經以外無文章,洵乎孔子為禮教之大宗、六經皆典禮之留貽也。管子言禮義廉恥國之四維,禮也者,所以示人以仁義之道而屬之以廉恥之節。時至今日,禮崩樂壞,經學日荒,廉恥之道喪矣。後之君子,誠欲使中國永為禮治之國也,其亦於古聖賢言禮之書加之意焉可也。歲在玄默閹茂十二月,張其淦自序。

◎祁正《邵村學易跋》:師平日博覽多識,於書無所不讀,而提要鉤元,凡有撰述,必能綜其大旨。其駢散文及詩皆為當世所推重。其著述已付活印者,《邵村學易》而外,有《左傳禮說》十卷、《洪範徵》一卷、《老子約》六卷、《讀老小言》六卷、《松柏山房駢體文鈔》一卷;已付梓者,有《東莞詩錄》六十五卷、《夢痕仙館詩鈔》十卷、《五代詠史詩鈔》六卷、《讀五代人詩題詞》一卷、《邵村詠史詩鈔》十八卷、《吟芷居詩話》四卷;已寫定,未付刊者,有《春秋持平》十卷、《春秋教旨》二卷、《兩漢史論》二卷、《莊子旨歸》十卷、《郭子翼莊偶釋》一卷、《讀老隨筆》十卷、《讀列子隨筆》二卷、《程子易傳摘鈔》一卷、《寓園文鈔》二卷;其在撰述中,尚未成書者為《孟子學說》《寓園漫鈔》,皆未定卷數。因附識於此,以見師之於學至老彌劬云爾。丙寅五月,受業謹跋。

◎孫殿起《販書偶記》卷二:《左傳禮說》十卷,東莞張其淦撰。民國丙寅鉛字排印本。

◎一九三四年唐文治《張豫泉同年〈重游泮水詩〉序》〔註54〕:先生由進士改庶吉士,散館授山西黎城知縣,充撫幕文案,以忤要人罷官去。越七載起用道員,洊升安徽提學使。國變後,蟄居海上,壹以著書為事。嘗謂中國為禮治之國,特著《左傳禮說》一書,發憤欲興禮教,以挽狂瀾。又嘗集《元明遺民詩詠》,得遺民四千五百人,詩一千八百篇,所以維持民教,提倡氣節,為古來所未嘗有。其志潔,其行廉,蓋蕨薇之秀,可與芹藻重芳矣。

〔註54〕見於《茹經堂文集》三編卷五,又見於《學術世界》一九三五年第一卷第一期。

張謙宜 春秋五傳摘評 佚

◎孫葆田《山東通志》卷百二十七《藝文志》第十：二書見《採訪冊》。其說地理，皆本之《皇輿表》云。

◎張謙宜，字稚松，號絸齋、山農、山民、山南學究、山南書隱老人。山東膠州人。張懋煌子。康熙三十二年（1693）舉人、四十五年（1706）進士。著有《尚書說略》、《春秋五傳摘評》、《左傳地理直指》、《四書廣注》、《家學堂詩抄》、《絸齋詩選》二卷、《蜀道難集》、《山農文集》八卷、《絸齋詩談》八卷、《絸齋論文》六卷、《絸齋文錄》三十六卷、《質言疏義》、《州志別本》、《山東鹽法志》、《古文從語》、《修史議》、《州程便覽》、《讀志附辨》、《膠鎮志》、《甲申群盜記》、《高氏傳家錄》、《張氏家訓》、《稚松年譜》等。

張謙宜 左傳地理直指 佚

◎孫葆田《山東通志》卷百二十七《藝文志》第十：二書見《採訪冊》。其說地理，皆本之《皇輿表》云。

◎法坤宏：吐前人之糟粕，發自心之明理，揮霍跌宕，期與傳注相應。

張慶 春秋疏 佚

◎光緒《亳州志》卷十二《人物志》：所著有《春秋／三禮疏》及《半癖山房詩文》若干卷藏於家。

◎張慶，字虔勅。籍貫宛平，因其父遊幕至亳，遂為亳人。幼好學，於書無所不讀，尤嗜史家言。著有《三禮疏》《春秋疏》《半癖山房詩文》諸書。

張銓 春秋集傳 佚

◎光緒《山西通志》卷八十七《經籍記》上：《春秋集傳》，沁水張銓撰。

◎計六奇《明季北略》卷二《張銓殉節》：公美鬚髯好讀書，在江西著《春秋補傳》若干卷。

◎張銓（1577～1621），字宇衡，號見平。山西沁水竇莊人。萬曆三十二年（1604）進士。任保定推官，後升浙江道御史，出巡陝西茶馬。後又巡按江西。先後任御史十多年。後任遼東巡按，守遼陽，城陷自刎。著有《春秋集傳》、《皇明國史紀聞》十二卷、《春來集》、《勝遊草》、《張忠烈公存集》，又校刻《薛文清公年譜》一卷附行實一卷、《繁露園集》二十二卷。

張人棟 春秋四傳異辭 佚

◎光緒《平湖縣志》卷十七《人物・列傳》三：著有《引書異同》《引詩偶錄》《春秋四傳異辭》（路《篤行》）。

◎光緒《平湖縣志》卷二十三《經籍》：《春秋四傳異辭》（張人棟。文逸二編）。

◎張人棟，字仲隆，號還餘。平湖（今浙江平湖）人。庠生。性嗜書，二氏九流皆有撰述，中年復悉屏去，惟研窮經義，作文沉雄排奡。十踏省門不遇，卒年四十六。著有《引書異同》《引詩偶錄》《春秋四傳異辭》。

張若麒 春秋課 佚

◎孫葆田《山東通志》卷百二十七《藝文志》第十：是書見《採訪冊》。

◎張若麒，字天石。山東膠州人。崇禎四年（1631）進士。入清，官至通政使。著有《尚書課》《詩經課》《禮記課》《春秋課》。

張尚瑗 公羊折諸 六卷 卷首一卷 存

北大、上海、中科院、重慶藏雍正元年（1723）刻本

四庫本

◎卷首：先正評說、共和周召二公考、三傳地名同異。

◎張尚瑗，字宏蘧，一字損持。吳江（今江蘇蘇州吳江區）人。初從朱鶴齡遊，講《春秋》之學。康熙二十七年（1688）進士，改庶吉士，散館，外補興國縣知縣。著有《三傳折諸》四十四卷（括《左傳折諸》二十八卷首二卷、《公羊折諸》六卷首一卷、《穀梁折諸》六卷首一卷，附《公羊穀梁後論》）、《潥水志林》、《石里襍識》。

張尚瑗 穀梁折諸 六卷 卷首一卷 存

北大、上海、中科院、重慶藏雍正元年（1723）刻本

四庫本

國圖、天津、中科院藏清敬足齋刻本

◎卷首為《先正評說》。附《公羊穀梁後論》。

張尚瑗 三傳折諸 四十四卷 存

四庫本

　　◎子目：《左傳折諸》二十八卷首二卷、《公羊折諸》六卷首一卷、《穀梁折諸》六卷首一卷，附《公羊穀梁後論》。

　　◎折諸原序：世儒不知以傳學為經學，復不知以經傳史之學為道問學之學，而胥汩沒錮蔽于制舉訓詁之中。孔子刪《書》，斷自唐虞，《尚書》者記言之書，實記事之書也。《春秋》專于記事，與《詩》《書》並列為經，事具而道亦寓焉。史起于兩漢，祖《書》與《春秋》之記事記言，以期不悖乎道，故史之作不可以離經。傳經之書，厥名曰傳。左、公、穀之傳並列而為十三經，以其有功于經也。《論》《孟》、四子之書其初亦一傳耳。漢儒之注經並名曰傳，唐則曰疏，不敢當傳也。兩宋儒者意薄漢唐，或自名為傳，以遠追三代之經。唐陸伯沖創為集傳，以駕孔疏。程子作《春秋傳》而未全，蘇潁濱、劉原父、呂朴卿、張元德皆有傳，劉、呂所著甚多，名傳者特其一。又有陳禾、林拱辰亦襲傳名。而康侯胡氏之傳，以朱子所推許，明初遂立之學官。夫以制舉所用而羣趨之可也，並三傳而名四傳，乃不學解事之徒強為之說耳。丘明蓋又作《外傳》《國語》矣，《國語》《左傳》為內外兩傳，而不援《公》《穀》為四傳，以《國語》非解經之書。顧其起于穆王，遠接《尚書》之《君牙》《冏命》所載共、厲、宣、幽，補平王東遷以前之記言記事，實有助于《春秋》。書體分國列載，遂開戰國短長書之體。《國策》一書起于趙魏韓三家滅智分晉，又與《內外傳》首尾相續。太史公作《史記》，所本者《左傳》《國語》《世本》《戰國策》，今《世本》之書無傳，則周室東遷以後，前則春秋二百四十二年，後則戰國二百四十五年，曾子固所云「紀其行事，不得而廢」者矣。或謂《春秋》記事即以明道，三傳、《國語》之書多嘉言懿行，戰國縱橫之徒敗道已甚，然學者立乎數千百年之後，世變盛衰行事善惡均不可無記，史家于漢唐宋正統之外，三國、南北朝、五季未嘗以逆亂而削其事實。《戰國策》與二傳、《國語》皆三代以前之書，為覽古好學者之所貴重一矣。諸書各有專門注釋，高下不倫，元凱尚矣。劭公以曲學見譏，武子不徇《穀梁》之偏，或謂其駕杜、何而上。要之，武庫之博識固非尋常可議，解《國語》者止一韋傳嗣庸庸聊備一家。吳正傳校注《國策》，綜核高、鮑以成編，無慚淹洽。夫讀古作者之書而得其所以興所以廢之迹，且得其有裨于學術有裨于治道，或無所裨而反有害之故，更讀釋是書者之書，其于是書有裨與無裨各持其說而有廢有興，亦分乎其間，若漫舉釋是書者而斥之以獨伸己說，甚者并古人所作之傳而黜之，以為別有不傳之祕，舉秦亡漢興藏山巖伏屋壁師承口授之編并棄之，以為無足道，獨崇奉夫後起臆

說一二家之言以為弋科名取富貴之具，從前之位置甚高而實為後世至庸至卑者之所托足。愚之所輯，並未嘗屏棄此一二家言也。折諸之名本之揚子。揚子又曰：「塗雖歧而通諸夏」，則由諸川雖曲而通諸海，則由諸則將擴一二家以證之數十百家之異同，由四百八十餘年而下逮乎千數十百年之久，近迎而距之，平心而察之不敢謂一心之臆度，必百家皆莫之能及。又往往歷羣言之淆亂，于吾說竟無所于遯。劉彥和曰：「傳者轉也，轉受經旨以授後人也。」愚惟不敢謂得不傳之祕而必求之可傳之書，以不憚閱歷乎展轉傳受之勞，庶幾經傳與史合流同歸，先儒所謂道問學之功于是乎在。惜智識弇淺，見聞有限，矻矻十餘年，老境已至，古作述之君子所謂傳之其人者，則愚終不敢當也。雍正改元癸卯重九日，吳江張尚瑗書。

◎《皇朝文獻通考》卷二百十五《經籍考》五：尚瑗取揚雄「羣言淆亂折諸聖」之語，故名是編曰《折諸》。雖體要有乖，而引據猶稱典核。

◎《浙江採集遺書總錄・乙集・經部・春秋類》：《左傳折諸》二十八卷（刊本）、《公羊折諸》六卷（刊本）、《穀梁折諸》六卷（刊本），右國朝知縣吳江張尚瑗輯。首列署例、先正辨說及各考於前，因採羣說而分條論正之。

◎趙爾巽《清史稿》卷一百四十五志一百二十《藝文》一：《三傳折諸》四十四卷，張尚瑗撰。

◎楊復吉《石里雜識跋》：損持先生藏書甲於吾邑，著作亦復等身。不數十年，飄零散佚，與子姓而俱盡矣。生前付梓惟《三傳折諸》、《濊水志林》，餘皆湮沒不彰。今得此編，雖卷帙寥寥，而粒珠寸綿僅存者，亦作者之魯靈光壁也，因亟登之。丙申夏日，同邑楊復吉識。

張尚瑗 左傳折諸 二十八卷 卷首二卷 存

北大、上海、中科院、重慶藏雍正元年（1723）刻本
復旦藏乾隆敬足齋刻本
四庫本
◎卷首：
上：先正評說、郊禘考、五嶽考、塗山會諸侯考、左丘明時代考、五霸辯、四凶議、論左傳書。
下：成周地形、魯地形、晉地形、楚地形、宋衛地形、陳蔡曹地形、鄭地形、吳越地形、總論列國地形、河、江、關、春秋列國論上、春秋列國論下、

春秋列國黨仇分合、姬姓之國、魯異諸國、王室之卑、晉楚更霸、秦晉姻讎、陳蔡亡于楚、曹亡于晉宋、許之屢遷、杞之後亡、楚德愧吳、魯邾莒搆怨始末、齊爭國始末、宋衛叛臣、季氏專魯、三家篡晉、赤狄白狄、三傳經文互異、三傳立例互異、類事類語、地名同、地名與國名同、名諡同、名姓世表（馮仲先創，張德仲補）、人名同、同姓名錄。

◎自序：予師愚菴朱先生輯《讀左日鈔》而序之曰：「欲成一家之學，必以經證傳，以傳證經，更復出入羣書，展轉相證。此非予力所任，俟之述作君子。」瑗生九齡，讀四經既畢，當次受《春秋》，家君令讀《左》《公》《穀》三傳及《國語》《國策》，雖短章剩句間從刪削，而所讀皆全部，非如俗刻鈔撮之本。餘暇瀏覽，亦畧上口。既乃閱胡文定之書，私心有所未合，《杜林合注》尤疑其不類。則因朱先生纂輯之日，以愚意相質難。先生為言唐卿最繆不經，與元凱並列，不啻韓非之廁老子。乃知讀古人書當出己裁，而經學必以傳疏為依據。《詩正義》云：「漢初為《正義》者皆與經別行，三傳之文亦不與經連」，古人之行事未必盡當于後人之心，著書之家各因其所見以為是，彼此各一是非，惡在其為彼是哉？！歐陽永叔自謂信於孔子而不惑經之所書，其所信也，經所不言不敢知也。夫孔子未修之《春秋》，後世學者不得而見，何從測其筆削之意之所存？而丘明所為先經以始事後經以終義者，皆為駢枝無用之物，唐宋以來經學傳學之家尤宜韜翰而不作矣。揚子曰：「天地簡易，何五經之支離？支離蓋其所以為簡易也」，又曰：「眾言淆亂則折諸聖」，歐陽氏謂「經簡而直，傳新而奇，學者樂聞而易惑」，愚以為樂聞新奇然後可以折諸簡直。其新奇也，蓋其所以為簡直也。通籍後，久病廢書，調宰灘江，泥塗筐篋之身，無意言經學。諸家冊本一未嘗攜，獨《左》《公》《穀》《國語》《國策》全文童幼熟誦，公暇偶閱諸史、他經，旁涉稗乘瑣錄諸書，有與經傳相發者，洒然神開，旁解側出，不能自已，隨筆書之，積久成帙。《國語》與《左傳》通，為內外傳，以三傳皆緣經而作，《外傳》獨否，遂與《短長書》以後二百四十五年七雄之行事，繼獲麟以前二百四十二年並稱為《國語／國策折諸》。而一國不可以為名，短長之書劉中壘一名為《事語》，合《國語》而謂之《二語》，創立新名，或未悖厥理。隨筆所獲，多出己裁，所謂此亦一是非，固未暇計其為彼是也。愚菴先生不敢自許成一家之學，瑗何人斯，敢謂當予師之所俟乎？！所採之書，不全不備，無異于大澤之礨空，惟是展轉相證，使不以經傳支離為世訽病，則志之所存焉耳。康熙壬辰孟冬，尚瑗題于灘江官舍之學海。

◎提要：尚瑗初從朱鶴齡遊，講《春秋》之學。鶴齡作《讀左日鈔》，尚瑗亦作《讀三傳隨筆》。積累既久卷帙遂夥，乃排纂而成是書。曰「折諸」者，取揚雄《群言》「淆亂折諸聖」之語也。凡《左傳》三十卷，《公羊》、《穀梁》各七卷，而用力於《左傳》尤多。如卷首所列《郊禘五嶽考》、《地名同考》、《名謚同考》、《名姓世表》諸篇皆引據典核可資考證。惟其書貪多務得細大不捐，每掊摭漢魏以下史事與傳文相證，往往支離曼衍。如因衛懿公好鶴遂涉及唐元宗舞馬之類，不一而足，與經義或渺不相關，殊為蕪雜。然取材既廣儲蓄遂宏，先儒訓詁之遺經師授受之奧，微言大義多錯見於其中。所謂披沙簡金往往見寶，固未可以其糠秕遂盡棄其精英。且《春秋》一經說者至夥，自孫復、劉敞之徒倡言廢傳，後人沿其流派，遂不究事實而臆斷是非。胡安國《傳》自延祐以來懸為功令，而僖公十七年之滅項乃誤歸獄於季孫，由議論多而考證少也。尚瑗是書雖未能刊削浮文，頗乖體要，而搜羅薈粹猶為摭實之言。過而存之，視虛談褒貶者固勝之遠矣。

張紹曾 春秋經傳考異 三卷 佚

◎光緒《平湖縣志》卷二十三《經籍》：《春秋經傳考異》三卷（張紹曾。費鑑如《葭川張君墓誌銘》）。

◎許瑤光修，吳仰賢等纂光緒四年《光緒嘉興府志》卷八十《經籍一》：張紹曾《春秋經傳考異》三卷（費鑑如《張君墓誌銘》）。

◎張紹曾，平湖（今浙江平湖）人。著有《毛詩鳥獸草木詁》四卷、《春秋經傳考異》三卷。

張師繹 左傳雋 佚

◎王其淦、吳康壽光緒《武進陽湖縣志》卷二十八《藝文》：張師繹《左傳雋》（佚）。

◎張師繹，字夢澤。武進（今江蘇常州）人，或謂江蘇無錫人。以進士任新喻知縣三年，性淡行彝。萬曆三十年（1573）以丁外艱歸。後累官至江西按察使。著有《左傳雋》、《月鹿堂文集》八卷、《蘇米譚史》二卷。

張士俊 春秋集傳 十三卷 存

蘇州藏嘉慶十二年（1807）葛祚增抄本

◎葛祚增跋。

◎張士俊，字籲三。長洲（今江蘇蘇州）人。曾在查山營建六浮閣，自號六浮閣主人。刻《佩文韻府》、《字鑒》等書，合為《澤存堂五種》。著有《春秋集傳》十三卷、《韻學正訛》、《必觀亭集》。

張世湖 春秋左氏分國纂集 佚

◎民國《太湖縣志》卷十九《人物志》一：手錄《春秋左氏分國纂集》，總覽一書。

◎張世湖，字挺元。安徽太湖人。庠生。秉性孝友，篤學善誘，多所成就。嘗捐資倡修迴龍寺。著有《春秋左氏分國纂集》。

張澍 春秋時人名字釋 一卷 存

養素堂文集本（卷三十二：釋二）

◎序：澍余十六歲時，在都作《春秋時人名字釋》數篇。後通籍二十餘年，乃見同年王伯申侍郎《名字詁》。撿舊藁參閱，與王說互有異同，不忍焚毀，仍錄而存之。

◎是書分魯大夫名字釋，齊大夫名字釋，晉大夫名字釋，秦大夫名字釋，楚大夫名字釋，宋大夫名字釋，鄭大夫名字釋，衛大夫名字釋，陳大夫名字釋，吳、越、萊大夫名字釋、蔡、曹、邾、紀大夫名字釋、孔門弟子名字釋諸目。

◎張澍（1776～1847），字百（伯）瀹，一字壽穀，又字時霖，號介侯，一號鳩民，又號介白。甘肅涼州府武威縣（今武威縣）吉府里人。張應舉子。少從劉作垣學。乾隆五十九年（1794）舉人。嘉慶四年（1799）進士。選翰林院庶吉士。與王引之、鮑桂星、陳壽祺、郝懿行、錢開仕、章煦、管世銘、錢儀吉交善。嘉慶六年（1801）散館，知貴州省玉屏縣。所著《姓氏五書》（《姓韻》、《遼金元史姓氏錄》、《西夏姓氏錄》一卷、《姓氏尋源》四十五卷、《姓氏辨誤》三十卷）為一時絕學。又著有《詩小序翼》、《說文引經考證》、《續黔書》八卷、《蜀典》十二卷、《大足縣志》八卷、《二酉堂文集》、《養素堂文集》三十五卷、《養素堂詩集》二十六卷、《諸葛故事》五卷、《涼州府志備考》、《五涼舊聞》、《續敦煌實錄》、《大足金石錄》、《鶉野詩徵》、《南徵記》等，又主修《屏山縣志》《瀘溪縣志》，輯有《二酉堂叢書》《諸葛忠武侯文集》《帝王世紀輯本》。

張泰來 春秋說纂要 二十卷 佚

◎劉聲木《桐城文學撰述考》卷一「張泰來撰述」:《周易口義》四卷、《讀易劄記》十卷、《易說纂要》十卷、《讀書劄記》十四卷、《書說纂要》十二卷、《詩經纂要》十二卷、《周官說纂要》十六卷、《考工說纂要》二卷、《儀禮說纂要》十二卷、《禮記纂要》廿卷、《春秋說纂要》廿卷、《大學知意錄》二卷、《中庸知意錄》四卷、《論語要解》四卷。

◎《沔陽叢書‧補希堂文集》附錄盧靖同治五年(1866)《補希堂文集跋》:先生以博學稱,著述極富,《湖北通志‧藝文志》《沔陽州志‧藝文志》均列舉其目,所著有《周易口義》四卷、《讀易劄記》十卷、《易說纂要》十卷、《讀書劄記》十四卷、《書說纂要》十二卷、《詩經纂要》十二卷、《周官說纂要》十六卷、《考工說纂要》二卷、《儀禮說纂要》十二卷、《禮記纂要》廿卷、《春秋說纂要》廿卷、《大學知意錄》二卷、《中庸知意錄》四卷、《論語要解》四卷、《補希堂集》二十卷。

◎《沔陽叢書‧補希堂文集》附錄《湖北通志》卷一百五十二《人物志》三十《文學傳》:著有《七經纂要》及詩文集若干卷。

◎《沔陽叢書‧補希堂文集》附錄《沔陽州志》卷九《人物志‧儒林》:著有《七經纂要/知意/劄記/口義》、文集若干卷,總名曰《補希堂叢書》。

◎張泰來,字亨大,號陸泉。湖北沔陽人。乾隆中歲貢。諸生。文宗方苞,詩宗淵明、子美、昌黎、朱子。著有《周易口義》四卷、《讀易劄記》十卷、《易說纂要》十卷、《讀書劄記》十四卷、《書說纂要》十二卷、《詩經纂要》十二卷、《周官說纂要》十六卷、《考工說纂要》二卷、《儀禮說纂要》十二卷、《禮記纂要》廿卷、《春秋說纂要》廿卷、《大學知意錄》二卷、《中庸知意錄》四卷、《論語要解》四卷、《補希堂文集》二十卷、《補希堂詩集選刊》四卷。

張調元 新輯服注春秋左傳解誼 七卷 存

中州古籍出版社2004年古都鄭州文化叢書‧張調元文集〔註55〕附錄本

〔註55〕目錄:上冊京澳纂聞:卷一之上周易上。卷一之下周易下。卷二尚書。卷三毛詩。卷四春秋左傳。卷五禮記。卷六之上四書上。卷六之中四書中。卷六之下四書下。卷七之一諸史一。卷七之二諸史二。卷七之三諸史三。卷七之四諸史四。卷八之上雜識上。卷八之中雜識中。卷八之下雜識下。卷九文選。卷十之

◎劉聲木《桐城文學撰述考》卷一「張調元撰述」：《佩渠隨筆》十六卷、《京澳纂聞》二十二卷、《服氏春秋左傳解誼》七卷、《開封人地考》三卷、《鄭州先賢志》二卷、《承平十策》□卷、《貴耳集考證》三卷、《草肄》四卷、《詩義類纂》四卷、《歷代文粹》□卷、《兩晉文粹》□卷、《沈陽縣志》□卷。

◎張調元（1784～1853），字燮臣，號寅皋，又號佩渠。河南鄭州賈魯河村（今鄭州毛莊鎮賈河村）人。幼從父習經，師密縣陳汗齋，受知於河南督學鮑桂星，由是力學日進，遂中嘉慶十二年（1807）科本省鄉試，歷任太康、浚縣教諭。道光十五年（1835）乞歸，潛心研學，著述授徒。著有《新輯服注春秋左傳解誼》七卷、《卅肄》四卷、《鄭州先賢志》二卷、《詩文類纂》四卷、《貴耳集考釋》三卷、《歷代文粹》、《張佩渠所著書三種》（《佩渠前後集》二卷、《京澳纂聞》十二卷、《佩渠隨筆》十六卷）。

張萬璧 春秋世系通考 佚

◎張行簡《漢陽縣識》卷三《人物畧》上：易元善字石坪……登嘉慶七年進士，改翰林院庶吉士，授編修，累升至侍讀學士，充日講起居注官……幼年嘗從張茂才萬璧游。萬璧有杜預癖，詳晰《春秋》世系，作《春秋世系通攷》，兼工古文詩詞，著《於斯堂集》。故元善經術湛深，尤邃於治《春秋》。

◎甘鵬雲等《湖北文徵》卷八：著有《春秋世系通考》《於斯堂詩稿》。

◎張萬璧，字符五，號柳塘。湖北漢陽人。乾隆諸生。著有《春秋世系通考》《於斯堂詩稿》。

張維屏 春秋經字異同 三卷 存

國圖藏清鈔經字異同本

◎各卷卷首題：番禺張維屏南山甫原編，甘泉王榮綏手錄並增訂。

◎張維屏（1780～1859），字子樹，號南山，又號松心子，晚自署珠海老漁、唱霞漁者。廣東番禺人。嘉慶九年（1804）舉人、道光二年（1822）進士。曾任黃梅縣知縣，後補長陽縣知縣，又署松滋、廣濟等縣知縣，署理南康知府，有廉聲。道光九年（1829）任學海堂學長。道光十年（1830）與林則徐、黃爵

上譚藝上。卷十之下譚藝下。卷十一之一開封人地考一。卷十一之二開封人地考二。卷十一之三開封人地考三。卷十一之四開封人地考四。卷十二之上鄭志上。卷十二之下鄭志下。下冊佩渠隨筆、佩渠文集。附錄一：新輯服注春秋左傳解誼。附錄二：卅肄。

滋、龔自珍等結宣南詩社。道光十六年（1836）辭歸，隱居聽松園，鍵戶著書。
與林伯桐、黃喬松、譚敬昭、梁佩蘭、黃培芳、孔繼勳築雲泉山館於白雲山，
稱「七子詩壇。」著有《春秋經字異同》三卷、《國朝詩人徵略》初編六十卷
二編六十四卷、《松心詩略》（《松心十錄》）十集、《松心文鈔》十卷、《松心駢
體文鈔》、《聽松廬文鈔》、《松軒隨筆》、《松心日錄》、《聽松廬詩話》、《藝談錄》
等，多收入《張南山全集》。

張為法　麟經約言　佚

◎孫雲錦光緒《淮安府志》卷三十八《藝文》：張為法《麟經約言》。

◎張為法，淮安府人。著有《麟經約言》。

張慰祖　穀梁大義述補　不分卷　存

哈佛藏傳抄本

北大、上海藏民國抄本

寧波市天一閣博物館藏清抄本

南京藏民國國學圖書館傳抄本

南京藏清抄本

1934 年陶風樓石印本

國圖、北大、復旦、南京、中科院藏 1935 年南京國學圖書館影印本

文聽閣圖書有限公司 2009 年民國時期經學叢書第四輯影印本

◎一名《穀梁大義述補闕》。

◎卷末附傳。

◎自序：昔元和惠氏發揚古義為《周易述》一書未竟，甘泉江氏、上海李
氏並有補作，續谿胡氏《儀禮正義》中亦有江寧楊氏所補，是前人未竟之緒，
後人竟之，固儒者事也。道光中，丹徒柳氏為《穀梁大義述》、嘉善鍾氏為《穀
梁補注》，實集大成，當時各有傳聞而不相沿襲。今長沙王公並采入《經解續
編》中。鍾書凡二十四卷，首尾完具。柳書三十卷，各條下往往有注闕字者，
尋其前後，或義取互見，不必為柳氏原注；而闕署之待補者實居泰半，蓋亦未
竟之言也。慰祖不揣檮昧，輒傍江、李、楊故事，紬繹原書體例，妄思補綴。
草畢，乃為之敘曰：穀梁師說，在漢已微，亦越於今，幾成絕學。鄭君《六藝
論》以《穀梁》為近孔子，《起廢疾》又有「善於經」之目，然則三傳中經旨

以《穀梁》為最得。竊嘗論之，厥有六善：隱元年傳言春秋成美不成惡、僖二十二年傳言過而不改是謂之過、二十三年傳言以不教民戰是棄其師，今並在《論語》中。三十三年隕霜不殺草之傳据《韓非・內儲說》，則亦為孔子答哀公問《春秋》之語，微言大義，悉本尼山筆削褒貶精意斯在。是曰宗聖，其善一也。傳中引尸子、公子啟、蘧伯玉、沈子之外，有稱傳曰者十證，以董子《繁露・俞序篇》有閔子、子貢、子夏、曾子、子石公、肩子、世子、子池之倫，皆以《春秋》為授受之業，當時必有紀載，所引傳曰或在其中。博采通人，務祛專己，洨長說解，實讓前導。是曰證古，其善二也。孫卿之學，出於《穀梁》，毛公受業，是為再傳。故隱元年傳言賵賻禭含之義、傳十五年傳言天子以下廟數，並見《荀子・大略》及《禮論》，而襄二十四年傳言大侵之禮、昭八年傳言蒐狩之禮，又時時見於《詩・雲漢》及《車攻》傳，遺文舊典，具資攷證，承先啟後，足補禮經。是曰博聞，其善三也。莊七年傳言著上見下謂之隕，是雨與墜有別，故文三年雨螽于宋亦重發傳，是為董仲舒或降於天子或發於地不可同之說所本；襄二十四年傳分別嗛饉康大侵之次，皆為展轉益深，文與《爾雅》異義，與《爾雅》互貫而語尤加詳。麟史體例，本皆實錄，推求字義，務得其當。是曰達詁，其善四也。《春秋》凡內盟例日、外盟例不日，齊桓公以諸侯思王政，尊周攘狄，存亡接絕，信義大著，雖公與盟，猶不書日，故《穀梁》於莊十三年傳特發桓盟之例曰桓盟，雖內與不日，信也，以見桓盟與內盟有別；齊崔杼以世卿專權，齊人惡其族，令出奔，既不欲其身反，又不欲國立其宗後；宣十年書崔氏出奔衛，本與隱三年書尹氏卒異傳，曰氏者，舉族而出之之辭也，自不得以尹氏舉族死相難。觀後此尹氏立王子朝、尹氏以王子朝奔齊，經皆書氏，崔氏書氏惟此一見可悟。言豈一端，各有所當，隨文立義，乃不膠柱。是曰特識，其善五也。桓十一年突歸于鄭，傳以立惡黜正為惡祭仲，而行權之繆論可息；莊九年伐齊納糾，傳以可納不納致敗為惡內，而復讎之妄說可廢；僖八年用致夫人，傳以立妾為非正，而妾母稱夫人之曲解可屏；其他長於《左氏》《公羊》者更難殫述，是非得失，毫釐千里，通其旨要，不淆別白。是曰定論，其善六也。有此六善，知高密品題，非阿私好。即順陽糾正，要豈知言者哉？柳書据「善於經」一語，刱通大義，實發二千年不傳之秘。慰祖本柳氏之意，以上探《穀梁》，補苴張皇，庶成完帙。然學問無盡，未敢自信，一知半解，懍懍乎以不克聞道為懼。後哲洪秀偉彥之倫，叩其兩端，匡厥紛繆，企而望之。

◎柳詒徵序〔註56〕：族祖賓叔公著《穀梁大義述》，分述七類，今行於世者有木犀軒本最略，南菁書院本較詳，兩本皆秪六類，其述古訓一類僅凡例舉《論》《孟》兩則，賡經解注曰原闕。而六類中又多有僅載前人之文末下己意者，賡經解本皆於述曰下注闕字，蓋公中年撰著遭亂散佚，晚理舊業，手書侘傺，往往不可采識。黃漱蘭學使徵書時，諸父諸兄僅能就其明析者迻寫呈院。王益吾學使屬南菁高材生陳君慶年等斠刊，于所未備率從蓋闕，讀者憾焉。詒徵曩居秄青叔保定官舍，見公藁草數十冊，零章賸誼，句乙塗抹，未易卒讀。嘗語伯川弟暇當悉心錄副，竢詒徵治經稍進，從事溫尋，或可補成全書。日月不居，叔若弟先後謝世，詒徵犇走衣食，不克塼壹治經，昔所睹記之稿本，聞仍扃庋故櫝，未由發其祕也。今年春，狀元境保文堂書賈以吳江張君慰祖《穀梁大義述補闕》寫本二帙來售，詒徵大驚喜，以公未竟之業，乃有人為足成之。顧前此曾不聞學者齒及，亟馳書叩金君松岑，獲知張君梗概。是稿蓋寫呈學使龍芝生師，初未授梓，君家亦無底本。數十年中，不知閣束何許，乃由肆賈持畀詒徵，若冥默中有以君與吾家學術聯合淵源屬之詒徵者流。流布之責，匪異人任矣。君所補茞多合經師家法，間有逐條標舉未能盡符公書恉趣者，如述師說《困學紀聞》「俠卒」條補曰：「所者，斥之之辭，猶言某俠也」云云，蓋未繹公書。《注疏考證》「俠卒」條，公所述說此則雖闕，宜曰說見齊侍郎召南《考證》「俠卒」條，不必別為之說也。又《日知錄》「城小穀」條補曰：「顧氏以左氏為誤，其說近是」云云，亦宜曰「說見齊侍郎《考證》城小穀條」，始與原書一丗而無舛午。至發揮《穀梁》「善於經」之說，如序述六善及冕而親迎、王使榮叔來錫公命諸條，均與公本鄭氏《六藝論》以治是經之法後先一軌，雖於古訓一類亦未及補，不可謂君非公之功臣也。獨惜是書問世，秄青叔及陳君等皆未之見，而公之遺稿塵封，未知何時何人得籀摘耑緒，以與是書勘證。山樓歲晚，粗述顛末，曷禁憮然！甲戌冬十二月，鎮江柳詒徵。

◎孫殿起《販書偶記》卷二：《穀梁大義述補闕》無卷數，吳江張慰祖撰。紅格紙傳抄本。述日月例、述禮、述師說、述長編，凡四類。

◎金天翮張伯愉先生傳：余與伯愉為中表行，伯愉長余一歲，幼同嬉，長同學，同試於有司而入泮。伯愉從胡綏之玉晉受經、小學；余無師授，獨為河渠兵事家言。伯愉肄業存古學堂，受《穀梁》而大好之，以為荀卿師穀梁，而

鄭君《六藝論》以穀梁為近孔子起廢疾，又有「善於經」之說，是三傳惟《穀梁》為得《麟經》秘意。而漢以來儒者尹更始、劉向諸家學說多亡，孤經獨存，二千年來已成絕學。道光中葉，嘉興鍾文烝、丹徒柳興恩始各為注述。柳氏尤獨探大義，惜其書未竟，因為之補闕，都七卷。頗甄采古籍，稍折衷焉。寫呈督學使者龍芝孫瑞霖，丁酉遂取優貢第三，朝考二等教職用。

◎張慰祖（1874～1922），字伯愉，號研貽。吳江（今江蘇蘇州吳江區）人。從胡玉縉學，入存古學堂習《穀梁》。光緒二十三年（1897）取優貢第三朝考第二，授教職。河道總督任道鎔委辦河防，保任知府，加運使銜。後赴日習法政，歸國後任河南地方廳高等廳推事。辛亥後歸鄉。著有《穀梁大義述補闕》無卷數、《法學通論》不分卷。

張文炳點定 東萊博議 四卷 存

國圖藏康熙四十年（1701）寶翰樓刻本

上海藏康熙刻本（有眉批及朱筆圈點）

臺灣大學藏乾隆三十年（1765）石城呂氏家廟刻本

乾隆五十五年（1790）刻本

山西藏嘉慶三年（1798）致和堂刻本

香港中大藏日本寬政十一年（1799）大阪積玉圃刻本

寧波市天一閣博物館、溫州藏道光二十四年（1844）海陵懷德堂刻本

濟南藏光緒七年（1881）刻本

吉林社科院、濟南藏光緒八年（1882）善成堂刻本

國圖藏光緒十七年（1891）粵東省城明道堂刻本

黑龍江藏光緒十八年（1892）上海古香閣石印本

南京興安藏光緒二十年（1894）上海點石齋石印巾箱本

南京藏光緒二十四年（1898）上海點石齋石印本

浙江藏光緒二十四年（1898）上海祥記書莊石印本

華東師大、遼寧藏光緒二十四年（1898）雙芙蓉館石印本

北大藏光緒二十五年（1899）文瑞樓刻本

濟南藏光緒二十七年（1901）刻本

濟南藏光緒二十八年（1902）山東書局鉛印本

浙江藏光緒二十九年（1903）湖南書局刻本

濟南藏光緒二十九年（1903）書業德刻本

齊齊哈爾藏光緒三十年（1904）上海書局石印本

國圖、丹東、哈爾濱、齊齊哈爾藏宣統二年（1910）鑄記書局石印本

北大藏清種義堂刻本

濟南藏清致中堂刻本（題張明德評點）

華東師大、哈爾濱、齊齊哈爾藏民國上海錦章圖書局石印本

華東師大、撫順、哈爾濱、齊齊哈爾藏民國上海鴻寶齋石印本

線裝書局 2020 年何俊主編左傳評注文獻輯刊影印乾隆五十五年（1790）刻本

◎一名《東萊先生左氏博議》。

◎宋呂祖謙原撰。

◎張文炳，字明德。山西絳州人。康熙中以實錄館供事議敘，授高唐州州判，終於泗州知州。著有《易象數鉤深圖》三卷、《周易卦鈐》二卷，點定《東萊博議》四卷。

張文成 左貫 不分卷 存

南開藏清宮煥注抄本

張文虎 周初歲朔考 佚

◎閔萃祥《州判銜候選訓導張先生行狀》：先生於書無所不覽，過目輒記，尤長於比堪，遇疑義必反覆窮究，廣證旁引，以匯於通，往往發前人所未發，都碻不可易，具詳其所箸各書，今其已刊者曰《校刊史記集解索隱正義札記》五卷，《舒藝室隨筆》六卷、《續筆》一卷、《餘筆》三卷，《褧著甲編》二卷、乙編二卷《賸稿》一卷，《詩存》七卷，《索笑詞》二卷。其未刊而藏橐於家者，曰《鼠壤餘蔬》一卷，《詩續存》一卷，《尺牘偶存》一卷，《湖樓校書記》、《褧記》、《續記》，《蓮龕尋夢記》、《夢因錄》各一卷；其曰《懷舊褧記》者，具橐而未經編定者也。又嘗以漢魏以來，古樂失傳而古書之存於今者，祇滋後人聚訟。近世若王氏坦、凌氏廷堪、戴氏煦多所發明，然猶不免有所牽合，乃因端以考其器數，審其聲氣以究古今之變異，作《古今樂律攷》一書。顧尚之先生作《殷秭攷》所以申鄭氏一家之言，先生證之經傳，謂鄭氏誤執緯書及《大傳》之文，致《召誥》注破經從秭。而劉歆又損夏益周，移前五十七，算以求密合經文，為作《周初歲朔考》以疏通之。二書經寇亂散佚，未及整比。復以

世人論古文輒曰唐宋八家，不知唐宋原委既殊，門戶自別，豈可概論，乃選錄元道州以下十八家之文，為《唐十八家文錄》若干卷，以破唐宋八家之說之固陋。先生之學博大宏達，既以經學、小學、秭算、樂律立其本，泛濫以及其他，莫不洞悉源流，燭見幽隱，實事求是，由博以返約，勿冒苟於箸述，亦勿囿於門戶。溯自惠、江、戴、錢諸家而後可謂集大成也已。然先生豐於學而嗇於境，少時，疊遭大故，家屢空，殆人所難堪。自是客游日多，垂白歸來又恆抱伯道之戚，而先生不以是廢學，盤根錯節厲志愈專，手一卷外，無他嗜好，老而彌篤，此雖先生天性好學而百折不回，亦由養之者深也。先生體貌厚重，性端嚴，沈默寡言語，然接之極謙和。曾文正公謂其有儒者氣象，嘗詒以楹帖有多聞寡欲之語，實錄也。江寧歸後，痛季弟文龍先卒，乃招其仲弟同居，白頭兄弟，一室怡然。於朋友傾誠相款，有困乏者，倒橐周助，勿吝。苟有過，直言無隱，或疑其甚則曰：此吾所以酬知己也。後進以文字質者，必指其涂徑，期之甚厚，其敦篤類如此。尤喜闡揚潛隱，見有纂述可傳，無論識與不識，必竭蹶以謀之。婦翁姚堅香先生前機與其兄古然先生（前樞）以詩詞名而江陰繆少薇先生（徵甲）者詩友也，沒後，後人無力傳其稾，先生竝為刊之。顧尚之先生為先生石交，箸作等身，莫能任剞劂，先生為謀於上海，令獨山莫公（祥芝）俾為刊布。顧先生算學獨絕今古而名未及遠，及書出而顧先生之學遂大顯於天下。婁朱虞卿先生（大韶）邃於經術，亦有遺書藏於家，會瀏陽李勉林觀察（興銳）屬先生刊有用書，先生選錄其經義若干篇校付梓人，於是承學之士乃知吾郡經師有朱先生。今學使黃公且以二先生書上之史館，將列傳儒林，亦藉先生表彰之力也。又顧先生嘗為錢氏校刊《素問》《靈樞》，復為作校勘記二卷，板亦遭燬。是書自道藏本及明以來所刻率舛亂，莫可究詰，顧先生覃精研思，續正其舛謬者數百條，先生歎為精善，歸自江陰，取顧先生校本覆按之，又補正百餘條，思為刊傳而卷帙繁重，未能舉。當病作時，猶手是書不置，此則先生未竟之志也。

◎張文虎（1808～1885），字孟彪，一字嘯山，號天目山樵。南匯（今上海浦東新區）周浦人。以諸生候選訓導，援例加州同銜。通經史，精天算，善校讎，所輯校《守山閣叢書》、《小萬卷樓叢書》，世稱善本。曾入曾國藩幕，協助曾國荃校勘《王船山遺書》，又曾應李鴻章聘管理江南官書局。晚年總纂《上海縣志》、《南匯縣志》及本志。著有《周初朔望考》、《古今樂律考》、《駁義餘編》、《湖樓校書記》、《尺牘偶存》、《校刊史記集解索隱正義札記》五卷、

《舒藝室隨筆》六卷、《舒藝室續筆》一卷、《舒藝室餘筆》三卷，《舒藝室襍著》四卷（甲編二卷乙編二卷）、《舒藝室賸稿》一卷、《詩存》七卷、《索笑詞》二卷、《覆瓿集》十二卷（括《鼠壤餘蔬》一卷、《詩續存》一卷、《尺牘偶存》一卷、《湖樓校書記》一卷、《湖樓襍記》一卷、《湖樓續記》一卷、《蓮龕尋夢記》一卷、《夢因錄》一卷、《懷舊襍記》三卷）、《唐十八家文錄》。

張問達　左傳分國紀事　佚

◎嘉慶《重修揚州府志》卷六十二《藝文志》一：《左傳分國紀事本末》（張問達撰）。

◎《清史列傳》卷六十六《儒林傳》上：問達為學得力於致良知之說，刻文成全集以志私淑。著有《易經辨疑》七卷、《左傳分國紀事》、《河道末議》。

◎張問達，字天民。江都（今江蘇揚州）人。明末諸生，康熙五年（1666）舉鄉試官，官趙城知縣。守陽明良知之學。著有《易經辨疑》七卷、《左傳分國紀事》、《河道末議》，輯有《王陽明先生文鈔》、《王陽明先生年譜》一卷，刻《西儒耳目資》。

張西堂　春秋六論　存

西北大學出版社 2022 年西北大學名師大家學術文庫張銘洽整理張西堂全集〔註57〕本

◎張西堂（1901～1960），本名張正，字西堂，大學畢業後以字行。祖籍湖北漢川，生於湖北武昌。早年入北京清華學堂，病輟。1919 年復考入山西大學國文科，曾任山西省政府秘書長。1923 年後先後任教太原三晉高級中學、新民中學、斌業中學、孔教大學、河北大學、中國大學、國立北平女子師範學院、國立武漢大學、河南大學、北平師範大學、民國大學、中國大學、廣東襄勤大學教授，貴州大學、國立西北大學，又嘗任職四川江津國立編譯館。與錢玄同、顧頡剛、吳承仕、高亨、黃松齡、譚丕謨、呂振羽、黎錦熙等交善。著有《春秋六論》《穀梁真偽考》《詩經六論》《詩經選注》《尚書引論》《經學史

〔註57〕上冊第一編收錄《經學史綱》、《兩漢三國通經傳經表》、《樸學研究論集》；中冊第二編收錄《春秋六論》、《穀梁真偽考》、《尚書引論》、《詩經六論》、《詩經選注》、《荀子真偽考》、《唐人辨偽集語》、《王船山學譜》、《顏習齋學譜》、《目錄學四論》（講義）；下冊第三編收錄《經學概論》、《詩經學講義》（甲乙種）、《詩三百篇考略》、《春秋研究講義》（甲乙種）、《文心雕龍筆記》、《語言文學書目舉要》、《漢語修辭學講義》。

綱》《漢晉傳經表》《目錄學四種》《王船山學譜》《顏習齋學譜》《荀子真偽考》
《公孫龍子研究》《周秦諸子論叢》《孫卿子考證》《文心雕龍筆記》《學術思想
論集》《唐人辨偽考》等，參纂《中華大辭典》。

張西堂 春秋研究講義 存

西北大學出版社 2022 年西北大學名師大家學術文庫張銘洽整理張西堂全
集本

張西堂 穀梁真偽考 二篇 存

1931 年和記印書館北京排印本

文聽閣圖書有限公司 2008 年民國時期經學叢書第二輯影印 1931 年和記
印書館北京排印本

知識產權出版社 2016 年民國文存整理排印本

西北大學出版社 2022 年西北大學名師大家學術文庫張銘洽整理張西堂全
集本

◎目錄：

自序。

上篇《穀梁》不傳《春秋》證：第一《穀梁》有無經之傳、第二《穀梁》
有不釋經之傳、第三《穀梁》義例之相乖戾、第四《穀梁》文詞之重累、第五
《穀梁》之晚於《公羊》、第六《穀梁》之不合魯語、第七《穀梁》之違反孔
子、第八《穀梁》之雜取傳記、第九《穀梁》亦古文學、第十《穀梁》晚出於
漢。

下篇《公》《穀》詳略異同證：第一《穀梁》之詳於禮制、第二《穀梁》
之詳於瑣節、第三《穀梁》之略於大義、第四《穀梁》之略於本事。

附錄：尸子考證。

後序。

◎自序：《春秋》上明天理，下正人心，治事之準儀、揆道之楷范也。自三
傳並行，莫辨其是非，而五經失學，亦莫甚於《春秋》。欲明《春秋》微言大義
之學，此不可不察也。《左氏》之不傳《春秋》，自西漢已有是說。近如南海康
氏，尤能灼見其源。瑞典珂羅倔倫，更據文字攷之。蓋足為定讞矣。《穀梁》亦
為古文，本雜取傳記以造，非得《春秋》之真傳，能憭之者，殆屬尠觀。邇者
吳興崔氏，始謂《穀梁》一傳，劉歆之所偽造，藉以破壞《春秋》。依據史籍，

判其本真。其證驗郅碻，然未多攷傳文，以大明之。世人之論，猶謂《公》《穀》一家，且或篤信《穀梁》，其是非黑白，未能遽以定也。堂自卯年受經，憙于撢索義理；丙辰以還，鑽辥諸子，思舉聖哲道術，撩理使有統序。孔子者，諸子之卓也；說理者，莫辯乎《春秋》。于是尃治《春秋》，紬其微言大義。每謂《穀梁》迂鑿，甚違孔子之恉。壬戌之冬，撰《春秋六論》，于崔氏說猶未深鐜之。自是厥後，睹《穀梁》「是月」之不讀「提月」、「晝我」之襲取《公羊》齊語，又有無經之傳與不釋經之傳，乃怳然悟其非真傳，本雜取傳記以造者。崔氏所論，固可徵信。不揣檮昧，因取治《穀梁》者——如江熙、范寧、孫覺、葉夢得、侯康、許桂林、鍾文烝、柳興恩、廖平、柯劭忞諸家之說，以攻《穀梁》。更博采于諸儒，參以己見，明非私論，亦以堅其壁壘。由其體例、文詞、義理，探其本源，攷其年代，為《穀梁不傳春秋證》一篇；更就《公》《穀》之所詳略，明其異同，見其指歸，為《公穀詳略異同證》一篇。皆所以見《穀梁》之非真傳，欲以明孔子《春秋》之學者，因名之曰《穀梁真偽攷》，共上下兩篇。世之君子，匡其不逮，所甚幸焉。民國二十年八月一日漢川張西堂自序。

◎後序：

現在這一本《穀梁真偽攷》三校已經完了。我怎樣地要作這一部書、為什麼採用這樣的組織法，以及我作完後的感想等等，似乎還有要說明的地方，現在利用這一篇後序略述一下。

一

在民國十一年的冬天，我作我的《春秋六論》的時候，我對於《穀梁》不合孔子思想的地方，已經是很懷疑的。我對於《穀梁》，已經是很少採用他的說法。到十四年的時候，我將《春秋六論》第一篇之前半改造為《春秋大義是什麼》一文，在《時事新報》的《學燈》上發表。那一篇前敘上說：「我研究《春秋》一經，絕對地嚴守《公羊》之說，我只承認《公羊》是《春秋》的真傳。我何故守《公羊》、棄《左》《穀》，俟將來再說明。」同時我在《學燈》上發表的《尸子考證》上面也說：「《穀梁》必有竄亂的情形……候將來再發表。」在我心中盤旋這《穀梁》是否真傳的問題實在有多少年了，但是我的意見始終不敢發表。

治經是要守家法的，研究《春秋》更不當於三傳擇善而從。孔廣森在《公羊通義》的敘上說：「倘將參而從焉、衡而取焉，彼孰不自以擇善者」，這話是不錯的。研究《春秋》不將三傳的問題解決，終是一個缺陷。《左傳》經過許

多學者的論辨，和近來珂羅倔倫的《左傳真偽攷》用文法上統計的證明，《左氏》不傳《春秋》，總可以相信了。惟有《穀梁》還是懸案。劉申受的《穀梁廢疾申何》被柳興恩駁了，崔騲甫的「《穀梁》亦古文學」也很難令人信服，所以在《左傳真偽攷》出世以後，我才想將來作一部小小的《穀梁春秋攷證》，來討論這一個懸案。

現在這年頭研究經是要感困難的，差不多也沒有什麼人注意《春秋》經，何況是《穀梁傳》呢？我自己學問很淺薄，又有些其他的工作，我的理想並沒有想使他實現。去年秋後我著手作諸子通攷式的《諸子通論》，想把諸子的名稱、宗派、淵源、緣起、流變、真偽等等作一種有系統的敘述。到今年初稿完成，而我的舊病復發。恰好我要替《學文》第三期作一篇文章，我才決定在養病期中來試驗地討論這個問題。後來越作越多，不得已才節錄上篇的五分之一去充《學文》的篇幅。我的重要的證據也未錄出，不得不將全文發表了。同時我知道劉申受的《左氏春秋攷證》快要印單行本了，我才預備將這一點玩藝兒也「災及鉛民」，用一個摩登而明白些的名稱——《穀梁真偽攷》——將他付印。趁趁熱鬧，撐撐面子，省得外國的學者很麻煩地替我們來作，顯見得我們似乎太不注意這個問題了。

這是我要將這一點玩藝拿出來獻醜的緣故，實在是出乎我意料之外的。

二

我作這一部書本來是要用《穀梁春秋攷證》的名稱的，所以用的是《左氏春秋攷證》的組織法。但是我並不想完全學劉申受，更不願替他的《穀梁廢疾申何》作辯護士，他那不分類別的格式似乎很不適用。所以我要另想方法，將前人未說過的挑出來說，和已說過而確鑿的來重說。一方面想貢獻一點新的意見，一方面來作舊說的重新證明。引用《穀梁》學者之說來證明不是私見，引用其他學者之說來幫助明瞭，同時也算是搜集前人對於《穀梁》的評論。再探出他的本源，攷出他的年代，我想這樣已經夠了！

本來我對於《穀梁》還有三四十條要評論的地方，應當加入本書的。例如：閔公元年《穀梁傳》說：「不以齊侯使高子也」，高子是齊國的大夫，為什麼齊侯不能使呢？所以劉申受說：「豈君臣之義乎？」柳興恩駁道：「《公羊》成二年亦云『君不使乎大夫』。」君不使乎大夫與君不使大夫當然不同。《公羊》那句本當作「君不行使乎大夫」，見《校勘記》，是說君不遣使「到」（乎）大夫那裏去。柳興恩將「乎」字忽略也，也不看《校勘記》，拿來迴護《穀梁》，實在

沒有道理;《穀梁》那一句話,實在有違君臣之義。又如:呂大圭在《春秋五論》上說:「是故桓公將攘楚,必先有事于蔡;晉文將攘楚,必先有事于曹衛,此事實也。而左氏不達其故,于侵蔡則曰為蔡姬故,于侵曹伐衛則曰為觀浴與塊故。此其病在于推尋事由……未盡可據也。」《穀梁》于侵曹伐衛也說:「再稱晉侯,忌也」(僖二十八年),「忌」是怨恨,和《左傳》的為觀浴與塊的報復的意思正是相合。足見《左》《穀》是一個鼻孔子出氣的,不盡可據。這三四十條要說的地方本可編成一個中篇,但我想大可以不必。上篇作為主腦,下篇算是註腳,中篇暫付闕如。這樣子似乎也夠了。

本書每條先引經,註明某公某年;其次傳;其次註疏。所錄原文,以重要為標準,所以多少不拘。但是為上下文的關係,為的容易明瞭的關係,或者多寫幾句,或者錄出全文。本書中引用他書時,第一次提出作者及其書名,再引時只說出作者的名字,或書籍的名稱。容易檢察的不附註卷數篇名,不易檢察的才註明卷數篇名,為的雙方省得許多麻煩。這是本書的略例。

從前的人對於《春秋》是極端崇拜的。呂大圭說:「聖人之筆如化工,隨物賦形,洪纖高下,各得其所,生生之意常流行于其間。雖其所紀事實不出于魯史之舊,而其精神風采則異矣。」他這「生生之意常流行于其間」,是何等崇拜的口吻!但是現在也發生《春秋》不是孔子所筆削的問題了!我對於這個問題並未討論,因為《穀梁》本身並沒有否認孔子筆削《春秋》,所以這個問題也根本上談不到。

還有,本書雖假定《穀梁》不得《春秋》之真傳,也許其中有真的部分。莊公三十年經「齊人降鄣」,崔觶甫說:「穀梁氏說:『不言公,恥不能救鄣也』,此必《春秋》家相傳之舊傳也。」(《春秋復始》十六)《穀梁》又有同於《公羊》的地方,當然有許多《春秋》家相傳之舊說,講《春秋》的當然也無妨拿來參攷。

本書攷訂《穀梁》的真偽,同時有幾條(如上篇第六)也可幫助證明《左傳》的是非,因為牽涉得太遠,我想這也是很容易知道的,所以我並沒有說明。這些,是我要請讀者注意和原諒的。

三

我自己的學問很淺薄,我對於這部書的出世,覺得很應當慎重些。在我初稿完成之後,我將內中最重要的證據,《穀梁傳》的是月不讀「提月」,請求吳

檢齋先生的指教。吳先生也說：「如果是字當此字講，《春秋》經上應當作寔來的寔。」吳先生認為無妨將稿子付印。這樣子我才大膽子要拿出來公之於世。

關於文字上的問題，我請我的朋友劉盼遂先生當面將上篇看過一遍。他也很嚴格地勸我改訂了四五處。他對於小學是極有心得極有研究的，他對於我所說的《穀梁》「畫我」之襲用《公羊》「化我」，也是表同情的。

這書的全稿曾請黎劭西先生評閱，並請黎先生轉請錢玄同先生評閱。據黎先生說，錢先生對於這書「甚贊許」的。這些無非是給我多少勇氣。但是，因為如此，我才決定出版，來向讀者請教。

上述的四位先生，對於本書很多贊助。在太原時，蒙張損闇先生（著有《周易古訓》《京房翼奉學筆記》《說文定聲》《伯淳法言》等書）指導我怎樣做學問。本書出版，更蒙左仲綸先生的許多指導。這都是我所當誌謝的。

內子澹如，與於統計校讎之勞，亦當附誌於此。

◎本書附勘誤表。末云：

這個勘誤表是金君著三、王君可民代我作的。書中關於經今古文學和《春秋》微言大義的地方，容將來在《春秋概論》和《今古學論》中再詳細的說明。二十，八，三十。作者附識。

◎鼎文書局股份有限公司 2002 年周何《春秋穀梁傳傳授源流考：兼論張西堂穀梁真偽考作者》謂：又民初張西堂氏有《穀梁真偽考》之作，竭力詆毀《穀梁》，故本書不得不為之逐條辯解。

張希良 春秋大義 無卷數 佚

◎提要：是編前有自序，謂：「善說經者莫若康侯。私心竊有所未滿者，聖心忠恕，刻則離；聖心簡直，曲則離；聖心明白而正大，纖則離。左氏即未親見聖人，亦必竊窺魯史。公、穀二氏得之傳聞，難以依據。康侯據二氏以駁左，亦未為盡得。故一本左氏，錯綜當時之事勢，平心以想聖人之心，而名字、人爵、時日諸例概所不取。」其持論甚確。然如文公四年寧俞來聘，謂「以納饘貨醫而書」，昭公十七年郯子來朝，謂「以仲尼學官而紀」，豈成公三年之孫良夫、襄公元年之公孫剽、七年之孫林父，盡屬衛之君子？而《春秋》書來朝者四十，皆因孔子問乎？此又過執左氏，以經外附錄之事橫生議論者也。至宣公八年之「公子遂卒、夫人嬴氏薨」，謂「八月之內同登鬼錄，有陰奪其魄者」，《春秋》之法論是非不論禍福，以是立義，所見彌淺矣。

◎《皇朝文獻通考》卷二百十五《經籍考》五：希良自序曰：善說經者莫若康侯。私心竊有所未滿者，聖心忠恕，刻則離；聖心簡直，曲則離；聖心明白而正大，纖則離。左氏即未親見聖人，亦必竊窺魯史。公、穀二氏得之傳聞，難以依據。康侯據二氏以駁左，亦未為盡得。故一本左氏，錯綜當時之事勢，平心以想聖人之心，而名字、人爵、時日諸例概所不取。

◎張希良，字石虹。湖北黃安（今紅安）人。康熙二十四年（1685）進士。授編修，官至翰林院侍讀學士，提督浙江學政。著有《春秋大義》無卷數、《寶宸堂集》，參撰《春秋講義類函》、《三朝國史》、《明史》、《一統志》。

張錫祉 春秋觀聚 佚

◎張伯行《正誼堂續集》卷四《張錫祉春秋觀聚序》：《春秋》一經也，而緯以五傳，諸家疏義不可勝紀。顧朱子謂此經簡奧，立說雖易而貫通為難，以故平日不敢措意其閒，且有假年願學之思焉，不其慎哉！先聖曰：「吾志在《春秋》」，又曰：「載之空言，不如見之行事之深切著明也」，其所以明王者之大法、垂萬世之大經者至矣。特以二百四十二年行事錯文見義，在《左氏》則發傳之體三、為例之情五，《左氏》以下抑復支分脈別焉。杜元凱言經之條貫必出於傳，傳之義例總歸諸凡，又令學者觀其聚，豈非貫通之為難歟？蓋自《左》《國》《公》《穀》以及《胡傳》，彼此聚訟，互有異同。於是後之訓詁箋釋者，意見紛歧，穿鑿傅會，不一而止。彼讀經無識，得一說不能不移於他說，而務彼說又難割愛於此說，積千萬之散錢，無索以貫之，幾何不委擲於地莫可收拾也？！是故貫之者所以聚之，而能觀其所聚則未有不貫之者。夫經學在當理，而作傳以適經，聖人之宗旨殆有在也。若聚訟紛爭，廢興由於好惡，徒執成見而無當於聖人之宗旨，其可乎哉？況膚淺末流背經反傳，曾何足觀？先儒之於《春秋》，假年而切願學，良有以也。吳門張生錫祉，窮經有得，其於《左氏》之內外傳、《公》《穀》、胡氏之異同解疑釋滯，較若列眉。又或詳或略，毋缺毋濫，大異乎操戈入室以從事者，標之曰《春秋觀聚》，取諸杜氏「觀其所聚」意也。然非貫而通之，何以能聚？子朱子所謂「貫通為難」者，其將不難於張氏子乎！夫表章六籍，儒者責也，書輯成，請序於余。余喜其能明先王之道，大有裨於來茲，爰述其意如此。

◎張錫祉，著有《春秋觀聚》。

張憲和 駁劉彙輯 不分卷 存

平湖藏清末平湖張氏躬厚堂抄本

◎閻鎮珩《北嶽山房詩文集》卷十一《張聞惺先生行狀》：晚歸，杜門謝客，終日手一編，治《公羊》何氏學尤邃。所輯有《春秋公羊傳匯解》十一卷、《公羊臆》三卷、《讀公羊注記疑》三卷、《鄭氏易禮疏》一卷，訂補陳氏《古逸禮》一卷、《論語述補案》一卷、《誦芬錄》二卷、《當湖脞記》十六卷、《當湖詩文逸》二十二卷、《幼學便讀牧令書補》若干卷。其自為《詩文存草》共五卷、《聞惺隨筆》四卷，他屬藁未定者曰《公羊證事》、《公羊義證補》、《毛詩補傳》、《守經錄》、《法戒紀訓》、《駁劉匯輯》凡若干種藏於家。

◎張憲和（1826～1902），字慕昭，晚自號聞惺。平湖（今浙江平湖）人。張金鏞（嘗督湖南學正，世稱海門先生）子。精研義理，務歸致用。精研義理，務歸致用。胡林翼奏請以知縣用，手書招之，不赴。咸豐九年（1859）舉人。後以知縣簽發湖南，權辰溪縣。湘中刊《松陽講義》及李二曲《司牧寶鑒》，皆自其發之。著有《毛詩補傳》、《駁劉彙輯》不分卷、《春秋公羊傳匯解》十一卷、《公羊臆》三卷、《公羊證事》、《公羊義證補》、《讀公羊注記疑》三卷、《鄭氏易禮疏》一卷、《詩文存草》五卷、《存藚文草》不分卷、《聞惺隨筆》一卷、《聞惺隨筆》四卷、《守經錄》、《法戒紀訓》、《受月軒詩草》三卷、《丙子日記》一卷、《庚辰日記》一卷、《懷移日記》不分卷、《癸酉日記》一卷、《幼學便讀》一卷、《牧令書補》八卷、《皇清誥授奉政大夫文淵閣校理翰林院侍講湖南學政顯考海門府君行述》一卷，訂補陳氏《古逸禮》一卷、《論語述補案》一卷、《誦芬錄》二卷、《當湖脞記》十六卷、《當湖詩文逸》二十二卷。

張憲和 春秋公羊傳匯解 十一卷 佚

◎閻鎮珩《北嶽山房詩文集》卷十一《張聞惺先生行狀》：晚歸，杜門謝客，終日手一編，治《公羊》何氏學尤邃。所輯有《春秋公羊傳匯解》十一卷、《公羊臆》三卷、《讀公羊注記疑》三卷、《鄭氏易禮疏》一卷，訂補陳氏《古逸禮》一卷、《論語述補案》一卷、《誦芬錄》二卷、《當湖脞記》十六卷、《當湖詩文逸》二十二卷、《幼學便讀牧令書補》若干卷。其自為《詩文存草》共五卷、《聞惺隨筆》四卷，他屬藁未定者曰《公羊證事》、《公羊義證補》、《毛詩補傳》、《守經錄》、《法戒紀訓》《駁劉匯輯》凡若干種藏於家。

張憲和 讀公羊注記疑 三卷 存

國圖、湖南、嘉興、平湖藏光緒刻張氏公羊二種本

文聽閣圖書有限公司 2009 年民國時期經學叢書第四輯影印光緒刻張氏公羊二種本

◎孫殿起《販書偶記》卷二：《公羊臆》三卷、《讀公羊注記疑》三卷，平湖張憲和撰。光緒間刊。

張憲和 公羊義證補 佚

◎閻鎮珩《北嶽山房詩文集》卷十一《張聞惺先生行狀》：晚歸，杜門謝客，終日手一編，治《公羊》何氏學尤邃。所輯有《春秋公羊傳匯解》十一卷、《公羊臆》三卷、《讀公羊注記疑》三卷、《鄭氏易禮疏》一卷，訂補陳氏《古逸禮》一卷、《論語述補案》一卷、《誦芬錄》二卷、《當湖脞記》十六卷、《當湖詩文逸》二十二卷、《幼學便讀牧令書補》若干卷。其自為《詩文存草》共五卷、《聞惺隨筆》四卷，他屬藁未定者曰《公羊證事》、《公羊義證補》、《毛詩補傳》、《守經錄》、《法戒紀訓》、《駁劉匯輯》凡若干種藏於家。

張憲和 公羊臆 三卷 存

國圖、湖南藏光緒刻張氏公羊二種本

文聽閣圖書有限公司 2009 年民國時期經學叢書第四輯影印光緒刻張氏公羊二種本

◎孫殿起《販書偶記》卷二：《公羊臆》三卷、《讀公羊注記疑》三卷，平湖張憲和撰。光緒間刊。

張憲和 公羊證事 佚

◎閻鎮珩《北嶽山房詩文集》卷十一《張聞惺先生行狀》：晚歸，杜門謝客，終日手一編，治《公羊》何氏學尤邃。所輯有《春秋公羊傳匯解》十一卷、《公羊臆》三卷、《讀公羊注記疑》三卷、《鄭氏易禮疏》一卷，訂補陳氏《古逸禮》一卷、《論語述補案》一卷、《誦芬錄》二卷、《當湖脞記》十六卷、《當湖詩文逸》二十二卷、《幼學便讀牧令書補》若干卷。其自為《詩文存草》共五卷、《聞惺隨筆》四卷，他屬藁未定者曰《公羊證事》、《公羊義證補》、《毛詩補傳》、《守經錄》、《法戒紀訓》、《駁劉匯輯》凡若干種藏於家。

張憲和 公羊注逸禮攷徵訂補 一卷 存

平湖藏光緒平湖張氏躬厚堂抄本

張憲和 張氏公羊二種 六卷 存

平湖藏稿本

平湖藏光緒十九年（1893）稿本

平湖藏光緒二十七年（1901）平湖張氏躬厚堂稿本

國圖、湖南、寧波市天一閣博物館藏光緒刻本

張香海 春秋三傳直解 四卷 佚

◎孫葆田《山東通志》卷百二十七《藝文志》第十：是書見《採訪冊》。《府志》作《輯義》，不載卷數。

◎張香海，字牟子。山東蓬萊人。道光十五年（1835）舉人。歷官安縣知縣。咸豐十一年（1861）殉難。著有《詩經典確》、《禮記典實》四卷、《春秋三傳直解》四卷、《學庸圖說》二卷。

張象恩 左傳潛評 佚

◎孫葆田《山東通志》卷百二十七《藝文志》第十：是書見《府志》。

◎張象恩，字履謙。山東萊陽人。乾隆六年（1741）優貢。歷官平原教諭。著有《左傳潛評》，編有《其順堂三世遺詩》。

張孝齡 春秋周魯纂論 八卷 存

北大、上海、湖南、臺灣大學藏嘉慶十八年（1813）南邨刻本

◎雷夢水《販書偶記續編》卷二《經部‧春秋總義類》：《春秋周魯纂論》八卷（清益陽張孝齡撰。嘉慶十八年癸酉南邨刊）。

◎尋霖、龔篤清編《湘人著述表》：據《春秋》經傳等，摘取有關周朝及魯國史料加以評論。

◎張孝齡，字香塢。湖南益陽人。乾隆五十三年（1788）舉人。著有《春秋周魯纂論》八卷，與纂《湖南衡山人縣志》五十五卷首一卷。

張星徽 春秋四傳管窺 三十二卷 存

南京藏乾隆四年（1739）藏書堂刻本

陝西藏清末刻本（存九卷：卷三至十一）

◎目錄：總論三傳、《左傳》十六卷（第一卷至第十六卷）、《國語》四卷（第十七卷至第二十卷）、《公羊傳》六卷（第二十一卷至第二十六卷）、《穀梁傳》六卷（第二十七卷至第三十二卷）。

◎乾隆《泉州府志》卷五十五《文苑・國朝文苑》二：著有《歷代名吏錄》四卷、《春秋四傳管窺》三十二卷、《評註戰國策全集》十八卷；掌教霞漳芝山書院，著有《湖山稿》《評選辛酉鄉墨》行世。

◎乾隆《泉州府志》卷七十四《藝文》：張星徽《天下要書》十八卷、《四傳管窺》三十二卷、《歷代名吏錄》四卷、《湖山詩文稿》。

◎林焜熿纂輯光緒《金門志》卷十《人物列傳》二《文學》：著有《歷代名吏錄》四卷、《春秋四傳管窺》三十二卷、《評註戰國策全集》十八卷；掌教霞漳芝山書院，著有《湖山稿》《評選辛酉鄉墨》行世。

◎林焜熿纂輯光緒《金門志》卷十四《藝文》：《歷代名吏錄》四卷、《春秋四傳管窺》三十二卷、《天下要書》十八卷，國朝張星徽撰。

◎張星徽，字北拱，號居亭。福建同安（今廈門同安區）青嶼人。德溥子。康熙五十六年（1717）第三名經魁，榜姓金，復本姓。康熙六十年（1721）成進士。磨勘罷第歸，以舉人銓選，授望江令，改海澄教諭；興學課士，勤於其職。生平好學慕古，遍讀群書，老而彌篤。著有《春秋四傳管窺》三十二卷、《評註戰國策全集》（一名《國策評林天下要書》）十八卷、《歷代名吏錄》四卷、《湖山稿》、《評選辛酉鄉墨》。

張行簡 春秋分合纂 十卷 存

國圖藏宣統二年（1910）刻本

◎春秋分合纂序：《春秋》文成數萬其指數千，傳者三家，說雖不一，要之見仁見智，皆有聖人之意存焉者也。極其義歸，所謂寓褒貶於一字者，累竭楮墨而莫可殫究。循其事例，則一切國章、兵事、朝聘、會盟，多可據為治國者之前轍，凡深識篤學之士宜有考焉。姻丈張儒三先生，以名孝廉窮經難仕，甄述極宏。所輯《春秋分合纂》，雜錄三傳之說，條分事系，以類相從。雖其自述第備尋閱而已，余獨信其條理粲列，任舉一事，而皆有一事之聯屬，以供考覽者之取資，蓋可以致用者也。方今海禁大通，列強環伺，其間往來交際，又無時不以禮周旋。當事者脫或不慎，不止騰笑外人，甚且蔑禮損權，重貽國

家之累。論者或以為世局之新，前無所仿，此而欲其因應曲當，在勢誠所難能。庸知夫心理大同，道在隅反，《春秋》非邦交之局乎？所為兢兢將事期勿隕越者，非已然之跡乎？欲觀其述，其必有取於是書矣。是書固不足以盡《春秋》之指，其所臚采，亦不限於交鄰。顧為按類以求，有關於邦交者十蓋三四，又其為事實犖犖大者，余故特揭之為學者告。試取此類而探其微，由原以達委，隨事而審施，一觀於通，於今日之途軌殆將有合也。然則是纂也，可以究其時外交之得失，而因以究列邦內政之得失，以為今日內政外交之鑒，此其裨益何如？即不足以盡《春秋》之指，而為用也若是，安見非聖人之意之所存耶？況今日功令，自中學以上，經學一科，於《春秋左氏傳》定為常課。學者拘於時力之疏，牽於文辭之美，且事緒繁雜，習之不競其用，轉苦於散見而莫測其端倪。得此書為導師，一事一名，著見本末，而因於今日事勢之同異，互證參稽，庶幾悠然其有會也，則其所得或亦異日致用之助也歟？此益足以見《春秋》之為指遠，而先生用力之勤為不虛也。宣統二年季春月，姻世愚侄前翰林院侍講李哲明〔註58〕謹撰。

◎自識〔註59〕：《春秋纂》既竣，客有問於予曰：「子以分合名，何也？」予應之曰：「老朽健忘，析其類而分之，復比其類而合之，庶便詢閱，故以名也。」客曰：「唯唯，否否。今夫《春秋》，古今分合之樞紐也。上古之世，榛榛狉狉，合同而化，五帝迭興，聖哲應運，夏后會於塗山，執玉帛者萬國，而合者以分。逮春秋時，存者無數十焉。說者以五霸遞相雄長，瓜分之象，而豈知強並弱、大吞小，萃為七國。秦漢遂易封建為郡縣，至於今未之又改。然則春秋時列國分爭，實開後來大一統之新局。抑以見二百四十年邦交之故，即億萬世得失之林也。子以分合名編，意在斯乎，意在斯乎？！」予瞿然興曰：「昏瞀寡識，弗敢及知。」客听然而退。爰次其語，弁之卷端，俟知言之君子擇焉。光緒壬寅孟春，漢陽張行簡腴珊叟謹識，時六十有九。

◎春秋分合纂跋〔註60〕：先大父同治丁卯鄉薦備官京曹，因親疾假歸，遂侍疾不應禮部試者幾二十年。藥石旨甘之暇，日以課子孫、勤著述為事。迨年滿七十，所著有《漢陽縣識》、《漢陽縣志校》、《漢陽縣忠節錄》、《漢陽縣

〔註58〕 字星樵，號靜娛，又號迂石。漢陽人。光緒戊子舉人、壬辰進士。授翰林院編修。主考貴州鄉試。累官至翰林院侍講。著有《老子衍》《周秦諸子校勘記》《自然室詩文集》《黔遊紀行》等。

〔註59〕 又見於甘鵬雲等《湖北文徵》卷十一，題《春秋分合纂自識》。

〔註60〕 錄自甘鵬雲等《湖北文徵》卷十三，題《春秋分合纂跋》。

公款簿》、《漢陽縣郡城記》、《漢陽縣忠節祠記》,皆有益一邑者也;三修家譜
《景賢支譜》,校刊禹木公《來青園詩文集》、鵠巖公《劾嘯軒詩文集》並編
次年譜,著有《張氏詒穀遺集》、《榘顯公文集》、《張氏墨存》,皆有益一族者
也;《四書駢字集解》、《嘯孫軒攢存》、《嘯孫軒詩文集》皆先大父自述己志,
繼鵠巖公而有所作者也。然皆躬督梓行,匯成善本。暮年著《春秋分合纂》,
分繕三部,派分三房,各守一部,大父遂棄養矣,時光緒歲丙午也。厥後兩
伯父與僎服闋,議梓行世,會變起,中輟者又數年。夫孔子之道莫備於四子
書與《春秋經》,今雖學術分歧,而尊孔者朝野若一。先大父有見於此,故於
二書發前人所未發,冀分陽燧方諸之微曜。僎自兒時從大父受學二十年,雖
資質魯鈍,不能窺先大父所志之萬一,而緒言餘論,至今猶切心胸間者。大
父嘗言書遭秦火,惟《周易》幸完。孔子之手著校《春秋》,尤能盡三才之道。
而十翼文言,為孔子創例,後世諸文皆由之出。每思有所撰述,天不假年,
未脫稿而歿。僎每念此,深懼《春秋分合纂》不再梓行,則先大父之得於天
者,不更有窘於人乎?爰稟承大伯父,走乞當世能文巨公作為書序,用光前
烈,付之手民,梓以行世,庶先大父之志得少伸矣。今幸刊成,遂不揣固陋,
略述先大父之所志,及成書未成書者,告並世淵雅君子焉。第三孫啟僎杏書
謹跋(《春秋分合纂》張國淦存稿)。

　　◎甘鵬雲等《湖北文徵》卷十一:著有《四書駢字直解》《春秋分合纂》
《嘯孫軒詩文集》等書。

　　◎張行簡(1835~1906),字敬亭(廷),號儒三(腴珊)。湖北漢陽人。
同治六年(1867)舉人。初任水部郎官,旋改任知縣,又改選蘄水縣學官,候
選國子監學正。後棄官退居,以著書立說為事。同治六年(1867)分纂漢陽縣
志,後因赴京未終其事。著有《四書駢字集解》、《春秋分合纂》十卷、《漢陽
縣志沿革表疑》、《漢陽縣志校》(與許盛春合著)、《漢陽縣忠節錄》、《漢陽縣
郡城記》、《漢陽縣公款簿》、《漢陽縣忠節祠記》、《漢陽縣識》三卷、《嘯孫軒
攢存》、《嘯孫軒詩文集》。嘗校《來青園詩文集》、《張氏詒穀遺集》、《榘選公
文集》、《張氏墨存》一卷等。

張學尹 春秋經義 一百二十卷 存

　　湖南藏抄本
　　清師白山房刻本

◎自序〔註61〕：《春秋》，經也；傳經者，經師也。左氏、公羊、穀梁，經師之發蒙者也。後之經師二百餘家，無不從三傳入從三傳出，乃入其室操其戈以出而還而攻之，無乃背本而傷義哉。曰否，是非天下之公，匪一二人所得私之也。惟聖人之心至公，故經義止於至是。自非聖人，則其所見自有淺深廣狹之殊。三傳以賢人而傳聖人之心，其不能悉是而無非者，勢也。而況後起者又各以意見與於其間且數十百家也！子曰：「三人行，必有我師焉。擇其善者而從之，其不善者而改之」，《書》曰：「德無常師，主善為師，能擇能改之謂也」，夫能擇能改則三傳可合為師，豈惟三傳，雖數十百家之言皆可合而師之也。三傳依經以立義，亦有時違經以生義。其依其違，在三子亦各殫其識力之所及以為之，而不敢自斷其有是而無非，故其或依或違，三子初未嘗自匿，特各據其所見所聞而著之以聽萬世之去取。使為三傳者能主經以折衷之，擇其是以辨其非而經義不晦，則三傳皆得有功於經，是大有功於三傳也，而何背本傷義之與有？乃自為三傳者各立門戶，私相袒護，互相攻擊，而三傳不可合併。嗟乎！以一聖人之經而分為三家，豈復有當於聖人之心哉！而況後起者且分為數十百家也。然而各有所是各有所非則其理不可以偏廢，擇其是即可以補其非，去其非即可以得其是，聚而辨之，節而取之，匯而通之，雖未必遂足以規聖心之全，而苟有以發明於經義，則無往而非師也。學尹總角時，初授《左傳》即有疑，謂其理忽而醇正忽而奇詭，其氣忽而收斂忽而放縱，其文忽而簡質忽而浮夸，殊不似一人言。先君子曰：「此本雜取列國之史而裁翦成之，其藍本不一，無足怪也。」既而讀《公》《穀》，有解有不解，乃從注疏求之，而是非同異益紛如莫知所適。先君子哀之，曰：「姑舍是，且細讀《四書》及《易》《詩》《書》三經，以身體之，必有所得，然後可以讀《春秋》。」夫未能養其大中至正之心，而能於流失敗壞之世見聖人之心者，未之有也，學尹蓋嘗受四書三經矣，於是反復溫習之，雖未能以身體之，而朝夕黽勉積累，覺此心漸有義理充實，而益覺經蘊之不可涯涘也。先君子曰：「朱陸之學不可岐視也，朱重窮理，陸重養心，天下豈有不能養心而能窮理者哉？朱子亦言存養矣。凡左朱右陸者，皆粗豪客氣，不足取也。吾見子之心方為義理窒塞，又惡能以理養心哉！」學尹竦然，從知所以涵養此心，使不役於記誦。雖手不釋卷，而務提掇此心，使湛然有主，泰然無事。於是者有年，適有詢以《公羊》九世復讐之義者，學尹以意論之曰：「九世復讐，孝義之至，然非齊襄之事也。齊襄，鳥獸也，鳥足

〔註61〕 又見於《湖南文徵》卷七十七，題《春秋經義序》。

以知孝義。且夫商道嚴肅,其末造為操切,故紂有醢鬼侯、脯鄂侯之事。周道仁厚,其末造為寬縱。馴至春秋,諸侯不朝而王臣屢聘,惡有信讒烹諸侯之事哉?紀侯之醞、哀公之烹,無稽之談也,《春秋》書齊紀之事自桓三年書齊侯鄭伯如紀,至莊四年書紀侯大去其國,十餘年間屢書特書,以著齊人逞彊噬弱之惡。聖人情見乎辭,《公羊》何足信也。然置齊紀之事勿論,而於經外樹一復讎之義,則亦足以伸義嗣之志而寒凶人之膽。何則?祖宗蒙冤,其孝子慈孫未能急為之雪,雖忍之百世,期於必報,彼凶人雖怙其彊橫,斷無久而不衰之勢,故惡積於平生而禍發於身後,固天道好還不爽之理也。《公羊》蓋憤於世之有子孫而忘其祖宗之讎者,故假經以立義。其所言者齊紀,其意不係乎齊紀也。」先君子曰:「噫!可以讀《春秋》矣。」因誨之曰:「《春秋》非治一時之書,治萬世之書也。書成於獲麟之歲,且時華督、趙盾、許止、蔡般之輩骨朽已久,彼焉知懼?而齊之田氏、晉之三家方相繼為亂賊,何謂懼哉?所謂懼者,謂萬世不謂當時也。《春秋》臚列二百四十二年禍變之由,使萬世懍然於君君、臣臣、父父、子子之義,蓋懼在天命不在人事也。聖人義精仁熟,動協天則,而以褒貶求之,龘矣。且夫聖人尚德不尚刑、尚義不尚利,而猥曰斧鉞也、華袞也,是直以利害劫制天下也。是故以經師二百餘家,善師之皆經之羽翼也,不善師之皆經之蠹賊也,小子戒之!」學尹敬請曰:「何謂善師?」曰:「夫子言之矣:擇其善者而從之,其不善者而改之。」學尹述。

◎《湖南文徵》卷九十九張學尹《與人論春秋書》:

承詢《春秋》之義,蒙治此經有年矣,謹述所聞,惟吾子自擇焉。

《春秋》有筆有削。二百四十二年之事,而所筆僅一千七百餘條。或條紀一事,或數條紀一事,或數十條紀一事,通計不過數百事,則所削者多矣。今其所削雖不可盡知,而就傳考之,大約其類有五:曖昧不明則削之,荒誕不經則削之,無關勸懲則削之,傳失其真則削之,有名無實則削之。曖昧不明,若傳所載諸淫媟之事是也。經嚴男女之別,而淫通烝報四字不見於經。荒誕不經,若傳所載諸神怪之事是也。經紀災異甚詳,而如神降於莘、諜蘇於絳之類,皆屏絕不錄。無關勸懲,若傳所載凡諸猥瑣之事是也。有以為非公命不書者,非也。定、哀之世,事事皆非公命,而未嘗不書。或謂「常事不書」,不知常事而有關勸懲者未嘗不書。傳失其真,若魯隱桓閔三公之薨,而傳皆以為弒;魯子般、鄭伯髡頑、楚子麇之卒,經皆書卒,而傳皆以為弒;又若晉厲、宋昭,經皆書弒,而不得其賊,則懸案以待徵,蓋慎之也。而傳以為欒書 / 荀偃弒晉

厲、宋襄夫人弑宋昭，然則作傳者之所聞所見，翻能確於聖人所聞所見乎？又若趙盾弑君、許止弑君、陳乞弑君，經皆大書特書，而傳皆以為不弑。若此之類，誣罔違經，雖其見於周秦諸子書者往往與傳合，要之皆當時傳聞之訛耳，惟聖人為能考信，故削其訛而傳其信也。有名無實，若吳楚僭號、桓文錫命是也。王者有天下之號，吳楚未嘗有天下而僭王，虛號也，實則子爵也，故削其虛而紀其實。齊桓既盟於召陵、晉文既捷於城濮，固已攬其大權以去矣，當時即不命之為侯伯，亦不能禁其不自為侯伯也，因而錫之命虛文也，故錫命不書，而召陵、葵丘、河陽、城濮則書之，亦削其虛而紀其實也。

《春秋》無例。例皆傳說，非經義也。諸儒互相糾駁，蓋亦明知其非經義也。然而諸家各自為例，視傳例變本而加厲，何也？藉例說乃得各逞其意見而文飾其私也。殊不知一設為例，則其勢必有所窮，而物情萬變必不可窮，聖經隨物肖形惟變所適，尤不可執一例以窮。例有所窮則必為變例，例而變則進退出入無所不可。此朱子所謂猾吏舞文之技耳，而何以說經？子曰：「從心所欲，不踰矩」，矩者，天之則也，因物賦形。例者人所設也，先物設形。夫先物設形而能過肖其物之形者，鮮矣。就令肖焉，亦可偶而不可常耳。故必盡去例說而經義乃明。

《春秋》無諱。《公》《穀》為親者諱、為尊者諱猶可言也，乃至為賢者諱，夫賢者之過如日月之食，又焉諱？諱之者，文之也。惟小人過必反耳，焉有賢者而諱過乎？乃至為中國諱。夫聖人之心如天地，豈有中外之限。為中國諱，何其見之小也？且夫自有中國，其間是非善惡得失成敗，判然如黑白之在人耳目，又烏得而諱之？乃至為齊桓諱、為晉文諱，甚至為宋襄諱、為齊襄諱，則《春秋》一諱惡之書耳，而何以為《春秋》？嘗考上古無諱，二典三謨無諱字，「無若丹朱傲」，禹不為堯之子諱；「嚚訟可乎」，堯不為其子諱；「今失厥道，亂其紀綱」，五子不為太康諱。周人以諱祀神乃以謚易名，然謚有幽、厲，諱其名不諱其惡也。謚必稱天，雖孝子慈孫不能為君父諱其惡，以天固不可欺也。豈惟天不可欺，夫惡之實播於人間，天下人共見之，雖欲掩之而不可得也。《左傳》云：「諱國惡，禮也」，與《公》《穀》為尊親諱同意，而諸儒主之。今考其文，若內奔書孫、內殺公子書刺、滅國書取，遜其辭未嘗諱其事。若會於稷以成宋亂、取郜大鼎於宋、會伐衛、齊人來歸衛寶、夫人妻氏薨於夷齊人以歸，皆逆天鉅惡。又若僭郊逆祀不視朔、觀魚觀社築囿築臺之非禮，及征伐會盟之無王、稅畝、丘甲田賦、作軍毀軍之非制，陵虐侵小之貪暴，事齊事晉事楚事

吳之卑辱，甚至夫人會齊侯享齊侯如齊師之無恥，惡無鉅細，畢書於冊，惡睹所謂諱國惡哉？自諱國惡之說行，而後世奸佞之臣藉此為辭，以獻諛貢媚長君逢君，反訾犯顏直諫之臣為彰君之惡，激怒其君逐之殺之，以自趨於敗亡，則諱國惡之說之流毒遠也。夫聖人寧不欲為君父隱其惡哉？顧所以憂天下來世者深，而不忍以一言之諱啟萬世無窮之禍，故《春秋》於國惡未嘗不直書之，以此為忠則忠之至，以此為恭則恭之至也。說者見不及此，而務為之諱，甚至反其道而用之，不為君父諱，偏為亂賊諱。夫君父失道，惡在君父也，既不為之諱。君父見弒，惡在亂賊也，而偏為之諱。其害義傷教孰甚焉？

《春秋》有是非而無褒貶。是非者天下之公，褒貶者一人之私也。子曰：「吾之於人也，誰毀誰譽」，此無褒貶之說也。書其是而天下之公是自著，固無所庸其褒；書其非而天下之公非自著，又何所庸其貶？且夫是非之變千態萬狀，或大是小非，或小是大非，或非而雜是，或是而雜非，惡可一例為褒貶也？夫化工之造物何嘗物物而雕鏤之，正惟不物物而雕鏤之，而物乃無遯形。《春秋》化工也，奚以褒貶為哉。然正惟無褒貶，而乃擅褒貶之至。

《春秋》有好惡而無賞罰。好惡者天命之性，賞罰者天子之權也。子曰：「為下不倍」，又曰：「雖有其德，苟無其位，不敢作禮樂焉」，不敢作禮樂，而敢專賞罰乎？《春秋》於桓、文未嘗賞罰其功罪，亦直書其事而功罪自著耳。豈惟未嘗賞罰桓、文，凡諸侯大夫之悖理害義乃至於弒逆大惡，亦祇直書其事，如州吁、無知、里克、凝喜之得討，則書其見殺；華督、趙盾、崔杼輩之無討，則直書其事以聽萬世之公論，而夫子未嘗自討之也。

《春秋》謹闕文。子曰：「吾猶及史之闕文也」，不啻為《春秋》之言也。闕文何關重大，而夫子特揭其義哉？閒嘗思之，斷獄者一時之事，修史者萬世之事；斷獄者偶有出入之誤，少時尚得平反；修史者偶有出入之誤，則善人蒙冤，惡人漏綱，萬世莫得白。故聖人謹之，莫嚴於亂賊之書。而有時稱國以弒稱國人以弒，不指名其賊者，蓋不得其賊則姑闕其文以待徵焉。然稱國以弒則賊在其國，稱國人以弒則賊在其國人，綱雖疏而不漏也。稱是以推，凡事介疑似者皆當闕之。後世史官好逞臆斷，往往是非倒置，則未知史闕文之義也。

《春秋》有經之闕文，又有成經後鈔傳訛脫之文。經之原文不可見，今所謂經文皆從三傳中錄出耳。嘗綜而考之，則三子作傳之時固已未見全經矣。夫闕文者闕其疑也，如甲戌己丑、郭公夏五之屬明是訛脫了無可疑。若是史之原文而夫子因而不革，則何謂筆削哉？此可斷為成經以後之訛脫者也。又如春或

闕王闕正，年或闕時，事或闕日闕地，薨卒或闕地闕葬，或闕在經前無憑添補，或闕在經後不可臆斷，而傳皆為之說。諸儒增之，彌益支離矣。又若子頹之亂，王出入皆不書；子帶之亂，王書出不書狄伐，高渠彌弒鄭昭、傅瑕弒子儀納鄭厲，皆不見於經，皆當闕之。闕之則雖不得其義，猶無害於義。子曰：「多聞闕疑」，不啻為說《春秋》者頂門一鍼也。

《春秋》不可泥一字生義。若書爵、書人、書名、書字、書公子、書弟，皆非義之所在。又若以書救為善辭而有時又以為惡，以書遂為惡辭有時又以為善，以書及為內為志而又有外為主者，以書會為外為主而又有內為志者。不知經之紀事恆具首尾，其事每自微而著、自輕而重，或善而變為惡，或功而變為罪，垂戒之意極其深切著明，要必綜全經考之，其義乃見。若季孫專魯，書季子來歸已具履霜之戒，其後寖盛浸不可制。又若仲孫、叔孫、臧孫及鄭七穆、宋六卿、晉諸卿、齊國高崔慶欒鮑田氏輩，其初皆有功德，其後惡積罪大，皆有始終脈絡可尋。比事觀之，而其所以善而變為惡、功而變為罪者，昭若列眉，使後世人君鑒此而知所以馭臣之義、臣鑒此而知所以事君之義，則富貴福澤皆有怵惕危厲之心。是上下相保，維持鞏固，此豈戔戔一字褒貶云爾也。又若齊宋晉楚之圖霸迭為強弱，或成霸或不成霸，又若列國之邦交乍合乍離，及小國之或存或亡，通而考之，其間心之善惡、謀之臧否、事之成敗得失，皆足為萬古蓍蔡。又若內夫人，如文姜、哀姜之昏禮書之甚詳；內女如紀伯姬、叔姬、宋共姬、杞伯姬，皆屢書不一，皆有終始可考。其餘或一人之終始，或一事之終始，或數百年間累數十餘條，少者數十年間數年間累十數條，甚者一年之間數月之內連書十餘條，首尾甚明，有不待傳說而自明者，其義皆麗於事，鑿然可據。說者第弗通考，往往割裂一字一句以求義，說一條更不記有前後條。如桓元年鄭伯以璧假許田，《左傳》云：「為周公祊，故也」，說者皆謂經不書，易祊為國惡諱，而不記隱八年經固已明書鄭伯使宛來歸祊，庚寅「我入祊矣」何諱焉？僖、閔之元年不書即位，皆言繼故不言即位，而不記隱元不言即位也。如莊十一年夏公敗宋師於鄑，《左傳》云：「宋師未陳而薄之敗諸鄑」，凡帥敵未陳曰敗某師，而不記十年公敗齊師於長勺，傳云「齊人三鼓，劌曰：『可矣』，遂敗齊師」，豈齊師未陳而三鼓乎？又如僖二十二年杞子卒，《左傳》云：「不書名，未同盟也」，說者用之，而不記杞魯婚媾自莊二十五年伯姬歸於杞，其間伯姬往來屢見於經，此條書卒不書葬，明杞以媾誼來赴，而魯不會其葬為薄於媾誼也。然此或事隔數年或數十年，遠而忘之。如隱十一年夏公會鄭伯於時

來，《左傳》云：「謀伐許也」，秋七月壬午公及齊侯鄭伯入許，二條連書，本一事也。說者曰：「書『公及』，自公主之也」，蓋用《穀梁》「及內為志，會外為主」之說耳，而不記時來書公會矣，豈謀伐許外為主而入許獨內為主乎？文公二年三月及晉處父盟，說者曰：「及者公也，沒公諱與大夫盟，殺恥也」，而下條連書公孫敖會宋公、陳侯、鄭伯、晉士穀盟於垂隴，《左傳》云：「書士穀堪其事也」，士穀獨非大夫乎？而得主諸侯之盟也。且齊桓率諸侯及屈完盟，何以不恥而盛稱齊桓之功也？然此猶各為一條也。如晉侯執曹伯、執天子之懿親也，說者曰：「伯討也，晉侯書爵予晉也」，而不知曹伯亦書爵，是五字成文而上下不相顧也。僖二十六年公追齊師至酅弗及，說者曰：「寇至而不知，冠去而後追，譏內無徼戒酅齋地；至酅遠也，譏窮追也；弗及，畏而不敢前也，譏怯也」，然則緩追譏也，遠追又譏也，弗及又譏也，是八字成文而三截不相顧也。莊十八年夏公追戎於濟西，說者曰：「不覺其來，已去而追」，譏無備也。二十六年春公伐戎、夏公至自伐戎，說者以為報濟西也。莊公國家多闕而勞師於戎，雖能報怨，何益於治？案此戎近魯，隱二年會戎於潛，秋盟於唐，桓二年亦盟於唐，蓋以德懷之，歷二世無嫌衅。至莊十八年乃有濟西之役，不言其來，蓋戎以潛師襲我，無端造衅，曲在戎也。襲而不能入，則魯之守備豫也。寇猝至而能追戎，政修也。追止濟西，不窮追兵，有節也。戎心豺狼，不痛而去，其心不懲，不有以創之，終必為寇伐，戎之役必不可已者也。伐戎以後，此戎不復見於經。終春秋二百年魯無戎患，則莊公之力也。春秋無義戰，若魯莊伐戎，亦可謂此善於彼矣。說者不通考全經，狃於一字褒貶，橫生議論，割裂經文，不成文理，無怪乎心麤氣浮者乃目以為斷爛朝報也。

《春秋》有特筆。書會多矣，而稷之會特書以成宋亂，澶淵之會特書宋災故；書滅國多矣，而特書梁亾；書國君出奔多矣，而特書紀侯大去其國；書伐國多矣，而晉陽處父伐楚特書以救江；書伐國取邑多矣，而公伐莒取向，特書公及齊侯平莒及郯，莒人不肯；內大夫出聘，書如外大夫，不書卒葬，而公子友如陳特書葬原仲；內殺公子書刺，而刺公子買特書戍衛不卒戍，皆同事以異其文以示義，此類尚多，舉此數條，他可隅反也。如書子同生，他不書，以魯十二君僅此一嫡也；書肆大眚不再見，魯十二公止此一舉也；書鄭棄其師，不他見，列國止此一事也。此類亦不一，而皆特筆立文，不涉褒貶而情見乎辭。

《春秋》有省文。王必稱天，而從王伐鄭、王使榮叔之類不稱天，省文也。

王者天所命，稱王即天也。若必以不稱天為貶，則春王正月豈謂貶哉？《尚書》稱帝稱王皆不稱天，豈謂貶哉？《春秋》稱天王者，為王道之微，特加天以警覺之。其偶不稱天而稱王，固亦古今之尊稱也，奚貶焉。又諸侯列序，而前目後凡則不序，亦省文也。至三會於扈，諸侯皆不序，則前有闕文耳。長勺之戰不書齊師伐我，以長勺魯地，書長勺則知魯為應兵齊為戎首也。韓之戰不書秦師伐晉，以韓晉地，書韓則知為秦伐晉也。鄭伯以璧假許田不書易祊，以先年有歸祊入祊之書也。讀經不細而臆為之說，是誣經也。

《春秋》大意盡在《論語》。「天下有道」一章，「禮樂征伐自天子出」，言三王之事也。其曰「天下有道」，自天子言之也。「禮樂征伐自諸侯出」，言五霸之事也。其曰「天下無道」，自諸侯言之也。故天下有王則天下無霸，天下有霸則霸必假王，何也？王者有道，自能以有道一天下，而禮樂征伐之政權在上，自無所容霸。霸者無道，萬不能以無道一天下，則必假為尊王而竊其禮樂征伐之政權，以作威福於天下。故曰天下無道，自諸侯言之也。自古天子有道則王，無道則亡，故禹、湯以有道而王，桀、紂以無道而亡。周文武成康世世有道，成康以後間有辟王，亦未至於桀紂，惟厲王無道，遂流於彘，賴有共和二相維持而未亡。宣王內修外攘，道光宇宙，克復文武之舊。乃幽王一日無道而西周遽亡，王亡之機，間不容髮。而東周歷數十王而不亡，則非天子無道也。非天子無道而東周不再興，則諸侯無道為之也。《春秋》作於平王之四十九年，驪山之難，平王不能嘗膽枕戈以殄犬戎而磔申侯，乃捐棄豐鎬而即安於東，大本亡矣。而禮樂征伐之權猶未喪，蓋有賢諸侯焉。秦襄公力戰於外，晉文侯、鄭武公夾輔於內，《無衣》之詩曰：「王如興師，修我甲兵」、《匪風》之詩曰：「誰將西歸，懷之好音」，蓋敷天之憤猶新，薄海之盟未絕，故四十九年以前《春秋》猶可不作也。平王以後，自桓、莊以至於景、敬，皆無大失德，惟仁厚之過積為柔弱，不克奮揚威武以震疊天下。然如桓王伐鄭、莊王救衛、襄王拒晉之請隧、定王折楚之問鼎、鞏湖獻齊捷、甘人爭閻田，王猶能執義以詰之。靈王生而神靈，敬王有子朝之亂，而能任單、劉之忠賢以靖之，是皆非亡國之君，且未嘗不可匡輔以有為也。假令齊桓、晉文有忠貞之節，無姦宄之心，能如西周之樊侯、申伯、韓侯，帥其伯叔甥舅以股肱王室，則《崧高》《蒸民》《韓奕》之雅未必不可復作。乃逞其機謀，陽奉天子以名號，陰盜天子之政權，其於大小之國，力能滅者則滅之，力未能滅者則脅之，令其貢賦，受其朝聘，責其慶弔之貨賂，有拂其意則摟而伐之，削奪其土地，生殺其大臣，甚者出納

其君而莫之敢抗,是故命之曰霸。霸者,無道之名也。而其勢均力敵者,又各挾其智謀兵力以攘臂而爭霸,是以二百四十年間,齊勝則政由齊出,楚勝則政由楚出,晉勝則政由晉出。而十二王中雖有聰明慈惠之主,皆為霸權所制,僅得尸其虛位而不復有所為於天下。是以天下無道,而周猶不亾也。諸侯擅權既久,其用事之大夫,乃相與竊而弄之。其始列國之大夫各擅其國之政,久之而小侯有干犯霸主而莫測其喜怒者,則賄賂霸國之大夫以左右之。而大夫遂得干天下之政,又久之而列國大夫有干犯其君者,亦賄賂霸國之大夫以脅制其君。如孫林父、季孫意如皆有所恃以為藏身之固,雖英如晉悼亦懵然聽其指揮而不悟。而齊將為陳氏,齊景且明知之而無如何也。夫天下事有其為之即必有其效之,故諸侯仿天子,其大夫必效之;大夫仿諸侯,其陪臣必效之者,勢也。其或十世或五世三世而失者,其分愈卑其勢愈促也。吾觀春秋之初,大夫無專政,召陵之役,屈完及諸候盟,或以為大夫專盟者,非也。楚無專政之大夫,屈完實奉其君命以來。是時齊師次陘,楚人持重不出,而遣使乞盟,所以驕之也。此與邲之戰楚使求成於晉同意,晉人不覺,故敗;齊桓覺之,故全師以退。而苟與大夫盟,所謂掩耳盜鈴也,而已為天下之大夫作之俑矣。垂隴之盟大夫始張,溴梁以後大夫橫極,乃各收其國之智勇姦俠,待以心腹,布其爪牙。而陪臣亦張,彼所以蓄養陪臣者,且將以自圖其跋扈之長計也。而不知其陪臣已踵而效之也。《易》曰:「小人而乘君子之器,盜思奪之矣。」夫大夫者諸侯之盜,陪臣者大夫之盜也。然而陪臣之名終不見於經者,聖人推其無道之由罪在諸侯也。然大夫之名錯見於經者,聖人為天子正諸侯,亦即正諸侯之大夫。蓋諸侯命於天子,其大夫亦命於天子者也,諸侯大夫受正,而陪臣無能為矣。是以不復治陪臣,陪臣賤也。且夫陪臣執國,其勢不可以終日,其曰「三世失之」,蓋極言之耳,春秋終而處士橫議,楊墨縱橫,亂在庶人矣。橫議之禍,極於坑儒,聖人蓋先見之,故曰:「天下有道,則庶人不議。」以上各條,辱承下問,故具陳之,伏惟明教。不宣。

　　◎李元度《天岳山館文鈔》卷二十三《贈榮祿大夫福建臺灣府北路理番同知張公墓表》:嘉道間,大湖以南,用文章經學稱大師,海內無異辭者,推湘陰張公。公之學,無所不窺。少隸宛平籍,為諸生有盛名,成邸、定邸各遣王孫來學詩。晚年歷主宛南、濂溪、石鼓諸書院,出門下者競以學行科第戰績顯。所著《師白山房講易》八卷、《禮記輯義》八十卷、《周官輯義》十二卷、《春秋經義》百二十卷,其《毛詩講義》《說文淺釋剳記》則官臺灣時渡海失之,

別撰《詩義鈔》八卷。公於制舉文，獨闢風氣，治經尤專篤。顧猶謂生平窮經，惟《春秋》為專門之學，可自信，餘非其至也。然公吏治卓絕，世更不盡知，則繇未究厥施，抑為經術文名所掩耳……吾鄉經學，自船山王氏、恆齋李氏、九溪王氏、陶山唐氏後，得公乃益張其幟。則凡幸不幸，曷足為公道哉。

◎郭嵩燾《郭嵩燾全集・集部三・文集》卷十四《張少衡先生墓志銘》：張少衡先生既卒二十有四年，遺命不為行狀及銘墓之文，謂其子曰牧曰：「若是以為名也，其將紹述吾學而光大之。無以名，而以實，其可乎！」已而軍事起，自牧積勞至道員，加布政使銜，以其官贈先生榮祿大夫，盡刻其遺書，曰《周易輯義》十二卷、曰《詩義鈔》八卷、曰《禮記輯義》八十卷。曰《春秋經義》百二十卷、曰《聽園文存》二十四卷，於是先生之學大光顯矣……先生治經尤邃於《春秋》。自漢以來說《春秋》數十百家，窮攷其源流，校論其得失，而一準之經以發明聖人之用心。三代典禮與《春秋》所以異同由，由聖人言推知其然。諸儒之說，或合或否，若操繩尺以絜度長短，無爽錙銖。常自言：諸經有所論述，一守先儒之遺，未嘗自為說，惟《春秋》自得於聖人之意為多。其治他經，亦多取舊說，融會貫通，而立論詳贍典雅，自盡其意，故世尤高先生之文章。門人子弟刊行所說經曰《師白山房講易》、曰《毛詩講義》，其後皆有更定。《春秋》獨晚成，未及刊行而卒……先生罷官里居三十年，在官行事未嘗為人言，又戒不求人文自表著。至是距先生去官時且六十年。自牧乃采取去閩送別詩冊及閩人所刻《三山謠》，略存其事跡以志於先生之墓。其《春秋經義》采擇未備，自牧亦補具數十百條刊行於世，於先生為有賢嗣矣。是固宜銘，銘曰：有儒一生，屈子之鄉。勤學及耄，載晞其光。作宦於閩，其施未閟。有擠而踣，斯文以昌。堂堂六經，掇拾散亡。《春秋》聖功，其義微芒。權衡古先，如尺在量。生世不諧，惟直以方。沛然文詞，與道偕臧。厥嗣紹家，纂承闡揚。遺書在笥，光燭湖湘。廿年斯邱，山高水長。鐫石埋銘，以詔茫茫。

◎光緒《湖南通志》卷二百四十六《藝文志》二：《春秋經義》一百二十卷，湘陰張學尹撰（《縣志》）。《志》曰：學尹別為《春秋經義提綱》一卷發明《春秋》之旨，自《三傳》《國語》及集諸儒之說三百餘家，意在以傳證經，凡諸儒之舍經從傳者關而正之。其論《春秋》有筆有削，有創立之文，有特筆，有省筆，而謹闕文，無例無諱，事具首尾，必通考以見義，而不可泥一字生義。至謂《春秋》大意盡於《論語》『天下有道』一章：『禮樂征伐自諸侯出』，言五霸之事也，故曰天下無道，霸者無道之名也。桓、文起而天王不敢致禮樂征伐以治諸侯，東周之不興，桓、文過之也，

故聖人懼而作《春秋》,實能窺見聖經大原,為諸儒所不逮。題曰『經義』者,明非傳註諸家之義也)。

◎尋霖、龔篤清編《湘人著述表》:書集《春秋三傳》、《國語》及諸儒之說二百餘家,考其源流,校論其得失。

◎張學尹(1775~1851),字子任,號少衡,晚自號聽翁。湖南湘陰縣人。嘉慶十五年(1810)舉人、十六年(1811)進士。用知縣籤發福建,權歸化、莆田縣事。在歸化時,教民種竹,竹成,各就山造紙,民賴以饒,而歸化紙遂甲閩產。補閩清縣知縣,調補侯官,嘉慶二十四年(1819)擢臺灣府北路理番同知,道光元年(1821)代理興化府知府,尋赴本任。以忌者中傷罷歸。去官後縱游江淮燕豫荊襄及嶺南北,以經學教授生徒,纂箸益富。自道光二十一年(1841)至咸豐初主講宛南、濂溪、石鼓諸書院三十餘年,用經術造士,出其門者多發聞於時。嘗仿香山洛社故事,與歐場坦齋先生諸公為湘中耆英會,凡十八人,居第七。自謂生平窮經,於《春秋》尤專家之學。著有《師白山房講易》六卷、《周易輯義》十二卷、《詩義鈔》八卷、《師白山房詩義輯》、《周官輯義》十二卷、《禮記輯義》六十四卷、《師白山房禮記傳說鈔》、《春秋經義》一百二十卷、《聽園文存》八卷、《師白山房詩文集》十二卷。

張延世 左傳地名證今 佚

◎嘉慶《寧國府志》卷二十《藝文志‧書目》:《槐庭酬筆》《香尉據梧人物品》《左傳地名證今》《錢譜》《雉經疏》《聾志》《鯉腹卮言》,並張延世著(宣城)。

◎光緒《宣城縣志》卷卅五《載籍》:《槐庭酬筆》《香尉據梧人物品》《學圃律陶》《柳亭詩餘》《左傳地名證今》《錢譜》《聾志》《雉經疏》《鯉腹卮言》《拜石軒填詞》(並張延世著)。

◎張延世,字子尉,別號鈍夫。安徽宣城人。幼嗜詩古文辭,長益肆力羣籍,所學日富。為人孝悌。連試於鄉,不得志,徜徉自適。以明經授宿松訓導,後投劾歸。卒年八十四。所撰著不下數十種。著有《左傳地名證今》、《槐庭酬筆》、《香尉據梧人物品》、《廣錢譜》一卷、《雉經疏》、《聾志》、《鯉腹卮言》、《學圃律陶》、《柳亭詩餘》、《拜石軒填詞》。

張一鼐 春秋留傳 佚

◎嘉慶《寧國府志》卷二十九《人物志‧文苑》:五經俱有註解,並散佚,惟存《春秋留傳》十餘卷。

◎嘉慶《寧國府志》卷二十《藝文志・書目》：《春秋留傳》，張一鼐著（宣城）。

◎光緒《宣城縣志》卷十八《文苑》：五經俱有註解，並散軼，今存《春秋留傳》十餘卷藏於家。

◎光緒《宣城縣志》卷卅五《載籍》：《春秋留傳》（張一鼐著）。

◎張一鼐，安徽宣城人。好學能文，以諸生終。著有《春秋留傳》。

張一卿 春秋三傳節義 佚

◎嘉慶《涇縣志》卷二十六《藝文》：張一卿《五經講義》《春秋三傳節義》（錢鄭二志）。

◎張一卿，字次公，自號求如居士。安徽涇縣人。著有《五經講義》、《春秋三傳節義》、《古表選》十二卷。

張漪 春秋經異 十二卷 存

國圖藏嘉慶刻小窗遺稿本

◎以《春秋》十二公為次序卷。卷首附錄何休、范寧、杜預、胡安國諸家序，卷尾附錄補遺、勘誤。主於校訂三傳異文。

◎張漪，字綠村。直隸懷來（今河北懷來）人。諸生。著有《詩傳題辭故》四卷、《小窗遺稿》（括《春秋經異》十二卷、《論語異文集覽》四卷）。

張尹 經傳世案 二十五卷 佚

◎道光《續修桐城縣志》卷第二十一《藝文志・春秋類》：《經傳世案》二十五卷（張尹撰）。

◎劉聲木《桐城文學撰述考》卷一「張尹撰述」：《經傳世案》二十五卷。

◎張尹（1695～1761），字無咎，號莘農。安徽桐城人。雍正七年（1729）經魁，乾隆元年（1736）進士。欽點翰林院庶吉士，改授福建長樂縣知縣。著有《易解類書》、《經傳世案》二十五卷、《石冠堂時文》、《石冠堂詩文鈔》。

張應昌 春秋屬辭辨例編 六十卷 首二卷 序目一卷 存

國圖、北大、復旦、上海、中科院、北師大、上海辭書出版社、首都圖書館藏同治十二年（1873）江蘇書局刻本

北大、復旦、上海藏咸豐五年（1855）錢塘張氏彝壽堂刻本

◎奏章：詹事府詹事臣夏同善、三品銜通政使司副使臣朱智、三品銜鴻臚寺少卿臣許庚身跪奏為繕進在籍中書解經之書恭摺仰祈聖鑒事：竊維為學莫先於研經，而著書尤貴乎析義，臣等籍隸杭州，稔知同鄉前任內閣中書張應昌所著《春秋屬辭辨例編》八十卷，積數十年之精力而成，其書頗為賅洽。夫《春秋》大旨，曰事曰文曰義，而欲明其義必先明其事明其文。《記》曰：「屬辭比事，《春秋》教也」，聖經書法，在聯屬其辭排比其事而義自見，故先儒沈棐《春秋比事》、趙汸《春秋屬辭》、毛奇齡《春秋屬辭比事記》等書，皆以屬比明筆削之義。至於其文，有不可盡拘於例者。自左氏始作五十凡，公羊、穀梁更加日月之例，於是何、范以後諸儒，相率以例解經，而推闡愈密，苟細繳繞轉多窒礙，是屬辭辨例二者所以類其事顯其文而因以著其義也。該中書本此意以纂輯，由漢唐迄國朝，諸儒訓釋《春秋》者，採擷略備。其子史文集中涉及《春秋》者，亦廣為甄錄。計得四百餘家，搜羅既富，采擇尤精，信為說《春秋》者之淵藪。該中書係四品封典，嘉慶庚午科舉人。今年八十一歲，耄年勤學，實事求是，洵足矜式膠庠。臣等見其苦心裒輯，謹代繕呈，進以備採擇。伏查康熙年間胡渭進所著《禹貢錐指》、乾隆年間顧棟高進所著《春秋大事表》，均蒙聖祖仁皇帝、高宗純皇帝嘉予採納，搜入四庫。今張應昌所著《春秋屬辭辨例》尚為說經之書，倘蒙皇上典學之餘，俯賜乙覽，則儒生稽古之榮，當於胡渭、顧棟高竝傳於藝苑矣。謹裝為八函，計四十八本，恭摺隨同上進，伏乞聖鑒。謹奏。

◎南書房片：奏奉發下詹事臣夏同善等代進浙江舉人前內閣中書張應昌所著《春秋屬辭辨例編》八十卷，臣等悉心閱看，其意以《春秋》屬辭比事不必立例而義自見，屬辭可賅比事，因采成說為書。謹按「屬辭比事」語在《經解》，固是讀《春秋》定法。至舍傳從經，掃空舊例，始自啖助、趙匡，宋元以來多為此學。是書原本宋儒，兼及眾說，間附按語，亦頗詳慎，計搜羅四百餘家之多，研求數十餘年之久，用力可謂精勤，洵足為耆年好學者矣。謹奏。

◎序：《春秋》為千古史家之祖，而史書於例最嚴。孔子曰：「屬辭比事，《春秋》教也」，孔穎達曰：「《春秋》聚合會同之辭是屬辭，比次褒貶之事是比事。」長樂劉氏以為古者編年之史皆曰《春秋》，仲尼未作已列為經，《春秋》之法貴書其實以誅暴亂也。石林葉氏又云：「《春秋》言約而意隱，屬辭比事，使美不過實、貶不損美。」綜是諸說，蓋聖人以褒貶善惡之權隱寓於載筆記事之間，至其事之無關勸戒者則仍史書之舊文，故略者因之，疑者闕之，初非隨

事而概設其褒貶也。善乎杜征南之言曰：「仲尼因魯史策書成文，其教之所存、文之所害，則刊而正之以示勸戒，其餘則皆用舊史。史有文質，辭有詳略，不必改也。」烏虖，盡之矣！乃自後人推求之甚涉於拘泥，拘泥之甚流於附會，附會之甚入於穿鑿，於是書月書日書名書字之類，其無褒貶存焉者，亦謂褒貶分焉。而矯其弊者則又棄經而從傳。夫傳之辭多浮夸失實，未可盡信，苟不自持卓識而依違曲徇，則從經誤從傳亦誤也。錢唐張仲甫舍人，敝門里居，研經好古，尤嗜《春秋》之學。病說經者之支離也，徧取三傳以下及國朝說《春秋》之書讀之，積三十餘年之力，彙四百餘家之言，輯為《春秋屬辭辨例編》六十卷，條舉件繫，綱舉目張，其說博而不蕪，其體詳而有法，破其褒貶穿鑿之例，折衷而歸於一事，庶幾信以傳信疑以傳疑，而為讀《春秋》者之淵海乎？昔唐李鼎祚撰《易集解》，采子夏以下三十五家，宋衛湜撰《禮集說》采漢唐以來一百四十四家，先儒著述今不存者，賴是以存其匡略。則網羅舊聞，儒者之事也，仲甫其猶此志也夫！咸豐二年壬子秋九月既望，吳縣吳鍾駿序。

◎序：《春秋》，魯史也，孔子修之，史而經也。「《春秋》天子之事」者，明天子之義也，非孔子以天子自居也。筆削之義，孔子自言之矣。禮樂征伐自天子出，魁柄下移，篡弒爭奪，祿去公室，三桓式微，故成《春秋》而亂賊懼。所謂義者，如是而已。《左氏傳》稱凡者五十，其別四十有九。或謂凡者即言例之始，不知乃魯史之例，非孔子獨創之例。經不離乎史也，如謂《左氏》史學、《公》《穀》經學，孔子因史以成經，後人能舍史以言例哉？後人好以例言《春秋》，泥一字褒貶之說，以字字皆有例，其說愈煩而愈謬。趙郡蘇和仲云：「求之繩約中，乃近法家者流。苟細繳繞，竟亦何用者」，是也。然則曰不修《春秋》，可以例推之而得修之之義，是大不然。《公》《穀》引不修《春秋》「雨星不及地尺而復」，君子修之曰：「星霣如雨」，以是為筆削，真賣餅家言。《隋志》所載賈逵《朱墨列》、穎容《釋例》、鄭眾《條例》、方範《經例》、吳畧《說例》、劉寔《條例》、刁氏《例序》、何休《謚例》、范寧《傳例》及《例義》《例苑》，今皆不傳。惟杜元凱《釋例》存尚，不失傳旨。嗣是舍傳言經，陸伯沖《纂例》、劉原父《說例》、崔子方《本例》、張大亨《例宗》，標異爭新，各樹一幟。自是以後，紛紛言例，始謂《左氏》不及《公》《穀》之密，繼謂《公》《穀》不及己說之精，例有未通則改三傳以求《春秋》例，仍有未通則又改《春秋》以就己說。甚至偽撰事實誣衊古人，以慘刻之論設羅織之條，不僅如商鞅之棄灰於道有刑、步過六尺有誅也，是何心哉！例之為害於《春秋》

大矣！自孫明復後繼以胡文定，正例之外，又生變例，而《春秋》幾亡。幸逢國朝經學昌明，一洗前明合題之陋，斥《胡傳》不用，兼立三傳，於是名儒蔚起。亭林補正征南，半農尋源董相，有顧氏震滄之《表》而事始詳，有張氏《彝歎》之辨而義始正。此外各家皆徵寶立論，一切妄作聰明臆說褒貶者，辭而闢之廓如也。錢唐張君仲甫，以名孝廉官中翰，不赴職，著書不倦，尤銳意於《春秋》。其初倣沈文伯、趙東山、傅士凱之體，為《屬辭》一書。分別部居，多前人所未發。既而見聞愈廣論說愈詳，採掇研索愈不已，稿五六易而未定也。仲甫厭俗，余抗塵走俗者也，迺不鄙余，每晤談，輒終日娓娓。室中堆几塞案皆《春秋》本，燄然不足。余謂之曰：「前人之說君既論定之矣，君之說願成焉以俟後人之論定，可乎？」仲甫韙之，閉戶益勤。余鞅掌於原鄉、舟山、海昌之間，時時以書問君索觀《春秋》。蓋君之治《春秋》者三十餘年，余之見君治《春秋》而增損之者亦幾十餘年矣。今年己酉夏，君以書至嘉禾，而始知君之《春秋》有定本也。首載凡例已揭其要，大抵以屬辭該比事，據辭之同異斷義之是非，由是以求筆削之旨，不求新，不立異，不架虛以肆詭，不迂曲以求通，舉前人所謂一字之褒一字之貶斤斤乎以例繩之者，糾而正之。是豈好辯哉！君又云：「此書成，不願他人序，而獨為知者道」，迺屬序於余。將謂余知《春秋》邪，余非敢知《春秋》也，知仲甫而已，知仲甫之治《春秋》而已。金陵朱緒曾述之序。

◎序：國初俞右吉先生云：「傳經之失不在於淺而在於深，《春秋》為甚。」誠哉是言也。說經家之有門戶，亦惟《春秋》為甚。論甘者忌辛，是丹者非素，《春秋三傳》之異同，去古日遠，流說愈紛，攻擊者愈辨而愈失聖人筆削之旨。即名為棄傳從經，仍不於經中求其旨，而但以例為說，穿鑿附會，其弊更不可勝書。余友張仲甫積三十餘年之心力，專治是經。集漢唐以來諸儒說是經之書及五百種，取程子之說以傳考經之事迹，以經別傳之真偽，成《春秋屬辭辨例編》一書，為卷六十。其論說分門合類以隸之，別為卷首兩卷，上卷列《春秋》總義，下卷列三傳諸家得失。其書通編以事義類聚，皆屬辭比事教也。大旨所在，厥善有三：一曰正而純。說《春秋》者固多，未得聖人之旨，而不從褒貶為說且能平三傳得失者，片言隻語，未嘗不出於正，觀其全書，瑕瑜不掩，往往偏者多而純者少。仲甫是編，有杜元凱之周密而無曲從《左氏》之偏，有陸伯沖之精核而無陰主《公》《穀》之偏，有孫明復之簡易而無斷制深刻之偏，有劉原父之深邃而無改竄字句之偏，有葉少蘊之博洽而無支離放縱之偏。又如

沈文伯之議論平允、程伯剛之敘述典贍，趙子常之攷證貫，仲甫更兼而有之，而無拘牽煩碎之偏。其於褒貶之說，凡以書名書人為褒貶與以一字褒貶論時人論列國者一掃而空。至胡氏以為王朝大夫、列國命大夫、附庸之君、諸侯之兄弟，例書字而書名者皆貶；杜氏以為伯仲叔季皆字，書字為褒，而書名者亦為貶。仲甫則取近儒方望溪之說，謂《春秋》無書字之法，引祿父、考父、行父以證邾儀父之為名，引子糾、子儀、子臧以證王人子突之為名，引蕭叔、祭仲以證紀季、蔡季、許淑之亦非字舊說；據仲子不書薨葬不稱夫人，小君又別立宮，不祔于姑，以為春秋之初不僭，其後變禮，故謹誌之。仲甫則取前儒謝持正及近儒毛西河、徐庭垣、牛空山之說，引帝嚳四妃、唐虞三代各尊崇其生母以證春秋母以子貴之義。《春秋》所書姜母成風、敬嬴、定姒之薨葬，其時皆無嫡在尊其所生，乃禮之宜，非紀禮之變也。仲子薨葬本在春秋前，非經不書也。別宮不祔，乃桓未為君，隱不得追崇之也。舊說書同盟曰服、異日同欲曰惡，其反覆而書同辨之者謂是盟名爾。仲甫則取前儒吳草廬及近儒張彝歎之說，以為不能主盟則稱同盟。舊說禘以為祀其祖所自出，禘祫為二，仲甫則取前儒黃若晦、王梅溪及近儒顧復初、孔眾仲諸家之說，謂止一禘祭，辨趙伯循祀所自出之說為誣。類此者，皆其說之無不純者也。一曰詳而核。近人說《春秋》之書，分門隸事，有為志者，有為類考者，有為大事表者，有為屬辭比事記者，毛氏書未成，顧氏書最精確。仲甫是編，主於發明書法，不沾沾於討論故實，故土地、氏族、官制、兵制、田賦、昏祭諸門不見於經者不備載，實足與顧氏書相輔而行，而是編尤為習《春秋》者所不可及。其書法，先月日，次王迹、霸圖、尊周、攘楚、爭盟、交兵、朝聘、會盟、戰伐以及書爵、書王臣、書世卿、書世子公子大夫、書人、書名氏不書名氏、書出奔、書叛、書立、書納、書入、書弒、書殺、書執之類，與夫大夫專國、魯僭禮樂、祭祀昏喪、田賦軍狩、即位告朔、告糴肆眚、宮室城築、土田取與、災異地名、四裔諸門，又若譏始、舉重、示人自責、功過不掩、辭同而異書、事在此而示義在彼、常事不書非常則書、告則書或不由赴告不書、簡辭、繁辭、諱辭、於不書處見義，各種書法，至於書初、書遂、書猶、書以、書乃、書而、書弗、書不等類字法，靡不一一剖析，復彙為比事屬辭書法一門，分為四類：一總挈全經比屬之義，一屢書不一書比屬之義，一前後一事或事異義同比屬之義，一前後二事或事同義異比屬之義。蓋辭不屬而事可比者，亦枚舉而綱列之，而以闕文誤文終焉，可謂詳而核者矣。一曰博而精。呂居仁《集解》采擇頗精，所集取僅九家；高

抑崇《集注》雜采諸家，又不標舉姓氏；惟程積齊《本義》采三傳以下一百七十六家，原書多佚，古說賴存。仲甫是書，采撽增繁，折衷求是，依據先儒，為之疏通證明，悉舉其姓名而不掠美。每門各條以義類為次，義異者則並列之。其諸家說同者或取其詳而明，或取其簡而當，擇善是從，無所拘泥。有前說相沿已久後說推闡益精，則援引前說，以後說別發明之。亦有案難定斷、理或並通，則兼采數說，並標二義以俟論定者。其古書今佚原書未見者，注明轉引之書，皆仿前人例也。既博且精，洵《春秋》家集大成之書，豈一知半見者所可同日而語也歟？仲甫潛心研究，稿數易猶不肯自是。荒陋如余，尚承下問，時時與商榷。今剖劂將蕆工，又辱問序于余，是編大旨具凡例中，余第撮其梗概，為讀是編者作嚆矢云。咸豐五年秋七月既望，同里羅以智拜序。

◎凡例：

《記》曰：「屬辭比事，《春秋》教也。」聖經書法，必聯屬其辭排比其事而乃明，是以先儒沈氏文伯有《春秋比事》、趙氏東山有《春秋屬辭》，國朝毛氏西河有《屬辭比事記》、方氏望溪有《比事目錄》，他如曰《統紀》、曰《提綱》、曰《通論》、曰《大事表》等編，皆以屬比顯筆削之旨也，言屬辭則比事該之矣。若夫以例說《春秋》，拘泥穿鑿，其害至不可勝言。夫史固有例，但所謂史例者乃策書之大體、簡牘之恒辭，於聖經筆削無涉也。如事成於日者書日、事成於月者書月、事成於時者書時，此以日月紀事之史例當如是也。如戰書及以別主客、會書殊會以別先後等差，或本為兩事則再書，其人或承上省文不再書，爵族或會盟隔日則再書其地，或先行會禮則先書會而後書伐救，侵盟或以伐之日，戰或有不與戰者則伐戰並書，兩舉其詞，並告其事則伐取伐入伐圍並書，名稱從其名稱，爵號從其爵號，朝則書朝，來則書來，侵則書侵，伐則書伐，弒則書弒，卒則書卒，行即位之禮書即位，不行即位之禮不書即位，公及盟及伐則書公，非公身親之則不書公，會葬書葬某公，不會葬不書葬某公，若斯之類，不可枚舉。此或據來告而書，或據魯事而書之，史例本當如是也。其事各不同，其告辭書法各不同，是以其文不能同。又況簡編脫略，傳授闕誤，舊史所無者孔子不能益，經成以後脫誤者又學者所當闕疑也。而先儒傳說乃字字鑿生議論，以例說聖人之筆削，甚至於謂聖人改正朔、貶天王、誅賞諸侯，黜陟列國，誣聖已甚，而卒於全經不可通。歷代諸儒辨之詳矣，今纂輯辨說於卷首，分隸辨說於各門。蓋善言《春秋》者莫過於孟子「其事其文其義」數語。惟屬辭而其事著，其義益著焉。惟辨例而其文顯，其義亦顯焉。夫經文中固兼

有舊史之文筆削之文，但聖筆可以斷定者，如書天王狩于河陽、書會于稷以成宋亂、盟于薄釋宋公，書會于澶淵宋災，故程子所謂「大義炳如日星」者是也。其餘則洵如朱子之言曰：「孔子據他事實寫，見得固時事如此。今硬說那箇字是孔子文、那箇字是舊史文，如何驗得？」又曰：「某都不敢信諸家解，除非是孔子還魂親說出。」誠哉是言也！惟屬其辭比其事，破其褒貶穿鑿之例，而孔子所云「竊取其義」者自見焉。蒙幼讀是經志於是，既壯而老，乃始徧閱三傳以下至於國朝諸家之書，積三十年之久，編輯略就，惟愧無學殖，窺天以管，又風嬰心疾，記事無珠，踦駁繁蕪，知所不免，願當世碩儒糾繩誨正之。

程子云：「以傳考經之事迹，以經別傳之真偽」，最為片言居要。棄經從傳，《春秋》之義固支離；盡束三傳獨抱遺經，《春秋》之事又何所徵實？要之，以經為主，傳之可從者則取傳以證經，傳之不可信者勿舍經而從傳，此諸家著述所以有辨傳之名（陸伯沖、葉石林、程積齋、朱西亭、王石崖諸家）、釋經之目（高雨農）也。三傳舛謬不少，辨見各門（按三傳謬處指不勝屈，不備采），更輯總論諸傳得失之說載於卷首。

事據《左氏》，其述諸國之紀載傳聞，辭氣浮夸，雖未可盡信，然苟無悖戾於經者，仍錄之，以舍此別無考索也。若其謬誤者，則前儒辨證具在，亦不容不剖析。諸家有盡駁傳說者以為全不可信，然則別有可徵信者邪？

唐宋元明諸家辨正先儒舊說者多矣，而經學昌明至國朝為盛。第說《春秋》之書最夥，即流傳者亦不能盡見。是編就所見者采擇漢唐以來羣儒之說得經義者隨見備采，近儒亦采數十家。其中如顧氏亭林、毛氏西河、徐氏庭垣、焦氏廣期、方氏望溪、張氏彝歎、萬氏充宗、惠氏半農、顯氏復初、焦氏禮堂、葉氏書山、顧氏星五，高氏雨農、郝氏蘭皋，皆極精覈。而高淳張氏、桐城方氏、錫山顧氏、光澤高氏、棲霞郝氏之論說，尤掃盡雲翳炳見日星，至是而聖經簡易明白之旨乃大顯，故采取為多。此數家亦有此失彼得者，互衡而衷於是，庶幾擇善而從之義。然猶恐未盡富也，且孤陋寡識，所見又隘。匪其不逮，以俟博學君子。

程子之說，《胡傳》主之，而更失於過求深曲穿鑿。後儒辨正其失詳矣，不如朱子之說明白簡易而大義朗然，此張氏彝歎所以有《宗朱辨義》之作也。

是編門類有本趙氏子常《屬辭》而去其煩碎拘牽，有本顧氏復初《大事表》而益以重言眾說，非敢勦襲損益前人，以聖經本正大平易，綜厥大旨而繁例可刪，眾說資補證發明，薈以羣言而事義彌著也。

　　欽定《傳說彙纂》於《胡傳》多駁正，采眾說為詳眅。《日講解義》《御纂直解》更刊除一切褒貶穿鑿苛細繳繞之說，而大義昭然。三書義精理博，實開我朝經學之盛，敬謹恭引。

　　孔子論禮樂征伐自諸侯大夫出一章，孟子曰：「其事則齊桓、晉文」，朱子註《論語》曰：「尊周室、攘夷狄，皆是《春秋》一經綱領宗旨」，蓋《春秋》為君弱臣強而作，諸侯專會盟侵伐則王室卑、王命息，大夫專會盟侵伐則據其國弒其君，諸侯僭則大夫強，大夫強則陪臣脅，《春秋》開卷見諸侯之專制，終卷見陪臣之執命。至於大夫，則文公以前列國卿大夫皆稱人，大夫未張也；文公以後，列國專政之卿以名氏見，大夫張也，而不柄政之大夫仍稱人。此義呂朴卿、唐荊川發之，近儒張氏、方氏、顧氏、高氏更暢其說，而凡以書名書入為褒貶之說一掃而空矣。《春秋》又為尊王重霸而作。桓、文功烈雖卑，孔門不道其事，然當亂世，猶賴二霸得以王室尊而夷狄卻、兵爭息而中夏安，此夫子所以有一匡天下之譽也。但觀霸主未興之前如何、霸圖方盛之際如何、霸業既衰之後如何，則二百四十年之大旨自見，此義諸說詳於齊晉爭盟門，而人以一字褒貶論桓、文者一掃而空矣。《春秋》又為尊中國抑外夷而作。如戰書及，則以晉及楚，不以楚及晉；會葬諸侯，則吳楚之君不書；吳楚爭盟必書；窺中夏必書；先舉號，次書人，次書爵，以著外夷之漸強；書楚晉爭盟、吳晉爭盟，書吳楚交兵、吳越交兵，以著中夏之日衰，此義諸說備見各門，而凡以一字褒貶論吳楚者一掃而空矣。此皆大旨所在。

　　有千百年論定之案，而後之好學深思之士以為不然，獨排眾論，反覆辨明，確不可易。則雖舊說相沿已久，勢難削替，不得不擇而從也。如魯之禘祫，先儒皆以禘祫為二，以禘為祀其祖所自出。顧氏復初獨取杜注，以為止一禘祭，並極辨祀所自出之說為誣。溪據聖人之經力闢漢儒之偽，實為發前人所未發。又如胡文定謂王朝大夫例書字、列國命大夫例書字、附庸之君例書字、諸侯之兄弟例書字，而書名者皆貶；杜元凱謂伯仲叔季皆字，書字為褒，而書名者亦為貶。諸儒皆沿其證，方望溪獨云《春秋》無書字之法，引祿父、考父、行父以證鄉儀父之為名，引子糾、子儀、子臧以證王人子突之為名，引蕭叔、祭仲以證紀季、蔡季、許淑之亦非字。又曰：「凡書伯仲皆行次也，叔肸、宋子哀皆名也。」斬盡葛藤，顧氏《大事表》取之。又如志妾母僭嫡變禮之說，先儒據仲子不書薨葬，不稱夫人小君，又別立宮不祔于姑，以為《春秋》之初不僭，其後變禮，故謹志之。惟謝氏湜本《公羊》母以子貴之說，謂子為君禮，宜尊

所生，又為之辨析曰：「妾母雖貴，嫡母在上，則位有等降；嫡母在，以妾母事之；嫡母歿，以夫人事之。」所論甚得準情制禮之正。近儒毛西河、牛空山亦持此論以折舊說，而徐氏庭垣引據帝嚳四妃、唐虞三代各尊崇其生母，以證春秋母以子貴之義，尤見古禮歷代行之，非始行於春秋，而《春秋》所書妾母成風、敬嬴、定姒之薨葬，其時皆無嫡在，則尊其所生乃禮之宜，非記禮之變也。得禮而書之者，不書妾母之薨葬，則不辨其有嫡母兼有妾母也。若仲子薨葬本在春秋前（《左氏》云：子氏未薨，誤），則以仲子比儗後之異稱者，謂春秋之初不儗，特著後來之儗以垂戒，說本未協也。又如書同盟，舊說曰服異、曰同欲、曰惡其反覆而書同，顧氏復初從劉原父、黃若晦，以為同是盟名。張氏彝歎從吳草廬，以為不能主盟則稱同盟，極合時勢事情。類此者未能盡舉。

地理、人物，前人自有成書。是書上編氏族門惟就經所書者攷證兵制、狩禮、田賦、昏祭等門亦然，見於傳者不備載，專為經文輯解也。

逐事分門，合類可以互證參觀，顯其義也。每門將通說總義列于前，更可瞭然。

經文如書假、書得、書乞、書畀、書歸、書來歸、書逃、書獲、書次、書至、書初、書猶、書乃、書而、書弗、書不、書以、書與及暨之類，逐字分門，不避瑣屑之誚者，史法經筆皆有義在也。

通編以事義類聚，皆屬辭比事教也。後更彙為比事一門，不避複疊者，以各類詞繁，提其要乃顯。且有辭不屬而事可比者，又有滿具首尾而義見者，枚舉而網列之，益見文萬旨千之無盡也。此門分類，有總挈全經比屬之義，有前後一事或事異義同比屬之義，有前後二事或事同義異比屬之義，有屢書不一書比屬之義。

史文、經義又有各種書法。如簡辭、繁辭、諱辭及辭同義異、譏始舉重告則書不告則不書，又有不由赴告而書者、常事不書者，各有其故。又或示人自責，或功過不相掩，或書事在此而示義在彼，或於不書之處見義，此類書法，因所見論說而采之，另立為一門，舉隅以示，未能備載。

孔子曰：「吾猶及史之闕文也」，又曰：「多聞闕疑」，《春秋》有舊史闕誤，有修成以後闕誤，凡穿鑿例說，皆不闕疑之故也。以闕誤終焉，亦志聖人之志也。有脫文有誤文有羨文，以闕誤概之。

各門駁辨舊說，有止采辨說而不詳載舊說者，有詳列舊說而載駁辨於後者，隨筆輯錄，未能畫一。

各條下采數家之說，多以義類為次，不盡以時代先後為次，其義異者另行別之。

諸家未葺，二家說同，則取前說。前略後詳、前晦後明，或前繁蔓而後簡當，則取後說。其或大段甚當而一二句害理者，可刪改則刪改，前人亦有此式。其或兼采數說，蓋兼取而義始備也，或未能斷定而姑並存也。

先儒傳說有兩說並有理者，《彙纂》往往兩存之。顧氏《大事表》凡例亦云：「先儒舊說經後人推勘而益精。然前說相沿已久不容遽革，仍以前說為據，而另發明後說，俾學者知讀書當另出手眼而亦不至輕蔑前人」云云，斟酌兩得，今亦從之。

說《春秋》家古書今佚者、或今存而非完本者，引前儒采輯之本。有數家並采，從其在前者。如張元德《集傳集註》、呂居仁《集解》、程積齋《本義》《三傳辨疑》、汪德輔《胡傳纂疏》采輯諸家遺說，至今幸存，而汪氏所采尤富，明胡廣等《大全》實全勦汪書，今引據汪氏原書，惟定公後數年今佚，引《大全》補之。程子之傳今無完書，見於張氏、汪氏所采者，較《伊川經說》遺書增倍。又如唐人盧氏仝、陳氏岳經說罕傳，汪書所引猶見梗概，陳說並多見於積齋采錄。竹垞《經義考》、宋章俊卿《山堂考索》所載陳說二十七條以為斷珪零璧，殆未攷及此兩編也。又如陸氏淳說有為今刻《纂例》《辨疑》《微旨》所無，而見於汪書者（如昭三十年公在乾侯一條）。又如今本項氏安世《家說》從《永樂大典》輯出其見於諸家所引者，多今本所無。類此者見於今本註，今本見於他書所引，註所見書名以便查考。采他書以成書者，其原書今存，仍註原書，如魏華父《春秋要義》所采，即孔疏鄭莢鄉《經稗》所采有原書者是也。然亦有未見原書未攷其實，仍以所見他處援引註明者。

各門各條所註書名，若但書其氏或舉其字，均嫌不顯。檢前人采輯之例，亦有舉其名者，倣之以便閱者瞭如，非敢唐突先儒也。亦有易曉從略者，如杜注孔疏之類。又有數家合參，並載其書名者。或並見《彙纂》內，合注《彙纂》所引者，以省繁瑣而便查檢。

蒙淺學無獨見，但采輯前言，而不敢妄抒臆說，是以謂之。□□□□〔註62〕愚按折衷各說，亦皆依據前人為之疏述證明。若云蠡測能參，則吾豈敢。

原編六十卷刊成於咸豐乙卯，遭亂板燬，書亦僅有存者。京曹諸公別繕進呈，釐為八十卷，卷較勻稱。今繕本未見，故仍就原編覆板，且省寫工也。

〔註62〕原文即空四字。

◎恭紀詩：宮詹夏同善、通政朱智、鴻臚許庚身以應昌《春秋屬辭辨例》編繕本進呈，蒙恩嘉獎留覽，感恩恭紀：

閉帷仰屋手麟編，膏晷孜孜四十年。六籍無涯驚望歎，一經有癖偶鑽研。前儒名論昭雲漢，秘閣羣書采玉田。都道集成宏義府，敢參臆說管窺天（西湖文淵閣 四庫全書春秋類及其餘經史子集備采）。

一編老去幸鈔成，其事其文取義明。故友嗜痂登薦牘，侍臣采菲說耆英。石渠芸閣欣蒐錄，乙夜藜光仰鑒評。何福竟言蒙聖擇，玉音寵受倍心驚。何時重付棗梨傳，欣與儒林義共詮。避厄劫餘留舊稿，求書南部薈新編。差同衛、李存遺佚，敢比顧、胡精注箋（吳侍郎鍾駿序文以「彙集數百家之說，羣籍賴此以存」比諸李鼎祚之《易集解》、衛湜之《禮記集說》，猶為儗于倫也。若京曹諸公奏牘中援顧氏《春秋》、胡氏《禹貢》為比，張編修之洞《與人書》稱許以為可繼顧氏《大事表》惟此編，則淺學何能瞻跂）。舊學全荒嗟日暮，流傳商榷賴羣賢。

臣張應昌恭紀。

◎恭紀詩：《春秋》一編，原刻燬失，重刊不易。吳中張子青中丞發交書局代梓，感德敬賦：

仰承宸覽惠儒林，不惜傾麓百鎰金。拾燼俾償千載願，焚膏深恤卅年心。一經陋我窺蠡管，羣籍於斯采貝琛（閣書四庫論《春秋》者采摭略備）。從此研磨公海內，棗梨功德玉堂森。

冊府東南化劫灰，補亡津逮西山開。徵文考獻三江萃，連屋堆牀萬手裁（東南五省各設官局刊補亡書）。聖擇芻言資討論，材逢大匠篤培栽。感恩深為明經幸，不為一生辛苦來。

◎總目（辨例各條詳列每門子目）〔註63〕：

卷首上《春秋》總義。卷首下三傳諸家得失。

卷一：《春秋》以周正紀事、嗣君踰年即位書元年、即位朝正書王正月、歲首書王繫月、歲首紀事書時不書月者不書王首事書時下有二月三月者亦不書王、一時無事書首月不書者闕文、隱十年不書正月、定元年不書正月、事之繫日者書晦朔、剛日柔日、上辛季辛、書閏月、書日書夜總論、書日中日下昃、書夜夜中、一月兩事不得其日書書是月、會盟書日在諸侯之下所以別會與盟之異日、伐戰同日、以卒日繫事上著其為一事、不以時告者即告時書之辨、日月誤文、有日無月、日月褒貶辨。

〔註63〕周按：各門子目、各卷卷前目錄、總目、正文互有小異。

卷二：書天王、書京師王城成周王室王所、書錫命、尊王書法、書王室之亂、春秋王迹、周魯交際。

卷三：伯主攘楚事總論、春秋霸國總論（附《春秋》加意於宋論）、宋襄秦穆楚莊非伯論、齊楚爭盟交兵（齊桓總論、桓文總論）、宋楚爭盟交兵（宋襄總論）。

卷四：晉楚爭盟交兵（晉文之世、晉文總論、晉襄之世、晉襄總論、晉靈之世、晉成之世、晉景之世、晉屬之世、晉靈成景屬總論）。

卷五：晉楚爭盟交兵（晉悼之世、晉悼總論、晉平之世、後論、晉昭之世、後論、晉伯餘爐、後論）。

卷六：吳晉爭盟、齊景圖霸。

卷七：書朝王如京師、諸侯相朝聘總論、書諸侯來朝、來聘總論、書王使聘魯、書列國來聘、王臣但書來、夷狄書來、外臣但書來、王臣以事來者書其事、諸侯以事來者書其事、外臣以事來者書其事、王臣不書使、外大夫小〔註64〕書使。

卷八：君大夫適外書如總論、公外朝奔喪送葬書如、內大夫書如、公外如非朝則直書其事、內大夫外如非聘則直書其事、內大夫以事出不書如、書外諸侯相如、書公至不書公至、內大夫被執得歸書至不書至、君大夫外如在道而復、君大夫反國書還。

卷九：會盟總論、內特會參會特盟參盟、外特會參會特盟參盟、中國夷狄特參會盟、同盟、殊會殊盟、來盟涖盟、聘而遂盟、朝而遂盟、書遇、書胥命、書享禮。

卷十：大夫主會盟征伐總論、內大夫會盟諸侯、公會盟外大夫、內大夫會盟外大夫、伯國大夫主會盟。

卷十一：內盟書及書會、書公會之下盟又書公及、會而後盟者盟書書及、盟于師書及書如師、內盟不目其人而書及、會外盟不書公與大夫、內大夫出使非卿皆不書其人、外盟夷狄會其師書及、會盟征伐首王臣、尊王世子不同盟、王臣與盟不與盟、列國世子朝聘會盟征伐、內卿並使並將並會並盟、內卿從公出不書有故則書之、外臣奉命之事常書人變例則書君。

卷十二：主會首書、主兵首書、春秋之初諸侯序爵不以主會主兵首書、大夫主會主兵有諸侯在會序諸侯之下、序諸侯伯主意為升降、前目後凡、一事再

〔註64〕周按：按正文，「小」當作「不」。

序列國不再序列國、兩事再書某人、大夫一事再見卒名不氏、君行二事再書君、大夫以二事出再見名、書曰諸侯（會有王臣盟無王臣書曰諸侯、會盟間有異事再舉諸侯、略辭散辭書曰諸侯、諱辭書曰諸侯）、書曰諸侯之大夫、公及外大夫盟書曰大夫不名。

卷十三：會盟變文著事實、會盟書所為用兵書所事、書會盟如會、會公來會公、書曰公會諸侯盟、書會于某而後伐救侵盟、曰弗遇曰不與盟曰不見公曰弗及盟曰乞盟曰逃歸不盟曰未見諸侯、不書所會、會盟同地再書、會盟同地不再書、盟不地、戰不地、會盟以國地者國主與盟兵以國地者其國亦與戰、與會不書、與兵不書、王臣與會與兵不書、內外會盟不書。

卷十四：征伐總論、（內外）兵將書君大夫將書帥師師書將書師書人、征伐在諸侯則君將稱君大夫將稱人用眾稱師在大夫則專兵之卿書名氏非卿稱人用眾稱師、承上略辭書師、君將大夫將書師、書師通稱。

卷十五：書王師（以諸侯之師不日以而日從、不言會及、不書戰、書敗績不書敗績、書敗以自敗為文）、王臣會伐、秦晉交兵、齊晉交兵、吳楚交兵、吳越交兵。

卷十六：宋鄭交兵、齊魯交兵、宋魯交兵、邾魯莒魯交兵。

卷十七：齊晉楚爭鄭、晉楚吳爭陳、晉鄭楚伐許、齊滅紀始末、宋滅曹始末、楚滅蔡始末。

卷十八：書侵伐總論、書侵、侵不書、書伐、伐不書、內被侵伐書某鄙不書某鄙、內被兵不書侵伐。

卷十九：書戰總論、戰書及不書及、外兵伐而敗者不書必交戰而後書敗績、外戰不書敗績或并不書戰、內兵書來戰及戰、書敗其師又書獲其君將、內兵勝書敗某師書君大夫不書戰、內兵敗則但書戰一書敗績為羨文、外兵書敗某于某、書伐而戰（圍而戰、救而戰）、戰稱將敗稱師或變文敗稱君稱人。

卷二十：書圍、內邑書圍、伐圍並書、書戍、書襲、書入、伐入並書、書降、書遷、不書遷。

卷二十一：書取總論、外取國邑田、外取邑不書、內取國邑田、內取邑不書、伐取並書、書取某師、不書曰取、書滅不書滅。

卷二十二：書救、書伐以救、救不書、書次、書至、書追、書克、書潰、書殲、書獻捷、書歸俘、書平。

卷二十三：內會外兵書及書會、內會外兵會及並書、會盟而後伐救會侵而再有事亦先書會後書及、兵事後會、書會師、內兵不書主帥、外兵不書主帥但書國闕文、諸侯之師不序、書以師、書乞師、書棄師、書師還。

卷二十四：諸侯書爵總論、諸侯為時王貶爵進爵、附庸未王命不書爵、諸侯宋書公外惟天子三公稱公、國人稱君曰公係通稱非爵、嗣君稱子不稱子稱爵不稱爵總論、嗣君未踰年不書爵書爵者非禮、未踰年當書子不書、踰年當書爵不書、國君爭立之際稱君不稱君（國無二君則雖立未踰年未會諸侯遇弒亦稱君，國無二君而得列於會則雖其人為逆賊亦得稱君、國有二君而皆嘗列於會則皆得稱君、國有二君而其一未列於會則在位雖久亦不稱君、未成君者不稱君）。

卷二十五：書王臣、王臣書某氏子、宋大夫書官特筆、書世卿（經書魯世卿之始）、諸侯國卿僭制論。

卷二十六：書王子、書王世子、書諸侯世子、內書世子生、書諸侯弟兄、諸侯之兄弟不書兄弟（為大夫稱公子不稱兄弟、變文不書弟、承國辭書行次，不書弟）、公子大夫貶不書氏繫駁辨（未命為大夫不稱公子不稱氏、入國不稱公子）、公子書子、討世子母弟稱君、殺兄弟世子不稱君、書盜、書闍。

卷二十七：姓氏總論、大夫書氏不書氏總論、諸侯之子為大夫稱公子公子之子稱公孫、公孫之子與異姓之臣賜族書氏不賜族不書氏（內外大夫見經者皆分國備列）、王臣書氏。

卷二十八：名字襃貶駁辨總論、諸侯書名不書名駁辨總論、諸侯失地名不名駁辨、諸侯入國歸國名不名駁辨、諸侯滅同姓名駁辨、諸侯相殺名不名駁辨、附庸書名書字書人駁辨、諸侯命大夫書字駁辨、諸侯兄弟書字駁辨、公子大夫書字不名駁辨、書死難君前臣名、小國大夫不名專則名以事接我則名有故則名、大夫生而賜氏駁辨、大夫卒名字並書駁辨、大夫已卒不名、《春秋》無書字之法論（外諸侯卒名不名辨見凶禮門、殺大夫名不名辨見書殺門闕文門）。

卷二十九：書人總論、微者稱人（大國下大夫士、小國卿大夫）、春秋之初外大國卿大夫亦稱人、文公時外大國卿專政書名之後會盟征伐大夫非卿仍稱人會鍾離以前眾會齊師盟卿會猶稱人戰犖以前會師卿將猶稱人、眾辭稱人、略辭稱人、夷狄便文稱人（將卑師少稱人另門、附庸稱人另門、稱人以弒另門、稱人以殺另門、稱人以執另門、夷狄書人另門）。

卷三十：天王書出書居書入魯公書孫書次書居書在、書出奔總論、王子王臣出奔、王子王臣出奔不書、諸侯出奔、諸侯世子出奔、諸侯出奔不書、魯公

出奔書唱、公子大夫出奔、公子大夫出奔不書、內書夫人孫、失地之君書法變例、已滅復書示存亡繼絕之說辨、滅國復見於經不著其所以復、外大夫以邑叛、外大夫不書叛、內叛不書。

卷三十一：書立納入總論、書歸入復歸復入總論、書立、立不書、書納、納不書、書入、入不書、書歸、歸不書、諸侯復國變文不書歸、書復歸、諸侯復國不書復國、書復入、變文不書復入、書自某歸于某、不書自某歸、書自某入于某、不書自某入、歸入奔納繫國不繫國。

卷三十二：書弒君（稱國、稱人、書亂賊名氏、書及其大夫、闇盜不書其君）、內諱弒君、外弒君不書弒駁辨、弒君者不再見於經辨、書戕、孔子成《春秋》而亂臣賊子懼論。

卷三十三：書殺總論、稱人以殺討賊之辭辨、書殺變文不以討賊之辭辨、書誘殺諸侯、諸侯以歸書殺、殺母弟世子公子、殺母弟世子公子不書、書專殺大夫（稱國以殺、稱人以殺）、殺不書大夫、內殺大夫書刺、內大夫不書刺、書大夫相殺、書盜殺。

卷三十四：書執總論、書執諸侯、書執大夫（行人考）、書伐不書執、執書歸于歸之于、書以歸以來、不書以歸、書滅書獲書放、書逃。

卷三十五：大夫專國總論、晉卿專國、陳氏專齊、宋衛亂臣、魯政下達、季氏專魯、春秋楚令尹論、謹強都之害。

卷三十六：書魯僭禮、書魯禮改革、祭祀總論、書魯郊（三望）、書魯大雩、社不書用牲於社觀社非禮則書（社祭論）、書魯內祀（禘、大事、有事、書烝）、書魯樂制。

卷三十七：十二公書即位不書即位、書魯不告朔不視朔、書魯田賦軍旅、書魯蒐狩治兵、書告糴、書肆大眚。

卷三十八：昏禮總論、書逆王后、書王姬下嫁、書魯娶夫人、書內女外適（適諸侯書逆女不書逆女、書歸不書歸、書來書來歸、書納幣致女媵、適大夫書逆書來）、杞魯昏姻論、書魯夫人事（書文姜淫逆、書莊公昏鞶哀姜弒逆、書聲姜外會、書出姜大歸敬嬴僭逆、書姒氏孟子喪禮略、歸寧惟一書至外如外會皆不書至）、書公會女。

卷三十九：凶禮總論、書天王崩葬、王子未即位卒不書崩葬、書公薨、內未踰年之君稱子稱卒不書葬、書作主、書夫人薨葬、書天王來歸賵含會葬列國來歸襚奔喪會葬。

　　卷四十：書外諸侯卒葬、公往列國奔喪送葬諱不書、諸侯葬稱公書諡（畿內諸侯同）、書內大夫卒、書王臣卒葬、書外大夫葬、書王姬卒、書內女卒葬、諸侯居喪會盟侵伐朝聘大夫居喪從政出會。

　　卷四十一：書魯宮廟、書魯宮室、魯土功總論、魯城築總論、書魯土功城築、書外城。

　　卷四十二：邑繫國不繫國、土地無邑稱田、土田書假書取書歸書入書疆書來歸書歸之于、書求、書獻、書錫、書畀、書歸物、書用、書得書獲、書新、書作、書立、書毀書墮、書觀、書告、書言、書乞、書貪利致略。

　　卷四十三：災異總論、魯災異總論、日食。

　　卷四十四：星變、大雨震電震廟雨雪雨雹、無冰雨木冰、霜變、書不雨書雩書大旱、大水、火災。

　　卷四十五：地震、無麥苗麥禾饑大饑、蟲災（螟、蝝螽）、物異、書外災異、書有年大有年。

　　卷四十六：東周列國總論（國數、地制、封建、疆域）。列國地名都邑地並見經者（上）：周（都王城、成周、翟泉、邑南、渠、仍、周、召、毛、凡、祭、尹、單、劉、榮、溫蘇、暴、郟、地女栗、皇、垂葭、山川雒、溴梁）、魯（南門、中城、西郛、邑郎、棠、中邱、二防、許田、成、向、郚、諸、小穀、卞、鄆、二鄆、平陽、棘、費、台、桃、武城、陽州、邱、莒父霄、漆、啟陽、毗、邾瑕、闡、地蔑、潛、唐、楚邱、謹、祝邱、咸邱、折、闞、曲池、趡、癸、蒇、長勺、乘邱、鄑、洮、薛、秦、鄺、宵母、升陘、鹹、笙、蜀、貍脤、劉、遇、蚡泉、紅、比蒲、祲祥、昌間、鄆陵、拔、蛇淵、山川防山、龜陰、洙、濟西、魯濟、濟水濟東）。

　　卷四十七：列國地名都邑地並見經者（中）：宋（南里、邑郜、防、蕭、薄、緡、彭城、雍邱、喦、地垂、菅、稷、虛、龜、袁、梁邱、鹿上、盂、承筐、大棘、沙隨、虛打、澶淵、曲棘、渠蒢、山川泓）、齊（邑嬴、祫、穀、柯、祝柯、崔、地石門、桃邱、黃、北杏、厃、落姑、夷、陽穀、牡邱、甗、鄟、鄟邱、平州、垂、窐、袁婁、重邱、野井、夾谷、安甫、艾陵、山川艾、樂、乾時）、晉（別都曲沃、邑韓、箕、邢邱、乾侯、五氏、晉陽、朝歌、荀、陽、趙、魏、地蔑邱、溫河陽、令狐、黑壤黃父、斷道、赤棘、交剛、莒邱、長樗、雞澤、雍榆、大鹵、適歷、山川沙鹿、殽、梁山、河曲）、鄭（邑鄤、鄤陵、長葛、祊、祭、櫟、新城、虎牢、地瓦屋、時來、武父、滑、厃、踐土、棐、棐林、垂隴、衡雍、邲、蟲牢、柯陵、鄟、鄐、鄏、戲、亳城北、蕭魚、虢、臬鼬）、曹（邑鄸、地穀邱、越、洮、曹南）、衛（都朝歌、楚邱、

帝邱、邑清、蒲、鄆、匡、戚、夷儀、平邱、地惡曹、貫、首止、城濮、鹹、杏、清邱、新築、馬陵、瑣澤沙、柯、商任、厥憖、瓦、牽、鐵、黃池、山川、澶淵、濮曲濮）。

卷四十八：列國地名都邑地並見經者（下）：陳（地檉、厥貉、辰陵）、蔡（都上蔡新蔡州來、地鄧、莘）、許（都許、葉、夷、白羽、容城）、紀（邑邢、鄑、郜、酅）、郕（邑夫鐘）、邢（都夷儀、地轟北）、北燕（邑陽）、西虢（邑下陽）、邾（邑須句、訾婁、繹、漆、閻邱、濫、瑕、地偃、山水繹山、漷水、沂水）、小邾郳（地句繹）、莒（邑向、密、鄆、牟婁、防、茲、地浮來）、杞（都緣陵、牟婁、無婁）、楚（都郢、邑鐘離、葉、夷、白羽、地陘、召陵、柤、乾谿、長岸、雞父、容城、柏舉）、秦（邑彭衙）、吳（邑橋李、地善道、向、橐皋、鄆、山川淮）、徐（地婁、巳林、氏）、戎（邑楚邱）、白狄（地積函、交剛）、越（都邑地皆未見經。以係大國，附於此）。

卷四十九：經書諸小國（不書邑地）：宿、向、極、滕、戴、薛、州、穀、鄧、南燕、牟、葛、於餘邱、譚、遂、滑、蕭、郭、郕、山戎（即）北戎、赤狄（潞氏、甲氏、冒吁、廧咎如）、陽、虞、江、黃、舒（舒蓼、舒庸、舒鳩）、弦、溫（即）蘇、鄅、厲（即）賴、英氏、項、梁、邿、隨、頓、夔、介、姜戎、沈、郜、六、雒戎、麇、巢、巴、庸、崇、陸渾戎、郯、白狄、萊、根牟、茅戎、鄟、州來、偪陽、邦、胡、懷夷、申、鮮虞、戎蠻、鄀、附見傳不見經之小國、險要之地書於經者。

卷五十：夷狄稱號總論、楚書荊書楚書人書爵書大夫名氏、吳書國書人書爵、越書越書於越書越人、徐舉號書人書爵、秦書爵書人書師。

卷五十一：四裔總論、書戎、書狄、書東夷、南蠻、戎狄書子論。

卷五十二：比事屬辭書法（總挈全經比屬之義）。

卷五十三：比事屬辭書法（屢書不一書比屬之義）。

卷五十四：比事屬辭書法（前後一事或事異義同比屬之義。隱公至文公末）。

卷五十五：比事屬辭書法（前後一事或事異義同比屬之義。宣公至哀公末）。

卷五十六：比事屬辭書法（前後二事或事同義異比屬之義。隱公至文公末）。

卷五十七：比事屬辭書法（前後二事或事同義異比屬之義。宣公至哀公末）。

卷五十八：書大、書初、書遂（大夫二事專事書遂、大夫出奔書遂、公行書遂、兵事書遂）、不書遂、書弗書不、書猶、書其、書于、書且、書克書弗克不克、書不肯、書乃書而、書以（以師、以叛、以奔、以歸俱另門）、書會及暨（盟會及兵會及戰書及平及暨另門、內大夫與外大夫偕行不書及）、書與、二國二邑二地書及、二地不言及。

卷五十九：譏始疾始、告則書不告則不書、（亂亡、外災）有不由赴告而書者、常事不書非常則書之非禮及合於變之正者則書之重其事則書之為前後事言故則書之、簡辭、繁辭、諱辭、書法示人自責、書法功過不相掩、辭同義異、書事在此而示義在彼、於不書之處見義、治亂賊黨與說辨。

卷六十：闕文誤文（時闕、日月並闕、月闕、日闕、日月下闕事、日食闕日朔、一日兩事重書日羨文、王不稱天闕文三、桓凡十四年不書王闕文、夫人姓氏闕文誤文、外諸侯爵號名諡闕文誤文衍文、公會外盟闕文、公如衍文闕文、王子王臣誤文、內大夫闕名衍文、外大夫闕名缺國名衍文誤文、執諸侯衍文、殺大夫闕名、兵事闕文衍文誤文、弒君誤文、昏禮城蒐盟地闕文衍文誤文）。

原編六十卷刊成於咸豐乙卯，遭亂板燬，書亦僅有存者。京曹諸公別繕進呈，釐為八十卷，較勻稱。今繕本未見，故仍就原編覆板，且省寫公也。

◎各類中駁辨例說子目（總目門內無辨例者除出）：

卷一：《春秋》以周正紀事（夏時周月，諸經說如聚訟，今惟取辨證《春秋》者采入，其旁通諸經條辨不備載）。（商周不改時月辨、夏時冠周月辨、周正夏正經傳不合辨、《詩》《書》《周禮》《孟子》《春秋》不合辨）。嗣君踰年即位書元年（孔子謂一為元辨、僭周改元辨、書元王魯辨、書元罪魯辨）。即位朝正書王正月（書王云王魯云孔子所加辨）。歲首書王繫月（以王為文王辨、書二三月以為存夏殷辨、桓不書王辨見闕文門）。一時無事書首月不書者闕文（以為孔子所加者辨）。隱十年不書正月（隱不自正辨、貶隱不書正辨）。定元年不書正月（定無正始辨、不與季氏成正朔辨）。事之繫日者書晦朔（日食書朔另門、晦朔書不書褒貶辨、以晦為冥辨）。書閏月（天無是月附月之餘辨）。會盟書日在諸侯之下所以別會與盟之異日（公羊說辨）。不以時告者即告時書之辨（天王崩陳糴齊小白環晉饑諸夷吾卒晉殺申生里克弒君宋取長葛秦晉戰韓杜注辨）。日月誤文（有駁辨）。日月褒貶辨（全經不能備載，酌采辨說見各條下）。

卷二：書天王（闕文不書天三、省文但書王三、誤書天子一、貶不書天辨、孔子加天於王辨）。書京師王城成周王室王所（書成周識與列國等辨、書王所為非其所辨）。書錫命（以九錫為錫命辨、賜錫分二義辨、貶桓文不書齊晉錫命辨）。尊王書法（踐土諱會天王辨、踐土不書王天下勞辨、狩河陽為王諱又為晉解辨）。書王室之亂（子頹事諱不書辨、罪襄王書出辨、諱襄王用狄師不書辨、書以罪劉單辨）。

卷三：宋襄秦穆楚莊非伯論（諸家辨說）。齊楚爭盟交兵（始霸獨書爵辨、以子頹事伐衛貶齊桓辨、書次識救邢辨、會鹹謀王室辨、城緣陵遷杞辨、會淮謀鄫辨）。

宋楚爭盟交兵（始霸獨書爵辨、曹南鄫子後會辨、會孟獻捷不書宋為魯諱辨、戰泓敗績諱不書宋公辨）。

　　卷四卷五晉楚爭盟交兵：晉文之世（書侵曹伐衛譏復怨辨、書楚救衛與楚辨、以書入曹畀宋為譎辨、踐土天王下勞辨、削納王事不書辨）。晉靈之世（次厥貉三國不書辨、盟扈會扈書曰諸侯辨）。晉成之世（楚書子書人襃貶辨）。晉景之世（盟辰陵入陳圍鄭書楚子與楚辨、書楚圍宋責宋辨、宋楚平貶稱人辨、盟蜀卿不書匱盟辨、成三年伐鄭襃書爵辨、成十年伐鄭以晉侯為州蒲辨）。晉厲之世（會瑣澤經傳不符辨）。晉平之世（會溴梁傳載齊高厚事辨、會夷儀不書伐齊辨、齊同盟重邱辨、會宋傳事辨經改先晉辨、會虢不書盟辨、會申貶諸侯不殊淮夷辨）。晉伯餘燼（會黃父無貶辨、會召陵書侵隨之辨）。

　　卷六：吳晉爭盟（罪晉用兵制楚辨、會戚諱不書盟吳辨、黃池兩伯辨）。齊景圖霸（次五氏垂葭諱不書伐晉辨）。

　　卷七：書朝王於京師（書朝書如襃貶辨、踐土致天子辨）。書諸侯來朝（貶朝桓辨、以春秋諸侯相朝聘為禮辨）。書王使聘魯（下聘責天王辨）。王臣但書來（不書朝不與其朝辨、逆后書來譏詞辨）。夷狄書來（不書朝不與其朝辨、曰來譏詞辨、用夷禮不稱朝辨）。外臣但書來（嘉之罪之辨）。王臣不書使（當喪未君辨、不與其使不書使辨）。外大夫不書使（譏其君不書使辨、尊其臣不書使辨、予以權不書使辨、我無君彼無大夫不書使辨、非君命不書使辨）。

　　卷八：內大夫書如（譏奔書如辨、因聘行私事不書其事罪之辨）。內大夫以事出不書如（不稱使辨、譏私行辨）。書外諸侯相如（離不言會辨、書如非朝辨）。書公至不書公至（致前事後事義辨、致會致伐義辨、備禮書至不備禮不書至辨、錄其久誌其遠危其往幸其歸善其行辨、桓會離會惡事會夷狄不至辨、恆辭變文辨、往還時月日辨、在正月著其不朝正辨）。君大夫外如在道而復（事畢事未畢辨、不至而復內辭辨、不言所至未如辨）。君大夫反國書還（書還善辭辨）。

　　卷九：中國夷狄特參會盟（會黃池兩伯之辭辨）。同盟（服異同欲惡其反覆同心為善為惡諸說辨、特書同以示譏辨）。殊會殊盟（殊吳為尊吳外吳不殊淮夷為夷楚與諸侯辨、黃池兩伯辨）。來盟涖盟（來盟前定辨前定不日辨、殊盟不言及不言內盟者以國與之辨、涖盟不言及以國與之辨、書高子譏齊桓辨、屈完書於師為前定辨、華孫書字書官貴之辨、書杞子賤之辨）。書遇（以書遇為特貶諸侯辨、以書遇為大齊桓辨、書及內為志辨）。

卷十〔註65〕：大夫主會盟征伐總論。內大夫會盟諸侯。公會盟外大夫。內大夫會盟外大夫。伯國大夫主會盟（主征伐見大夫將兵書（帥師門））。

卷十一：內盟書及書會（內為主外為主辨、遇書及同）。內盟不目其人而書及（稱及為微者辨、諱公盟大夫辨、不言公抑大夫之伉辨、斥言公譏詞不書公諱詞辨）。外會盟不書公與大夫（諱不書辨、不書以著疑辨、以為微者辨）。外盟夷狄會其師書及（罪為主書及辨、外之殊之書及辨）。王臣與盟不與盟（踐土不書王子虎辨）。列國世子朝聘會盟征伐（世子不當抗諸侯辨）。

卷十二：主兵首書（兵首治亂賊黨與辨、略故首兵辨、不以子圍父辨）。大夫主會主兵有諸侯在會序諸侯之下（卿可以會伯子男辨）。一事再序列國不再序列國（重言貶辭辨）。兩事再書某人（再書褒辭辨）。大夫一事再見卒名不氏（稱族尊君舍族尊夫人辨、舍族尊晉辨、貶不氏貶不書公子辨）。君行二事再書君（再書貶辭辨）。大夫以二事出再見名（再書公子褒辭辨）。畧辭散辭書曰諸侯（有駁辨）。書曰諸侯之大夫（有駁辨）。公及外大夫盟書曰大夫不名（恕辭辨、諱辭辨）。

卷十三：會盟變文著事實（以為特筆貶褒辨）。書會盟如會（鄫子非後會辨）。書會于某而後伐救侵盟（疑辭褒辭辨）。曰弗遇曰不與盟曰不見公曰弗及盟曰乞盟曰逃歸不盟曰未見諸侯（諱不諱恥不恥辨）。不書所會（楚邱魯後至辨）。會盟同地再書（書重詞複有大美惡褒貶辨）。與會不書、與兵不書、王臣與會與兵不書、內外會盟不書（此四門駁辨就所見者采入）。

卷十四：（內外）兵將書君大夫將書帥師師書將書師書人（本公羊說附諸家辨證、文公以前文公以後稱人稱師義異辨、書爵書名書人書師褒貶辨）。君將大夫將書師（沒公書師褒辭辨、貶楚書師辨）。

卷十五：書王師（書從王為天王諱伐辨不使天子首兵辨、責桓王不當伐鄭辨、伐鄭諱不書敗辨、王人書字善救衛辨）。秦晉交兵（書爵書人書國褒貶辨、伐敗書不書褒貶辨）。齊晉交兵（諱伐盟主書次辨）。吳楚交兵（書爵書人褒貶辨、書人書國褒貶辨、難父不書楚貶辭辨、柏舉書蔡以師褒辭辨）。

卷十六：宋鄭交兵（桓十五年公羊說辨）。齊魯交兵（戰郎左氏說辨、追齊師胡氏說辨、戰夆胡氏說辨）。邾魯交兵（取須句左氏說辨、哀八年左氏辨、何氏胡氏說辨）。

卷十七：齊晉楚爭鄭（宣三年以書伐為貶鄭從楚以不書平為褒鄭從晉辨、宣十

年以不書晉救為責晉辨、成七年鄭伯歸國削不書辨、襄七年公穀說辨）。晉楚吳爭陳（襄七年會鄬罪陳辨、哀十年書吳救為罪楚辨）。晉鄭楚伐許（鄭滅許始末）。齊滅紀始末（公羊復讐說辨、葬紀伯姬書爵襃貶辨）。楚滅蔡始末（次厥貉怨宋陳鄭不書辨、哀元年書圍怨楚辨）。

卷十八：書侵伐總論（三傳及趙氏胡氏說辨、有罪無罪有名無名辨、侵為貶辭辨傳言伐經言侵誤從傳以說經辨）。書侵（晉文侵曹衛譏復怨辨、召陵書侵隨之辨、召陵以後書侵皆貶其無名辨、傳言伐經書侵從告詞辨）。書伐（僖二十一楚伐宋成十七晉伐鄭不書圍辨、僖二十一伐邾二十四狄伐鄭文三救江傳事辨、成九晉伐鄭不書戰辨、襄十九伐齊不書晉師辨、襄二十五鄭伐陳無貶辨、哀元伐晉經傳異文辨、傳言侵經書伐從告詞辨）。伐不書（戰韓責晉辨、彭衙罪秦辨、夷儀不予晉辨、取鄆為內諱辨、次五氏諱伐主盟辨）。內被侵伐書某鄙不書某鄙（《春秋》之初尊魯《春秋》之終卑魯辨、書伐我諱辭自咎之辭辨）。內被兵不書侵伐（責魯不書辨、不與戰不書辨、我有辭彼無辭不書辨、貶背盟來伐不書辨、略敵退師不書辨、兵未加不書辨）。

卷十九：戰書及不書及（別主客直不直辨、書及貶不貶辨、胡氏說及戰來戰辨、伐衛戰虒戰長岸公穀說辨、于韓于泓城濮彭衙令狐于泌新築于鞍胡氏說辨、大棘鄢陵于鐵艾陵諸家說辨、河曲不書及諸說辨）。外戰不書敗績或幷不書戰（令狐貶晉辨）。內兵書來戰及戰（罪彼罪內辨、戰郎左說辨、以來戰為前定不言及為內諱辨、不書伐我為貶三國辨、戰宋穀梁說、辨罪魯責宋辨）。內兵勝書敗某師書君大夫不書戰（皆陳未陳辨、詐戰疑戰辨、各條胡傳責魯辨）。內兵敗則但書戰（書敗績以為榮魯罪魯辨）。外兵書敗某于某（偏戰疑戰陳未陳辨、不結日不偏陳辨、荊敗蔡穀梁說辨、于殽罪秦于晉責晉辨、楚敗徐穀梁疏辨、雞父三傳說辨）。書伐而戰（圍而戰、伐衛戰宋甚伐者之罪辨、于虒惡宋救而戰、城濮以正楚罪辨、艾陵難詞異詞辨）。戰稱將敗稱師或變文敗稱君稱人（齊伐衛公穀說辨貶衛說辨、泓敗諱不言宋公辨、追齊師穀梁胡傳說辨、鄢陵稱君罪楚辨）。

卷二十：書圍（邑不言圍辨、圍書人貶辭辨、楚入鄭書圍怨楚辨圍宋責宋辨、同圍齊同心疾齊辨、圍郊不與伐周辨）。內邑書圍（不書叛罪上辨、昭公圍成大公辨、伐圍取邑之辭辨）。伐圍並書（伐不言圍辨、伐言圍貶辭辨、伐圍美惡同辭辨、伐圍取邑之辭辨）。書入（穀梁內弗受說辨、滅而書入辨、楚入陳不書取怨辭辨、公入邾胡傳說辨、宋入曹責曹責魯辨）。伐入並書（入不言伐辨）。書降（鄣降公穀說辨、降郭公羊蘇氏說辨）。書遷（遷紀邑諱言取辨、遷之者不地為亡辭辨、自遷者書地因再見辨）。

卷二十一：書取總論（易辭辨、不用師徒辨、內諱滅書取辨）。外取國邑田（疾始取則書桓以後不勝書則不書辨、以久而書辨、滅而書取辨、齊取鄆胡傳說辨）。外取邑不書（宋伐邾忿詞不書辨）。內取國邑田（易辭辨、內諱滅辨、兩取須句傳事辨、根牟郜郱為邑辨、取鄆不書伐諸說辨）。伐取並書（兩書伐取特彰其惡辨）。書滅（用大師曰滅辨、入滅異義辨、罪見滅者辨名不名別有罪無罪、滅項三傳有得失辨、滅同姓名辨、滅庸滅蕭胡傳說辨、滅潞氏胡傳說辨、滅鄫公穀說辨、楚滅陳舊說辨）。不書滅（紀不書滅公穀說辨、徐取舒忿辭辨、執虞公不言滅諸說辨、宋入曹不言滅諸說辨）。

卷二十二：書救（救無功乃書辨、救無有不善辨、褒王人救衛辨、貶齊人救邢辨、三國救邢公穀說辨書次書師貶辭辨、師狄救齊穀梁說辨、楚救衛救鄭吳救陳胡傳說辨、趙盾救陳不書救宋辨、救鄭書不書褒貶辨、書爵貶辭辨）。救不書（救鄭不與楚辨、救鄭救宋不與晉辨、救鄭予楚責晉辨、彭城不可救辨、襄二十四年不書楚救齊諸侯救鄭辨、柏舉穀梁胡傳說辨、會晉師不予晉辨）。書次（救書次貶辭辨、次郎公穀說辨、次成穀梁說辨、聶北公穀胡傳說辨、雍榆公羊杜氏說辨、齊衛三次重絕晉辨譁伐盟主辨貶辭辨）。書至（譏深入辨、譏不敢進辨）。書追（公穀以為大辭辨）。書克（公穀以克為殺辨、罪鄭伯忿段辨）。書潰（邑不言潰辨、莒潰穀梁說辨、鄆潰譏昭公辨）。書獻捷（書獻抑齊侯不書使內齊侯辨、不書宋捷譁辭貶辭辨）。書平（輸平墮成辨、宋楚平貶稱人辨、暨齊平以為燕齊平辨、及齊鄭平以為叛晉辨）。

卷二十三：內會外兵書及書會（內志外志與謀不與謀辨）。書會師（卿不及公君不會大夫辨、不書大夫重師辨）。內兵不書主帥（貶辭譁辭辨）。外兵不書主帥但書國闕文（狄之外之辨）。諸侯之師不序（惡之賤之署之辨）。書以師（穀梁范注辨、公以楚師褒魯蔡以吳褒蔡辨）。書乞師（不以王命特貶辨、卑之抑之辨、以晉乞師為卑屈辨）。書師還（穀梁說辨）。

卷二十四：諸侯為時王貶爵進爵（《春秋》專黜陟辨、貶朝桓辨、自貶以省貢賦辨、滕當喪辨、祀用夷禮辨）。諸侯宋稱公外惟天子三公稱公（虞公穀梁說辨）。嗣君稱子不稱子稱爵不稱爵總論（杜氏未葬稱子既葬稱君辨）。嗣君未踰年不書爵（貶鄭忽辨、子卒衛子陳子杜解辨、附變文從未成君之稱不書爵）。嗣君未踰年書爵非禮（稱爵為特貶辨、以王事出書爵辨、踰年書爵者並列入）。嗣君踰年當書爵不書（曹羈莒展輿貶辭辨、公羈公羊說辨）。國君爭立之際稱君不稱君（鄭人君突不君忽辨、《春秋》錄突黜忽壹子儀辨、以遇垂之鄭伯為子儀辨、鄭忽貶辭辨、公子瑕褒辭貶辭辨、陳佗公穀說辨）。

卷二十五：書王臣（以爵字名人別公卿大夫士之等辨、畿內五等爵辨畿內曰子辨、名字褒貶辨、稱字辨、以宰為士為下大夫辨、祭伯以伯為字祭叔以叔為名或以為字辨、渠糾名字竝書辨、子突名字辨、王人微者辨貶辭辨）。宋大夫書官特筆（文八年左氏公羊鄭氏說辨、十五年左氏說辨）。

卷二十六：書王子（王子虎非叔服辨不書爵辨、王季子穀梁說辨、王札子胡傳說辨、王猛公羊說辨、王子朝穀梁說辨）。書諸侯世子（誓於天子稱世子辨、楚商臣蔡有公羊說辨、衛蒯瞶稱世子著其無罪辨又公羊說辨）。書諸侯弟兄（母弟母兄辨、貴之賢之辨、譏寵愛譏薄恩辨、弟兄不得以屬通辨、齊年衛黑肩胡傳辨、公弟左氏說辨、陳黃穀梁程氏辨、衛鱄杜胡說辨、秦鍼左穀諸說辨、衛縶穀梁說辨、宋辰穀梁劉胡說辨）。諸侯之兄弟不書兄弟（為大夫稱公子不稱兄弟、變文不書弟、承國辭書行次不書弟、季友陳招杜孔說辨、陳招公羊說辨、書鄭段貶鄭伯辨、書紀季不貶季侯辨、稱叔季為字為名賢之嘉之辨）。公子大夫貶不書氏繫駁辨（未命為大夫不稱公子不稱氏、入國不稱公子、亂賊貶不書氏不書公子公孫辨、內外大夫貶不書氏各傳說辨）。討世子母弟稱君（稱君甚之辨）。殺兄弟世子不稱君（陳黌寇劉氏說辨）。書盜（賤者不名辨、昭二十年左氏說辨胡氏說辨、哀四年三傳胡氏說辨）。

卷二十七：姓氏總論（隱八年左傳誤字辨）。大夫書氏不書氏總論（小國無命大夫辨、以為筆削褒貶辨）。諸侯之子為大夫稱公子公子之子稱公孫（穀梁說辨、筆削褒貶辨）：魯（公子彄穀梁說辨、公子翬左氏程胡說辨、公子牙公羊說辨、公子結胡傳說辨）。曹（公子首公穀說辨、公子會公穀說辨）。陳（公子御寇穀梁說辨、公子招公羊說辨）。齊（公子商人胡傳說辨）。莒（公子意恢穀梁說辨）。楚（公子嬰齊穀梁說辨）。公孫之子與異姓之臣賜族書氏未賜族不書氏：內外大夫未賜族不書氏：魯（無駭公穀說辨杜說辨、翬左說辨、溺左穀說辨）。衛（州吁公羊說辨、晉胡傳說辨）。齊（無知胡傳說辨）。鄭（宛穀梁說辨、詹公穀說辨）。紀（履緰穀梁說辨）。秦（術公羊說辨）。楚（椒公羊說辨）；內外大夫已賜族書氏：魯（單伯左說辨、夷伯左說辨、仲嬰齊公羊說辨）。宋（孔父以孔為字、以父為字辨）。齊（仲孫公穀說辨、崔氏左說辨）。

卷二十八：名字褒貶駁辨總論。諸侯書名不書名駁辨總論。諸侯失地名不名駁辨（詳各條下）。諸侯入國歸國名不名駁辨（詳各條下）。諸侯滅同姓名駁辨（詳各條下）。諸侯相殺名不名駁辨（詳各條下）。附庸書名書字書人駁辨（詳各條下）。諸侯命大夫書字駁辨（魯單伯鄭祭仲陳女叔）。諸侯兄弟書字駁辨（蔡叔許叔蔡季紀季蕭叔）。公子大夫書字不名駁辨（魯季子齊仲孫高子宋子哀華孫）。小

國大夫不名專則名以事接我則名有故則名（辨詳各條）。大夫生而賜氏駁辨（季友仲遂叔肸）。大夫卒名字並書駁辨（同上）。顧氏《春秋》無書字之法論：外諸侯卒名不名辨見凶禮門、殺大夫名不名辨見書殺門闕文門。

卷二十九：書人總論（褒貶例說辨）。春秋之初外大國卿大夫亦稱人（各條說辨）。文公時外大國卿專政書名之後會盟征伐大夫非卿仍稱人會鍾離以前眾會齊師盟卿會猶稱人戰鞌以前會師卿將猶稱人（各條說辨）。夷狄便文稱人（以為進之辨）。

卷三十：天王書出書居書入魯公書孫書次書居書在（天子不言出辨、天王出入不書諱辭辨、襄王書出貶辭辨、王猛書入公穀說辨、三書公在乾侯左傳說杜注說辨、公在楚胡傳說辨）。王子王臣出奔（自周無出辨）。諸侯出奔（舊史書臣逐君《春秋》歸過於君辨、襄二十年傳文辨、各條歸罪人君之說辨、郕伯左氏說辨）。諸侯世子出奔（左傳衛事辨）。諸侯出奔不書（非其罪不書辨、微之不書辨）。公子大夫出奔（內大夫非其罪不書必有罪而後書辨、書名貶辭辨、公子慶父公羊說辨、宋子哀左氏說辨、齊崔氏左穀說辨、公孫歸父左傳趙顧說辨、宋華元魚石傳事辨、褒衛鱄辨、齊高止左傳說辨、秦鍼公羊說辨、蔡朝吳胡傳說辨、曹公孫會公穀賈孔陸劉說辨）。公子大夫出奔不書（鄭段杜解辨、季子陸劉胡趙說辨）。失地之君書法變例（紀侯褒辭諱辭辨）。已滅復書示存亡繼絕之說辨（書遂事穀梁汪氏說辨、書紀事陳說辨、書陳事公穀說辨）。外大夫以邑叛（來奔不書叛為內諱辨、公穀以地正國說辨、書三叛重地辨、三叛書名傳說辨、三叛李氏說辨）。內叛不書（惡季氏張公室特削叛字辨、分器重於地不書陽虎以邑叛辨、獲麟後書叛趙說辨）。

卷三十一：書立納入總論（一字褒貶辨）。書歸入復歸復入總論（左氏四例辨、公羊四例辨、歸入善惡褒貶辭辨）。書立（貶衛立晉不與立辨）。立不書（衛剽公羊說辨）。書納（書納書伐納公羊說辨、納者不宜納辨、諸侯納諸侯正諸侯納大夫非正辨、糾小白是非辨、納頓子穀梁說辨、納捷菑公穀說辨、納北燕伯公羊說辨、書奔又書納內不受辨、納衛剸贖公穀胡傳說辨子咸公羊說辨、納孔寧儀行父左傳杜注說辨、諸家子楚討賊辨不繫陳舊說辨）。納不書（鄭突劉氏說辨、衛叔公羊劉孫說辨、晉惠晉文公羊說辨、齊孝左傳事辨劉說辨、宋魚石不與納辨）。書入（左杜例辨、李氏褒貶說辨、許叔穀梁胡傳說辨、鄭突不書入鄭舊說辨、衛朔公穀說辨、齊小白公羊說辨、糾小白長幼諸說辨、衛獻公羊說辨、紀季穀梁說辨褒季辨、鄭良霄胡傳說辨）。入不書（晉惠公羊說辨、晉文諸家說辨）。書歸（歸為善辭辨、鄭突公羊說辨、蔡季褒辭辨、衛鄭公羊說辨、曹負芻穀梁說辨、歸邾益公羊胡傳說辨、季子杜氏說辨、宋

華元左氏胡傳說辨、楚北公穀說辨、晉趙鞅公穀說辨）。**歸不書**（成十年鄭伯高氏說辨）。**書復歸**（歸復歸諸侯大夫褒貶互異辨、大夫歸復歸難易辨、歸復歸公羊說辨、衛鄭胡氏說衛衎左公說辨）。**諸侯復國不書復歸**（衛朔杜解辨、衛鄭書歸不與復辨、曹負芻劉氏說辨、蔡盧陳吳胡氏說辨）。**書復入**（魚石事不書楚鄭取彭城不與楚鄭辨、樂盈事公羊說辨）。

卷三十二：**書弒君**（書國書人書名左例謬說辨公穀胡傳說辨、以削公子去氏為貶亂賊辨、死難之臣稱名貶辭辨書及累辭辨、孔父仇牧荀息杜氏說辨、奚齊穀梁說辨左氏弒誤殺辨、里克胡傳說辨、蕩意諸死節不書胡氏說辨、趙盾左氏誣聖之說三傳歸罪之說辨以盾再見經為無罪辨、鄭歸生左杜說辨歸罪說辨、夏徵舒杜胡高說辨、晉州蒲穀梁胡傳說辨、衛剽歸罪寧喜辨、闍弒不書其君穀梁說辨、楚虔歸獄公子比辨書歸高氏說辨、許止公穀胡李說辨、吳僚杜何胡洪說辨、薛比孫胡說辨、蔡申左氏弒誤殺辨不書其君舊說辨、齊荼歸獄陳乞辨公穀說辨）。**內諱弒君**（魯君臣未嘗相弒辨、孔子諱之辨、子般子野非弒辨名不名辨、叔仲彭生死節不書胡傳說辨）。**外弒君不書弒駁辨**（胡傳不忍書之說辨、鄭髡頑三傳劉氏說辨、楚麇胡氏陳氏說辨、齊陽生左穀胡氏說辨）。**弒君者不再見於經辨**。

卷三十三：**稱人以殺討賊之辭辨**（公羊傳注諸家說辨、殺州吁無知夏徵舒樂盈良霄諸說辨）。**書殺變文不以討賊之辭辨**（晉里克衛寧喜楚宜申衛剽齊嬰封楚公子比不書人或書大夫辨）。**殺母弟世子公子**（公子為大夫者入殺大夫門、陳御寇左傳杜注辨、佞夫左氏說陳趙郝說辨、莒意恢杜氏說辨）。**殺母弟世子公子不書**（衛叔武公羊說辨、陳趙說辨）。**書專殺大夫**（稱國以殺、稱人以殺：稱國殺無罪稱人殺有罪辨、稱國稱大夫罪累上辨、稱名有罪不名無罪辨、曹莒無大夫辨、盜殺不書大夫胡傳說辨、鄭申侯公子嘉公孫黑晉里克平鄭陽處父先穀二趙三郤楚得臣宜孫公子側公子申王夫屈申成熊郤宛衛元咺孔達寧喜齊國佐高厚陳二慶蔡公子燮駟公孫姓霍稱國稱官諸家說辨、曹宋大夫不名三傳陳胡說辨、陳洩冶名杜孔胡氏說辨左氏誣聖之言辨、里克寧喜書大夫不以討賊辨、宋晉殺大夫書人穀梁說辨、陳殺公子過書人書大夫諸家說、宋書官左傳劉胡說辨、衛公子瑕晉箕鄭父書及穀梁說辨、晉胥童不書死節舊說辨）。**殺不書大夫**（陳孔奐胡說辨）。**內殺大夫書刺**（以周官三刺為解辨、言故不言故啖氏說辨、先名後刺先刺後名穀梁說辨）。**內殺大夫不書刺**（公子牙諱辭善辭辨諸家舍傳從經說）。**書大夫相殺**（陳趙說辨、殺公子比公羊作弒辨）。**書盜殺**（鄭不書大夫胡傳辨、蔡侯傳事辨）。

卷三十四：書執總論（稱爵稱人褒貶辨）。書執諸侯（諸侯名不名說辨、執虞公不地辨書執不書滅辨、舍晉罪虞辨、執滕子稱人杜氏說辨、用鄫子傳事辨貶稱人辨、執宋公不言楚子楚人公羊杜氏孫氏說辨書釋不書歸趙張說辨、晉文執曹伯不奪爵辨執衛侯貶稱人辨、晉屬執曹伯三傳說辨褒稱爵辨、晉人執邾子杜劉說辨、魯君見執說辨）。書執大夫（書行人不行人杜注公羊諸家說辨、鄭祭仲公穀說辨、鄭詹左杜公穀說辨不稱行人杜說辨書人貶辭與辭辨、陳轅濤塗穀梁說辨、單伯左氏說子叔姬公羊說辨不稱行人說辨書齊人說辨、季孫行父公羊說辨晉人說辨、鄭行人良霄杜說辨、衛石買書人說辨、衛甯喜書人說辨執衛侯傳事辨、齊慶封穀梁說辨不予討賊辨、陳干徵師書人貶辭討罪辭辨書行人左穀說辨、叔孫舍書行人說辨、宋重幾公穀說辨、宋樂祁犁書人貶稱說、衛北宮結書行人穀梁杜注說辨）。書伐不書執（諱執言伐辨、以戎為衛辨）。書以歸以來（凡伯啖趙孫胡說辨、蔡侯不言獲公羊說辨、邾子言以來不言獲公穀說辨胡傳不諱之說辨）。不書以歸（晉侯不言以歸胡傳免秦伯杜氏貶晉侯辨）。書滅書獲（書獲公羊陳趙說辨、莒挐穀梁說辨、晉侯杜胡說辨、華元穀梁說辨、胡子沈子孫胡說辨）。書放（待放罪放辨、稱國無罪稱人有罪辨）。

卷三十五：晉卿專國（趙鞅叛歸公穀說辨）。季氏專魯（公子牙卒諱辭辨、季子來歸褒辭辨、成風傳語辨、以行父為忠辨、會邢邱舊說辨、子野卒三傳說辨、唁子野并罪齊侯辨、叔孫舍卒傳事辨、鄆潰胡傳說辨、唁公乾侯左氏說辨、失國專咎昭公辨不改立君劉汪說辨、書孟子卒譏昭公辨）。

卷三十六：書魯僭禮（大蒐大閱非僭辨、成王賜魯天子禮樂辨）。書魯郊（魯有冬至祈穀二祭辨、穀梁一月一卜說辨、三望諸說辨、天子四望諸侯三望辨、郊牛之口傷之字公穀說辨、公羊以書不郊為不免牲辨、以用郊但為譏不時辨胡傳用人之說辨）。書魯大雩（書旱祭非書失時辨、左傳過則書辨、穀梁冬無為雩辨）。書魯內祀（禘、大事、有事、書烝）（大事為祫有事為時祭辨、公羊三年祫五年禘之說辨諸儒禘祫為二之說辨、祫非祭名辨、禘專祭始祖與始祖所自出趙說辨、魯無文王廟辨、躋僖公公穀胡傳說辨、正月烝穀梁說辨、書嘗穀梁說辨、從祀先公馮氏說辨）。書魯樂制（六羽杜解辨、公穀說辨、萬舞公羊鄭孔說辨）。

卷三十七：魯十二公書即位不書即位（以書即位為繼正不書即位為繼弒辨、隱莊閔僖不書即位左氏隨事為說辨胡傳以為孔子削黜辨、承國先君書即位不承國而書者或與之或罪之胡傳說辨、隱非攝左公說辨成公意公羊說辨行小惠輕千乘之國穀梁說辨孔子首絀隱公以明大法胡傳說辨、桓即位公穀胡氏說辨、定即位胡氏說辨）。書魯不告朔不視朔（閏月公羊謂天無是月穀梁謂附月之餘日天子不以告朔辨、猶朝于廟

公羊以為非禮辨、不視朔公羊以為有疾以為自是公無疾不視朔辨）。書魯田賦軍旅（邱甲杜解辨、穀梁云邱作甲辨、邱甲乃賦甲兵非賦車乘徒卒胡李毛顧論辨、作二軍公穀復古復正說辨、或謂魯舊二軍今增一或謂魯舊省三為二今復為三辨、舍中軍公羊以三軍為三卿以諸侯二卿為復古穀梁謂諸侯一軍舍為復古辨、用田賦諸家論辨）。書魯蒐狩治兵（四治田名公穀異義辨、蒐不言公說辨、大閱大蒐書大非僭辨、穀梁以秋蒐為正辨、西狩穀梁說辨范注說辨）。書告糴（不言如糴之若私行公穀說辨、不稱使譏魯無蓄譏臧孫私行辨）。書肆大眚（公羊忌省說穀梁嫌葬文姜說辨）。

卷三十八：昏禮總論（公羊譏不親迎辨、穀梁親迎恆事不志辨、昏姻以著邦交非專誌失禮辨）。書逆王后（祭公逆后不正其即謀于我穀梁說辨譏不親迎而使魯何休說辨任重使輕劉氏說辨無使諸侯為主之禮程子說辨以書來書遂為譏祭公而罪魯舊說辨、稱紀季姜公羊孔疏劉陳說辨、單靖公傳說牴牾辨）。書王姬下嫁（左氏以單伯為周大夫逆作送辨）。書魯娶夫人（越國親迎辨、穀梁以莊公書逆女為不正其親迎辨以僖襄昭定哀不書逆夫人為親迎得禮不書辨、婦姜書氏不書氏說辨、莊公逆女杜說辨姜氏書人公穀說辨穀梁大夫不見夫人說辨大夫宗婦不言及說辨、逆婦姜公穀胡傳說辨出姜不書至不言氏貶辭辨、宣夫人婦姜不書氏公穀說辨）。書內女外適（適諸侯書逆女不書逆女、書歸不書歸、書來書來歸、書納幣致女媵、適大夫書逆書來、紀逆女公羊辭窮無母說辨譏不親迎說辨、紀叔姬以賢書辨、紀叔姬當歸魯不當歸酅辨、鄫季姬自擇配何胡說辨以歸于鄫為始嫁之女辨、宋納幣書書使譏詞辨、詳錄宋其姬昏事賢之辨、同姓媵之異姓則否辨、公穀胡傳論其姬或襃或貶辨、媵非以女媵辨、子叔姬書子說辨左氏傳事辨、齊來歸子叔姬公穀說辨左氏以為王故辨、莒慶來逆不正其接內穀梁說辨譏公自主胡氏說辨、鄗國來逆譏公自主胡氏說辨子叔姬以為宣公女辨、公子結媵陳人之婦公穀胡傳孔疏程氏說辨）。書魯夫人事（書文姜淫逆、書莊公昏饗哀姜弒逆、書聲姜外會、書出姜大歸敬嬴僭逆、書姒氏孟子喪禮略、歸寧惟一書至外如外會皆不書至、妾母志僭辨仲子不稱夫人別宮不祔舊說辨庶子為君為其母無服辨妾不入廟辨《春秋》並書兩夫人以著嫡母妾母其二非志其僭辨天王歸賵概云非禮辨、夫人子氏杜氏以為仲子公羊以為隱母辨、夫人孫于齊貶去姜氏辨、夫人氏喪至貶不稱姜辨、禘致夫人公穀胡氏說辨、會下左氏以為齊止公辨、王歸成風含賵胡氏說辨、文夫人姜氏書至穀梁說辨、僖公成風穀梁胡氏說辨、出姜大歸書姜氏胡氏說辨、夫人婦姜不稱氏公穀說辨、孟子以為《春秋》諱詞三傳胡氏說辨）。

卷三十九：凶禮總論（賊討書葬賊不討不書葬辨）。書天王崩葬（志葬危不得葬穀梁說辨、不書葬為公親會劉氏說辨、葬得常禮不書孫說辨、會葬不書其人有故而

後書其人陳說辨、公羊天子記崩不記葬說辨、傳八年惠王崩左氏傳辨、襄二十八年天王崩日左氏傳辨）。王子未即位卒不書崩葬（王子猛公穀說辨）。書公薨（公羊賊不討不書葬辨仇在外不責其討辨、穀梁不以討母葬子之說辨、雨不克葬左穀說辨）。內未踰年之君稱子稱卒不書葬（杜氏先君未葬不書葬說辨）。書作主（杜氏誤句讀辨）。書夫人薨葬（夫人子氏左公說辨、哀姜齊人以歸胡程說辨、書地穀梁說辨、成風卒葬越禮辨、嫡夫人先亡妾母以子貴非失禮之事毛氏牛氏論辨、敬嬴雨不克葬穀梁說辨胡氏咎徵之說辨、齊歸左氏以為娣辨、定姒不祔辨不稱夫人哀未君辨、孟子不稱夫人小君孔子削其號辨諱不書葬辨、君氏左說辨）。書天王來歸賵含會葬列國來歸襚奔喪會葬（仲子左氏豫內事辨、歸含且賵公羊以為譏兼之辨不言來不周事辨、天王會成風葬左氏以為禮辨）。

卷四十：書外諸侯卒葬（同盟赴以名左說辨、名或由赴或不由赴諸說辨、不書葬者胡氏以為孔子削之辨、書葬主我會非主彼國言之辨、書卒不書薨胡氏說辨、衛桓以討賊書葬辨、許男新臣左穀賈氏諸說辨、葬陳靈公羊胡氏說辨、杞桓卒葬趙說辨、鄭僖先名後卒誤為被弒辨、葬蔡景公穀胡傳說辨、陳哀書葬以為存陳辨、葬宋平何范說辨、葬蔡靈左穀說辨、葬許悼公羊程胡說辨、宋元卒書地公羊說辨、隱七滕侯不名三傳說辨、胡氏謂赴不以名書名是孔子特筆辨、衛朔不書葬以為《春秋》削之辨、宋御說不書葬公羊說辨、宋襄不書葬公穀說辨、杞子卒不名左說辨、晉以吾不書葬以為削之辨、晉侯卒于扈公羊說辨、宋三世不書葬為治其罪辨、楚子旅書卒進之不書葬貶之辨、吳子遏門于巢卒公穀說辨）。諸侯葬稱公書諡（畿內諸侯同：不請諡僭稱公辨、蔡桓侯賜諡辨）。書內大夫卒（不書卒貶辭辨、叔仲彭生不書卒以為責其不能討賊辨、桓莊大夫不卒以為《春秋》削之辨、無駭挾卒不書氏貶辭辨、翬不卒意如書卒胡傳說辨、公孫敖書喪歸杜胡說辨、仲遂不當卒因變書卒辨不卒彭生不可以不卒遂辨、叔弓卒公穀以為在外辨）。書王臣卒葬（尹氏何休穀梁說辨以為隱母君氏以為魯大夫辨、王子虎左公說辨、王子虎劉卷襃書卒說辨）。書內女卒葬（卒不卒非以其賢否辨、書齊葬紀伯姬以罪魯辨、譏齊侯賤齊侯辨、賢紀叔姬錄卒葬辨、公羊徒葬乎叔辨、賢宋伯姬錄卒葬辨、稱諡賢之辨、杞叔姬喪歸胡汪說辨、子叔姬左氏傳氏說辨、稱子叔姬諸說辨）。諸侯居喪會盟侵伐朝聘大夫居喪從政出會（汪堯峯辨高氏汪氏說）。

卷四十一：書魯宮廟（考宮公羊訓為入室穀梁解為成之為夫人辨、稱仲子之宮胡汪說辨、丹楹刻桷斥言桓宮范寧說辨、世室魯公之廟太廟之室兩說辨、新宮災謂神主未遷胡氏說辨、武宮左氏說杜誤解辨、明堂位武世室辨、廟有祧而無毀毛氏辨說）。書魯宮室（西宮穀梁以為閔宮辨、公羊楚女說辨、泉臺公羊以為郎臺辨）。魯城築總

論（左氏邑有主曰都無曰邑邑曰築都曰城辨、左氏但論時不時辨、二城書及穀梁說辨、築郿公羊說辨、三築臺公羊各為說辨、穀梁倚周之說辨、城小穀左氏說辨、城中城杜氏說穀梁說辨、築郎囿左氏說辨、定哀書城七其六杜氏皆以為備晉辨）。書外城（城楚邱不言衛三傳不與專封之說辨、城緣陵以為杞滅以為為齊桓諱辨、城三國書法不同胡氏襃貶說辨、城邢不書齊侯楚邱不書諸侯辨、緣陵不序諸侯皆以為貶專封辨、城虎牢公羊以為諱取邑辨、貶城成周辨）。

卷四十二：邑繫國不繫國（一國之辭天下之辭說辨、圍宋彭城三傳胡氏諸家說辨、城虎牢穀梁胡氏諸家說辨、戍鄭虎牢三傳胡氏諸家說辨、圍戚諸家說辨）。土田書假書取書歸書入書疆書來歸書歸之于（取邑另門）（鄭歸祊左傳事辨、鄭假許田公羊諱取周田說穀梁諱易地說辨、齊歸我濟西田公羊未絕于我說穀梁公如齊受之說辨、齊歸三田三傳史記紀事辨、胡氏謂孔子自序其績辨、諸家謂齊人謝過歸功聖人辨、來歸服義之辭辨、齊歸讙闡不曰來歸為不服義辨）。書求（以求之非正責天王辨）。書歸物（田邑書歸另門、致賂書歸另門）（歸含賵不言來穀梁說辨、歸脤杜氏公穀異義辨、歸粟襃辭辨）。書用（劉氏以用郊為用人辨）。書得書獲（獲麟不言來不言有穀梁說辨）。書觀（觀魚觀左作矢魚古通漁說、觀社為齊蒐兵故、穀梁尸女說）。書貪利致賂（書歸入假取納來歸、歸衛俘左穀說辨）。

卷四十三：災異總論（漢儒以《春秋》復洪範緯書左穀說）。日食（杜氏云惟忌正陽之月其餘則否辨、春秋日食置閏之誤史官之失史文之闕或不書朔不書日或朔日皆不書穀梁各說辨、比月頻食之誤辨、不書朔公羊以為食二日辨、公羊記異說辨、桓十七年十月左穀何氏說辨、莊十八年僖十五年穀梁說辨、莊二十五年六月杜孔之誤辨、左氏傳文辨、穀梁說辨、襄二十七年十二月傳云十一月劉歆以漢曆駁左傳辨辰在申傳誤辨、昭十七年六月諸家駁左之誤辨）。

卷四十四：星變（彗字同異辨、星隕如雨二傳說辨、史記併宋魯兩事為一辨、大辰非北辰辨）。大雨震電震廟雨雪雨雹（隱九年左傳霖字是釋大雨非釋經杜云經誤辨、公羊僖十年作大雨雹昭三四年作大雨雪辨、震夷伯廟左傳罪展氏說公羊季氏之孚說辨）。無冰（襄二十八年傳言宋鄭事應辨）。霜變（不殺草杜注辨、殺菽何注辨）。書不雨書雩書大旱（文二年不雨公羊以為記異非災辨、穀梁以旱書時為正辨）。大水（劉氏解穀梁高下有水說辨、鼓用牲于社左與公穀異義說）。火災（御廩災左云不害辨、新宮災不當哭劉說辨）。

卷四十五：無麥苗麥禾（莊七年左氏說辨、莊二十八年穀梁說辨）。蟲災總論（書月書時穀梁說辨）（螽蝝：蝝生左公穀杜說辨、哀十二年傳語杜解辨）。物異（有

蟲有蜚左氏與二傳異義說、鸜鵒來巢公穀漢志說辨、獲麟不言有穀梁說辨、是記異非不祥之謂辨、杜云《春秋》感麟而作公穀云《春秋》文成致麟說辨）。外災異（公羊外災不書其書者各為說辨、宣榭火公羊新周說辨、穀梁周災不志說辨、宣榭公羊以為宣公之榭何休以為不毀之廟胡傳謂廟制俱榭毛氏謂遠廟無寢公穀漢志又謂藏樂器之所服氏以稱宣為宣揚威武諸說辨、齊大災公羊以為及我辨、宋災公羊以為王者之後穀梁以為孔子之先故書辨公羊作宋火又謂內不言或甚之辨、宋災伯姬卒左穀說辨、陳災公穀誤作火辨、穀梁國曰災邑曰火辨、宋大水公羊謂及我穀梁為王者之後書辨、沙鹿崩公羊以為邑穀梁以鹿為山足辨何趙說辨、梁山崩何胡說辨、雨霜于宋左曰隊而死公羊曰死而隊辨杜從左義辨公羊云王者之後記異辨劉氏自下而上曰雨辨）。書有年大有年（謂桓宣不宜有年書以記異辨）。

卷四十六七八：列國地名都邑地並見經者：周（公羊以王城為西周以成周為東周辨、祭地說辨、單邑非魯單氏辨）。魯（南門兩解、中城非虒邱厚邱辨、魯有二郎三防二鄆二平陽辨、郎臺為泉臺辨、棠唐一地說、許田非近許國辨、成邑穀梁誤郕國辨、小穀誤齊之穀辨、左氏以齊歸地為汶陽田辨、以費滑費惠公為季氏之費辨、公羊以咸邱為邾邑以焚為樵辨、龜疑齊地辨、乘邱應劭解辨、敗宋于鄑非齊遷紀邑辨、薛非薛國及田文所居之薛辨、狸脤杜氏誤駁、非魯境辨、盟于劉當是羨文辨、汾泉公羊說辨、紅地漢志注複誤辨、公羊以闞為邾邑辨、公羊漷自移說辨、魯齊邾之沂有三辨）。宋（蕭有二毛氏說、垂誤濟陰之垂亭辨、鹿上水經注兩載辨、澶淵有二辨）。齊（穀誤魯之小穀辨、扈非鄭地之扈辨、追師至酀以為紀邑辨、鞍去齊五百里辨、重邱以為曹地辨、夾谷數解辨、艾數解辨、艾與艾陵誤為一地辨）。晉（曲沃為樂氏邑辨、韓非詩韓侯同州韓城之韓辨、箕非陽邑之箕辨、邢邱非邢國辨、葵邱非宋地之陳留外黃辨、溫即河陽誤以狩為田因誤以為非狩地辨、交剛非狄地辨、大鹵大原說、梁山非詩與孟子之梁山辨、河曲公羊說辨）。鄭（鄢非鄢陵杜注誤從漢志注辨克段于鄢公羊說辨、鄭伯入陳公羊說辨、僖六年新城杜孔說辨文十四年盟地即鄭地非宋地辨、莊三年滑宜從公穀作魯地郎說、扈地盟齊處杜誤為鄭地辨、晉侯卒處公羊誤為晉地謂卒于封內不地卒于會故地辨、鄐作鄏鄑通溱兩說、鄭伯卒于鄴公羊謂卒于封內不地以弒故地辨、亳城謂京城之訛辨）。曹（洮與魯地別辨、曹南誤以為曹都辨）。衛（衛與戎兩楚邱辨附魯地說、清疑齊地說、匡與鄭地異辨、貫非貰辨、盟惡曹以不書宋疑宋地辨、首止水經誤首陽辨、鹹與魯地別辨、馬陵劉昭兩載之誤辨、瑣澤即沙澤以瑣為鄭地辨杜注辨、柯與齊邑盟地異辨、澶淵與宋地別辨、黃池非陳留外黃之黃溝辨在平邱非封邱辨、沙鹿非晉地辨公羊以為邑穀梁以鹿為山足辨、濮非陳地辨非東郡之濮陽辨、穀

梁識失賊孫氏貶衛臣說辨）。陳（辰陵誤夷陵以為齊地辨）。蔡（會鄧非鄧國楚地）。紀（紀地非東莞杜注辨、穀梁以邢鄈部亦為一國名辨）。郕（劉昭誤云濟北之成辨、以盛為成諱滅同姓說辨）。邢（故國邢臺繼遷聊城疑二地同名夷儀說）。北燕（陽非中山之唐杜注辨）。西虢（虢仲虢叔東西二國解、虢有東西南北四名辨、下陽不繫虢公羊說辨邑書滅說辨）。邾（邾非附庸辨、繹即繹山非國都辨、閭邱杜酈解辨漆、濫公穀說辨）。小邾郳（郳非夷辨、郳國非齊遷萊之地辨、句繹杜云邾地辨）。莒（向地周鄭莒魯有四辨魯之向國邑之別辨、隱二年入向穀梁以為我邑辨、防茲二邑杜說辨）。杞（自雍邱並滈于地杜說辨、薛注以營陵為營邱辨、牟婁疑紀邑說）。楚（吳入郢不書入楚辨、陘非潁川召陵之陘亭杜解辨、柤疑宋地辨、容城非華容辨）。吳（會吳之向杜注誤鄭地辨、郧為海陵發陽杜注辨）。戎（此戎州已氏之戎、楚邱伐凡伯處非衛地辨）。

卷四十九：經書諸小國（向國非譙國龍亢之向辨、極書入諱滅同姓辨、杜注兩部皆在成武辨、杜云州在滈于辨、鄧非襄陽鄧城辨、梁非浚儀大梁河南梁縣辨、屬賴誤為二國辨、牟非泰山牟縣辨、滑非大名之滑辨、蕭非宋邑之蕭辨、郭疑虢辨、郭非紀郭非紀附庸辨、杜注以舒蓼為蓼又以羣舒為一國辨、鄟莒滅魯取公羊說辨、英氏稱氏公羊說辨、熊摯封夔辨、臯陶封六辨、侵崇公羊說辨、萊姜姓辨、根牟郹邾公羊以為邾邑辨根牟或又云萊邑辨、州來楚邑辨、鮮虞姬姓辨）。

卷五十：夷狄稱號總論（舉號稱人稱子襃貶辨）。楚書荊書楚書人書爵書大夫名氏（漸進說辨、襃爵貶人辨、以吳楚書子為《春秋》之法辨、州國氏人名字爵公羊說辨、謹華夷而於楚事無一不致其嚴辨、荊非州名辨公穀胡氏貶之外之辨、來聘襃稱人辨、改號楚進之辨、楚無大夫辨、公羊尊屈完說辨、鹿上人楚以人二國辨、戰泓楚子貶稱人辨以師敗於人責、圍宋人楚子以人諸侯公穀胡氏諸說辨、以為得臣帥師大夫先諸侯辨、城濮柏舉貶楚臣辨、大夫不敵君辨、椒聘進之辨、忽商臣辨、伐鄭入陳子楚討賊辨、伐鄭書爵書人襃貶辨書爵胡傳襃辭貶辭直辭辨、戰郔稱晉臣名氏敵楚君說辨、伐宋圍宋書爵楚有辭辨罪宋辨、楚書卒貴之辨書子黜之辨、嬰齊魯公子書名氏書人穀梁說辨、伐鄭書大夫帥師無貶辭辨、伐莒入鄆進退辭辨、滅陳蔡貶稱師辨、戰長岸進楚辨、圍蔡忽復讐稱爵辨）。吳書國書人書爵（伯爵降子辨、書法與楚異謂進楚退吳辨、惡僭號稱吳辨、外吳說辨、吳稱人公羊說辨、札不書公子公穀胡氏襃貶說辨吳書爵公穀說辨、長岸進楚退吳辨、戰柏舉書爵入郢書吳襃貶說辨、救陳書吳杜胡說辨、會黃池書爵公穀杜孔襃辭辨自貶之說辨）。越書越書於越書越人（越於越公羊說辨、稱人進之辨）。徐舉號書人書爵（貶舉號襃晉人書爵辨、伐莒杜趙說辨）。

秦書爵書人書師（敗秦師于殽公羊無師字以稱秦為狄之辨、交兵書人書師貶辭辨《春秋》以王事責秦穆辨、秦無大夫辨書術聘賢穆公辨貶術不氏辨漸進之辭辨）。

卷五十一：四裔總論（夷蠻戎狄名屬四方辨）。書戎（杜氏誤以姜戎陸渾戎為一辨、陰戎九州戎異說、會潛者即書之徐戎杜何以為西戎氏羌辨、伏凡伯者穀梁以戎為衛辨）。書狄（伐衛盟邢稱人進敵辨、晉敗狄貶人辨、敗鹹公穀說辨長狄非國號辨、潞稱氏稱子公羊說辨、赤白狄辨）。

卷五十八：書遂（公羊生事說辨、書事非一例辨）；大夫二事專事書遂（譏祭公專不反命何程劉胡說辨、貶公子結矯命辨、公子遂如京師遂如晉公羊說辨）；大夫出奔書遂（譏歸父逃命辨）；兵事書遂（侵蔡遂伐楚胡傳說辨、遂成虎牢公羊說辨）；不書遂（圍陳納頓子公羊說辨）。書猶（猶朝于廟公穀說辨）。書乃書而（穀梁范注辨）。書以（以師以叛以奔以歸俱另門、執衛行人穀梁說辨、以王猛公穀劉胡說辨）。書會書及書暨（及姜戎杜注辨、宋辰及佗彄叛胡說辨、盟會及兵會及戰書及平及暨另門）；內大夫與外大夫偕行不書及（汪氏說辨）。二國二邑二地書及（二邑公私大小公穀說辨、雉門及兩觀公穀說辨）；二地不言及（公邑私邑辨、桓僖敵辭辨）。

卷六十：闕文誤文（日食闕日朔穀梁說辨、外諸侯卒闕名左氏說辨、夫人闕姓氏三傳說辨、王不稱天胡氏說辨、桓十四年不書王說辨、桓昭定不書秋冬說辨、秦鄭晉伐國闕將帥說辨、何休解公羊多曲說辨、孔子因史闕不盡然辨、公穀書孔子生辨）。時闕（桓四年七年昭十年定十四年闕時何賈程胡說辨、戰奚闕夏氏賈說辨、成十年公羊闕時何說辨）。月闕（紀姜歸京師闕月程子說辨、夏五傳疑辨）。日月下闕事（桓五年正月甲戌己丑三傳說辨、莊二十二年夏五月何說辨）。日食闕日朔（公羊以為失之前後穀梁以為晦夜食辨）。一日兩事重書日羨文（穀梁說辨）。王不稱天闕文三（程胡說辨）。桓凡十四年不書王（公穀程杜諸說辨）。夫人姓氏闕文誤文（三傳賈孫諸說辨附內女繫國闕文）。外諸侯爵號名諡闕文誤文衍文公會外盟闕文（紀子伯杜穀程趙說辨、定來三傳程胡說辨、葬蔡桓侯何啖說辨、盟幽盟瞿泉程胡說辨、齊人伐山戎齊侯獻戎捷二傳說辨、郭公二傳說辨、外諸侯卒闕名左氏說辨、諸侯出奔闕名舊說辨）。內大夫闕名衍文（仲孫忌公羊說辨）。外大夫闕名闕國名衍文誤文（黑肱闕書邾公穀說辨、魏多公羊說辨）。殺大夫闕名（公羊曹宋二說辨穀梁曹宋二說辨、左杜陳氏說辨）。兵事闕文衍文誤文（界宋人闕田字說辨、敗秦公羊說辨、救陳宋闕宋胡傳說辨）。盟地誤文（盟于劉衍誤辨）。

◎卷前目錄：

者采入，其旁通諸經條辨不備載）。（商周不改時月辨、夏時冠周月辨、周正夏正經傳
不合辨、《詩》《書》《周禮》《孟子》《春秋》不合辨）。嗣君踰年即位書元年（孔子
謂一為元辨、僭周改元辨、書元王魯辨、書元罪魯辨）。即位朝正書王正月（書王云
王魯云孔子所加辨）。歲首書王繫月（以王為文王辨、書二三月以為存夏殷辨、桓不
書王辨見闕文門）。歲首紀事書時不書月者不書王首事書時下有二月三月者亦不
書王。一時無事書首月不書者闕文（以為孔子所加者辨）。隱十年不書正月（隱
不自正辨、貶隱不書正辨）。定元年不書正月（定無正始辨、不與季氏成正朔辨）。
事之繫日者書晦朔（日食書朔另門、晦朔書不書襃貶辨、以晦為冥辨）。剛日柔日、
上辛季辛。書閏月（春秋時置閏之失、天無是月附月之餘辨）。書日書夜總論、書
日中日下昃、書夜夜中。一月兩事不得其日書書是月。會盟書日在諸侯之下所
以別會與盟之異日（公羊說辨）。先會後戰先伐後入則亦異日。伐戰同日。以卒
日繫事上著其為一事。不以時告者即告時書之辨（天王崩陳鮑齊小白環晉饞諸夷
吾卒晉殺申生里克弒君宋取長葛秦晉戰韓杜注辨）。日月誤文（闕文衍文見闕誤門。
附年誤。有駁辨）。有日無月。日月襃貶辨（全經不能備載，酌采辨說見各條下）。

　　卷二：書天王（闕文不書天三、省文但書王三、誤書天子一、貶不書天辨、孔
子加天於王辨）。書京師王城成周王室王所（書成周識與列國等辨、書王所為非其
所辨）。書錫命（以九錫為錫命辨、賜錫分二義辨、貶桓文不書齊晉錫命辨）。尊王
書法（踐土諱會天王辨、踐土不書王天下勞辨、狩河陽為王諱又為晉解辨）。書王室
之亂（子穨事諱不書辨、罪襄王書出辨、諱襄王用狄師不書辨、書以罪劉單辨）。春
秋王迹。周魯交際。

　　卷三：伯主攘楚事總論。春秋霸國總論（附程氏顧氏《春秋》加意於宋論）。
宋襄秦穆楚莊非伯論（諸家辨說）。齊楚爭盟交兵（始霸獨書爵辨、以子穨事伐衛
貶齊桓辨、書次譏救邢辨、會鹹謀王室辨、城緣陵遷杞辨、會淮謀鄫辨）：齊桓總論。
桓文總論。宋楚爭盟交兵（始伯獨書爵辨、曹南鄫子後會辨、會盂獻捷不書宋為魯
諱辨、戰泓敗績諱不書宋公辨）：宋襄總論。

　　卷四晉楚爭盟交兵：晉文之世（書侵曹伐衛譏復怨辨、書楚救衛與楚辨、以書
入曹畀宋為譎辨、踐土天王下勞辨、削納王事不書辨）。晉靈之世（次厥貉三國不書
辨、盟扈會扈書曰諸侯辨）。晉成之世（楚書子書人襃貶辨）。晉景之世（盟辰陵入
陳圍鄭書楚子與楚辨、書楚圍宋責宋辨、宋楚平貶稱人辨、盟蜀卿不書匵盟辨、成三
年伐鄭襃書爵辨、成十年伐鄭以晉侯為州蒲辨）。晉厲之世（會瑣澤經傳不符辨）。晉
靈成景厲總論。

卷五晉楚爭盟交兵：晉悼之世。晉悼總論。晉平之世、後論（會溴梁傳載齊高厚事辨、會夷儀不書伐齊辨、齊同盟重邱辨、會宋傳事辨經改先晉辨、會虢不書盟辨、會申貶諸侯不殊淮夷辨）。晉昭之世、後論。晉伯餘燼、後論（會黃父無貶辨、會召陵書侵隨之辨）。

卷六：吳晉爭盟（罪晉用兵制楚辨、會戚諱不書盟吳辨、黃池兩伯辨）。齊景圖霸（次五氏垂葭諱不書伐晉辨）。

卷七：書朝王於京師（書朝書如襃貶辨、踐土致天子辨）。諸侯相朝聘總論。書諸侯來朝（各國各總論附後其止一來朝者在本條下、貶朝桓辨、以春秋諸侯相朝聘為禮辨）。來聘總論。書王使聘魯（下聘責天王辨）。書列國來聘（齊晉衛宋鄭陳楚秦吳）。王臣但書來（不書朝不與其朝辨、逆后書來譏詞辨）。夷狄書來（不書朝不與其朝辨、曰來譏詞辨、用夷禮不稱朝辨）。外臣但書來（嘉之罪之辨）。王臣以事來者書其事。諸侯以事來者書其事。外臣以事來者書其事。王臣不書使（當喪未君辨、不與其使不書使辨）。外大夫不書使（譏其君不書使辨、尊其臣不書使辨、予以權不書使辨、我無君彼無大夫不書使辨、非君命不書使辨、我無君彼無大夫不書使辨）。

卷八：君大夫適外書如總論。公外朝奔喪送葬書如。內大夫書如（諱奔書如辨、因聘行私事不書其事罪之辨）。公外如非朝則直書其事。內大夫外如非聘則直書其事。內大夫以事出不書如（不稱使、諱私行辨）。書外諸侯相如（離不言會辨、書如非朝辨）。書公至不書公至（致前事後事義辨、致會致伐義辨、備禮書至不備禮不書至辨、錄其久誌其遠危其往幸其歸善其行辨、桓會離會惡事會夷狄不至辨、恆辭變文辨、往還時月日辨、至在正月著其不朝正辨）。內大夫被執得歸書至不書至。君大夫外如在道而復（事畢事未畢辨、不至而復內辭辨、不言所至未如辨）。君大夫反國書還（書還善辭辨）。

卷九：會盟總論。內特會參會特盟參盟。外特會參會特盟參盟。中國夷狄特參會盟（會黃池兩伯之辭辨）。同盟（服異同欲惡其反覆同心為善為惡諸說辨、特書同以示譏辨）。殊會殊盟（殊吳為尊吳外吳不殊淮夷為夷楚與諸侯辨、黃池兩伯辨）。來盟涖盟（來盟前定辨前定不日辨、殊盟不言及不言內盟者以國與之、涖盟不言及以國與之辨、書高子譏齊桓辨、屈完書于師為前定辨、華孫書字書官貴之辨、書杞子賤之辨）。聘而遂盟。朝而遂盟。書遇（以書遇為特貶諸侯辨、以書遇為大齊桓辨、書及內為志辨）。書胥命。書享禮。

卷十：大夫主會盟征伐總論。內大夫會盟諸侯。公會盟外大夫。內大夫會盟外大夫。伯國大夫主會盟（主征伐見大夫將兵書（帥師門））。

　　卷十一：內盟書及書會（內為主外為主辨、遇書及同）。書公會之下盟又書公及。會而後盟者盟書書及。盟于師書及書如師。內盟不目其人而書及（稱及為微者辨、諱公盟大夫辨、不言公抑大夫之亢辨、斥言公譏詞不書公諱詞辨）。外會盟不書公與大夫（諱不書辨、不書以著疑辨、以為微者辨）。內大夫出使非卿皆不書其人。外盟夷狄會其師書及（罪為主書及辨、外之殊之書及辨）。會盟征伐首王臣。尊王世子不同盟。王臣與盟不與盟（踐土不書王子虎辨）。列國世子朝聘會盟征伐（世子不當抗諸侯辨）。內卿並使並將並會並盟。內卿從公出不書有故則書之。外臣奉命之事常書人變例則書君。

　　卷十二：主會首書。主兵首書（兵首治亂賊黨與辨、略故首兵辨、不以子圍父辨）。春秋之初諸侯序爵不以主會主兵首書。大夫主會主兵有諸侯在會序諸侯之下（卿可以會伯子男辨）。序諸侯伯主意為升降。前目後凡。一事再序列國不再序列國（重言貶辭辨）。兩事再書某人（再書褒辭辨）。大夫一事再見卒名不氏（稱族尊君舍族尊夫人辨、舍族尊晉辨、貶不氏貶不書公子辨）。君行二事再書君（再書貶辭辨）。大夫以二事出再見名（再稱公子褒辭辨）。書曰諸侯：會有王臣盟無王臣書曰諸侯、會盟間有異事再舉諸侯、略辭散辭書曰諸侯、諱辭書曰諸侯。書曰諸侯之大夫（有駁辨）。公及外大夫盟書曰大夫不名（恕辭辨、諱辭辨）。

　　卷十三：會盟變文著事實（以為特筆貶褒辨）。會盟書所為用兵書所事。書會盟如會（鄭子非後會辨）。會公來會公。書曰公會諸侯盟。書會于某而後伐救侵盟（疑辭褒辭辨）。曰弗遇曰不與盟曰不見公曰弗及盟曰乞盟曰逃歸不盟曰未見諸侯（諱不諱恥不恥辨）。不書所會（楚邱魯後至辨）。會盟同地再書（書重詞複有大美惡褒貶辨）。會盟同地不再書。盟不地。戰不地。會盟以國地者國主與盟。兵以國地者其國亦與戰。與會不書（以下四門駁辨就所見者采入）、與兵不書、王臣與會與兵不書、內外會盟不書（此四門駁辨就所見者采入）。

　　卷十四：征伐總論。（內外）兵將書君大夫將書帥師書將書師書人（本公羊說附諸家辨證、文公以前文公以後稱人稱師義異辨、書爵書名書人書師褒貶辨）。征伐在諸侯則君將稱君大夫將稱人用眾稱師在大夫則專兵之卿書名氏非卿稱人用眾稱師（前公羊例諸家辨說已采另編此篇於後本趙氏屬辭據諸家以改正之。莒邾等小國秦楚不入例）。承上略辭書師。君將大夫將書師（沒公書師褒詞辨、貶楚書師辨）。書師通稱。

　　卷十五：書王師（以諸侯之師不曰以而曰從、不言會及、不書戰、書敗績不書敗績、書敗以自敗為文、書從王為天王諱伐辨不使天子首兵辨、責桓王不當伐鄭辨、

伐鄭諱不書敗辨、王人書字善救衛辨）。王臣會伐。秦晉交兵（書爵書人書國褒貶辨、伐敗書不書褒貶辨）。齊晉交兵（諱伐盟主書次辨）。吳楚交兵（書爵書人褒貶辨、書人書國褒貶辨、雞父不書楚貶辭辨、柏舉書蔡以師褒辭辨）。吳越交兵。

卷十六：宋鄭交兵（桓十五年公羊說辨）。齊魯交兵（戰郎左氏說辨、追齊師胡氏說辨、戰鞌胡氏說辨）。宋魯交兵。邾魯交兵（取須句左氏說辨、哀八年左事辨何氏胡氏說辨）。莒魯交兵。

卷十七：齊晉楚爭鄭（宣三年以書伐為貶鄭從楚以不書平為褒鄭從晉辨、宣十年以不書晉救為責晉辨、成七年鄭伯歸國削不書辨、襄七年公穀說辨）。晉楚吳爭陳（襄七年會鄬罪陳辨、哀十年書吳救為罪楚辨）。晉鄭楚伐許（鄭滅許始末）。齊滅紀始末（公羊復讐說辨、葬紀伯姬書爵褒貶辨）。宋滅曹始末。楚滅蔡始末（齊晉侵蔡伐蔡、次厥貉恕宋陳鄭不書辨、哀元年書圍恕楚辨）。

卷十八：書侵伐總論（三傳及趙氏胡氏說辨、有罪無罪有名無名辨、侵為貶辭辨傳言伐經言侵誤從傳以說經辨）。書侵（晉文侵曹衛譏復怨辨、召陵書侵隨之辨、召陵以後書侵皆貶其無名辨、傳言伐經書侵從告詞辨）。侵不書。書伐（僖二十一楚伐宋成十七晉伐鄭不書圍辨、僖二十一伐邾二十四狄伐鄭文三救江傳事辨、成九晉伐鄭不書戰辨、襄十九伐齊不書晉師辨、襄二十五鄭伐陳無貶辨、哀元伐晉經傳異文辨、傳言侵經書伐從告詞辨）。伐不書（戰韓責晉辨、彭衙罪秦辨、夷儀不予晉辨、取鄆為內諱辨、次五氏諱伐主盟辨）。內被侵伐書某鄙不書某鄙（《春秋》之初尊魯《春秋》之終卑魯、書伐我諱辭自咎之辭辨）。內被兵不書侵伐（責魯不書辨、不與戰不書辨、我有辭彼無辭不書辨、貶背盟來伐不書辨、略敵退師不書辨、兵未加不書辨）。

卷十九：書戰總論。戰書及不書及（別主客直不直辨、書及貶不貶辨、胡氏說及戰來戰辨、伐衛戰甗戰長岸公穀說辨、于韓于泓城濮彭衙令狐于泌新築于鞍胡氏說辨、大棘鄢陵于鐵艾陵諸家說辨、河曲不書及諸說辨）。外兵伐而敗者不書必交戰而後書敗績。外戰不書敗績或并不書戰（君獲師未敗不書敗、勝負敵不書敗、略文不書敗、令狐貶晉辨）。內兵書來戰及戰（罪彼罪內辨、戰郎左說辨、以來戰為前定不言及為內諱辨、不書伐我為貶三國辨、戰宋穀梁說辨、罪魯責宋辨）。書敗其師又書獲其君將。內兵勝書敗某師書君大夫不書戰（皆陳未陳辨、詐戰疑戰辨、各條胡傳責魯辨）。內兵敗則但書戰一書敗績為羨文（書敗績以為榮魯罪魯辨）。外兵書敗某于某（偏戰疑戰陳未陳辨、不結日不偏陳辨、荊敗蔡穀梁說辨、于殽罪秦于晉責晉辨、楚敗徐穀梁疏辨、雞父三傳說辨）。書伐而戰（圍而戰、伐衛戰宋甚

伐者之罪辨、于齕惡宋救而戰、濮郳以正楚罪辨、艾陵難詞異詞辨）。戰稱將敗稱師
或變文敗稱君稱人（齊伐衛公穀說辨貶衛說辨、泓敗譚不言宋公辨、追齊師穀梁胡
傳說辨、鄢陵稱君罪楚辨）。

卷二十：書圍（邑不言圍辨、圍書人貶辭辨、楚入鄭書圍恕楚辨圍宋責宋辨、
同圍齊同心疾齊辨、圍郊不與伐周辨、圍蔡恕楚辨、圍戚公穀說辨）。內邑書圍（不
書叛罪上辨、昭公圍成大公辨）。伐圍並書（伐不言圍辨、伐言圍貶辭辨、伐圍美惡
同辭辨、伐圍取邑之辭辨）。書戍。書襲。書入（穀梁內弗受說辨、滅而書入辨、楚
入陳不書取恕辭辨、公入邾胡傳說辨、宋入曹責曹責魯辨）。伐入並書（入不言伐辨）。
書降（郕降公穀說辨、降郕公羊蘇氏說辨）。書遷（遷紀邑譚言取辨、遷之者不地為
亡辭辨、自遷者書地因再見辨）。不書遷。

卷二十一：書取總論（易辭辨、不用師徒辨、內譚滅書取辨）。外取國邑田（疾
始取則書桓以後不勝書則不書辨、以久而書辨、滅而書取辨、齊取鄆胡傳說辨）。外
取邑不書（宋伐邾恕詞不書辨）。內取國邑田（易辭辨、內譚滅辨、兩取須句傳事辨、
根牟郭郝為邑辨、取鄆不書伐諸說辨）。伐取並書（兩書伐取特彰其惡辨）。書滅（用
大師曰滅辨、入滅異義辨、罪見滅者辨名不名別有罪無罪辨、滅項三傳有得失辨、滅
同姓名辨、滅庸滅蕭胡傳說辨、滅潞氏胡傳說辨、滅鄫公穀說辨、楚滅陳舊說辨）。不
書滅（紀不書滅公穀說辨、徐取舒恕詞辨、執虞公不言滅諸說辨、宋入曹不言滅諸說
辨）。

卷二十二：書救（救無功乃書辨、救無有不善辨、褒王人救衛辨、貶齊人救邢
辨、三國救邢公穀說辨書次書師貶辭辨、師狄救齊穀梁說辨、楚救衛救鄭吳救陳胡傳
說辨、趙盾救陳不書救宋辨、救鄭書不書褒貶辨、書爵貶辭辨）。書伐以救。救不書
（救鄭不與楚辨、救鄭救宋不與晉辨、救鄭予楚責晉辨、彭城不可救辨、襄二十四年
不書楚救齊諸侯救鄭辨、柏舉穀梁胡傳說辨、會晉師不予晉辨）。書次（救書次貶辭
辨、次郎公穀說辨、次成穀梁說辨、聶北公穀胡傳說辨、雍榆公羊杜氏說辨、齊衛三
次重絕晉辨譚伐盟主辨貶辭辨）。書至（譏深入辨、譏不敢進辨）。書追（公穀以為大
之辨）。書克（公穀以克為殺辨、罪鄭伯恕段辨）。書潰（邑不言潰辨、莒潰穀梁說
辨、鄆潰譏昭公辨）。書殲。書獻捷（書獻抑齊侯不書使內齊侯辨、不書宋捷譚辭貶
辭辨）。書歸俘。書平（輸平墮成辨、宋楚平貶稱人辨、暨齊平以為燕齊平辨、及齊
鄭平以為叛晉辨）。

卷二十三：內會外兵書及書會（內志外志與謀不與謀辨）。內會外兵會及並
書。會盟而後伐救會侵而再有事亦先書會後書及。兵事後會。書會師（卿不及

公君不會大夫辨、不書大夫重師辨）。內兵不書主帥（貶辭諱辭辨）。外兵不書主帥但書國闕文（狄之外之辨）。諸侯之師不序（惡之賤之畧之辨）。書以師（穀梁范注辨、公以楚師褒魯蔡以吳褒蔡辨）。書乞師（不以王命特貶辨、卑之抑之辨、以晉乞師為卑屈辨）。書棄師。書師還（穀梁說辨）。

卷二十四：諸侯書爵總論。諸侯為時王貶爵進爵（《春秋》專黜陟辨、貶朝桓辨、自貶以省貢賦辨、滕當喪辨、祀用夷禮辨）。附庸未王命不書爵。諸侯宋稱公外惟天子三公稱公（虞公穀梁說辨）。國人稱君曰公係通稱非爵。嗣君稱子不稱子稱爵不稱爵總論（杜氏未葬稱子既葬稱君辨）；嗣君未踰年不書爵（貶鄭忽辨、子卒衛子陳子杜解辨、附變文從未成君之稱不書爵）；嗣君未踰年書爵非禮（稱爵為特貶辨、以王事出書爵辨、踰年書爵者並列入）；未踰年當書子不書；嗣君踰年當書爵不書（曹羈莒展與貶辭辨、曹羈公羊說辨）。國君爭立之際稱君不稱君（鄭人君突不君忽辨、《春秋》錄突黜忽壹子儀辨、以遇垂之鄭伯為子儀辨、鄭忽貶辭辨、公子瑕褒辭貶辭辨、陳佗公穀說辨）；國無二君則雖立未踰年未會諸侯遇弒亦稱君；國無二君而得列於會則雖其人為逆賊亦得稱君；國有二君而皆嘗列於會則皆得稱君；國有二君而其一未列於會則在位雖久亦不稱君；未成君者不稱君。

卷二十五：書王臣（以爵字名人別公卿大夫士之等辨、畿內五等爵辨畿內曰子辨、名字褒貶辨、稱字辨、以宰為士為下大夫辨、祭伯以伯為字祭叔以叔為名或以為字辨、渠糾名字竝書辨、子突名字辨、王人微者辨貶辭辨）。王臣書某氏子。宋大夫書官特筆（文八年左氏公羊鄭氏說辨、十五年左氏說辨）。書世卿（經書魯世卿之始）。諸侯國卿僭制論。

卷二十六：書王子（王子虎非叔服辨不書爵辨、王季子穀梁說辨、王札子胡傳說辨、王猛公羊說辨、王子朝穀梁說辨）。書王世子。書諸侯世子（誓於天子稱世子辨、楚商臣蔡有公羊說辨、衛蒯瞶稱世子著其無罪辨又公羊說辨）。內書世子生（三傳義說辨、未誓不稱世子辨）。書諸侯弟兄（母弟母兄辨、貴之賢之辨、譏寵愛譏薄恩辨、弟兄不得以屬通辨、齊年衛黑肩胡傳辨、公弟左氏說辨、陳黃穀梁程氏辨、衛鱄杜胡說辨、秦鍼左穀諸說辨、衛縶穀梁說辨、宋辰穀梁劉胡說辨）。諸侯之兄弟不書兄弟（為大夫稱公子不稱兄弟、變文不書弟、承國辭書行次不書弟、季友陳招杜孔說辨、陳招公羊說辨、書鄭段貶鄭伯辨、書紀季不貶季侯辨、稱叔季為字為名賢之嘉之辨）。公子大夫貶不書氏繫駁辨（未命為大夫不稱公子不稱氏、入國不稱公子、亂賊貶不書氏、不書公子公孫辨、內外大夫貶不書氏各傳說辨）。（附）公子書子。討

世子母弟稱君（稱君甚之辨）。殺兄弟世子不稱君（陳儻寇劉氏說辨）。書盜（賤者不名辨、昭二十年左氏說辨胡傳說辨、哀四年三傳胡氏說辨）。書闇。

卷二十七：姓氏總論（隱八年左傳誤字辨）。大夫書氏不書氏總論（小國無命大夫辨、以為筆削襃貶辨）。諸侯之子為大夫稱公子公子之子稱公孫（穀梁說辨、筆削襃貶辨）：魯（公子彄穀梁說辨、公子翬左氏程胡說辨、公子牙公羊說辨、公子結胡傳說辨）；曹（公子首公穀說辨、公子會公穀說辨）；陳（公子御寇穀梁說辨、公子招公羊說辨）；齊（公子商人胡傳說辨）；莒（公子意恢穀梁說辨）。楚（公子嬰齊穀梁說辨）、衛、鄭、蔡、宋。公孫之子與異姓之臣賜族書氏未賜族不書氏：內外大夫未賜族不書氏：魯（無駭公穀說辨杜說辨、翬左說辨、溺左穀說辨）、衛（州吁公羊說辨、晉胡傳說辨）、齊（無知胡傳說辨）、鄭（宛穀梁說辨、詹公穀說辨）、紀（履緰穀梁說辨）、秦（術公羊說辨）、楚（椒公羊說辨）、宋莒邾吳；內外大夫已賜族書氏：魯（單伯左說辨、夷伯左說辨、仲嬰齊公羊說辨）、宋（孔父以孔為字、以父為字辨）、齊（仲孫公穀說辨、崔氏左說辨）、衛晉蔡陳楚。王臣書氏。

卷二十八：名字襃貶駁辨總論。諸侯書名不書名駁辨總論。諸侯失地名不名駁辨（詳各條下）。諸侯入國歸國名不名駁辨（詳各條下）。諸侯滅同姓名駁辨（詳各條下）。諸侯相殺名不名駁辨（詳各條下）。附庸書名書字書人駁辨（詳各條下）。諸侯命大夫書字駁辨（魯單伯鄭祭仲陳女叔）。諸侯兄弟書字駁辨（蔡叔許叔蔡季紀季蕭叔）。公子大夫書字不名駁辨（魯季子齊仲孫高子宋子哀華孫）。書死難君前臣名（孔父仇牧荀息）。小國大夫不名專則名以事接我則名有故則名（辨詳各條）。大夫生而賜氏駁辨（季友仲遂叔肸）。大夫卒名字並書駁辨（同上）。大夫已卒不名（夷伯原仲）。顧氏《春秋》無書字之法論：外諸侯卒名不名辨見凶禮門、殺大夫名不名辨見書殺門闕文門。

卷二十九：書人總論（襃貶例說辨）。微者稱人（大國下大夫士。小國卿大夫）。春秋之初外大國卿大夫亦稱人（各條說辨）。文公時外大國卿專政書名之後會盟征伐大夫非卿仍稱人會鍾離以前眾會齊師盟卿會猶稱人戰韲以前會師卿將猶稱人（各條說辨）。眾辭稱人。略辭稱人。夷狄便文稱人（以為進之辨）：將卑師少稱人另門，附庸稱人另門，稱人以弒另門，稱人以殺另門，稱人以執另門，夷狄書人另門。

卷三十：天王書出書居書入魯公書孫書次書居書在（天子不言出辨、天王出入不書諱辭辨、襄王書出貶辭辨、王猛書入公穀說辨、三書公在乾侯左傳說杜注說辨、

公在楚胡傳說辨）。書出奔總論〔註66〕。王子王臣出奔（自周無出辨）。王子王臣出奔不書。諸侯出奔（舊史書臣逐君《春秋》歸過於君辨、襄二十年傳文辨、各條歸罪人君之說辨、鄐伯左氏說辨）。諸侯世子出奔（左傳衛事辨）。諸侯出奔不書（非其罪不書辨、微之不書辨）。魯公出奔書唁。公子大夫出奔（內大夫非其罪不書必有罪而後書辨、書名貶辭辨、公子慶父公羊說辨、宋子哀左氏說辨、齊崔氏左穀說辨、公孫歸父左傳趙顧說辨、宋華元魚石傳事辨、褒衛鱄辨、齊高止左傳說辨、秦鍼公羊說辨、蔡朝吳胡傳說辨、曹公孫會公穀賈孔陸劉說辨）。公子大夫出奔不書（鄭段杜解辨、季子陸劉胡趙說辨）。內書夫人孫。失地之君書法變例（紀侯褒辭諱辭辨）。已滅復書示存亡繼絕之說辨（書遂事穀梁汪氏說辨、書紀事陳說辨、書陳事公穀說辨）。滅國復見於經不著其所以復。外大夫以邑叛（來奔不書叛為內諱辨、公穀以地正國說辨、書三叛重地辨、三叛書名傳說辨、三叛李氏說辨）。外大夫不書叛。內〔註67〕叛不書（惡季氏張公室特削叛字辨、器重於地不書陽虎以邑叛辨、獲麟後書叛趙說辨）。

　　卷三十一：書立納入總論（一字褒貶辨）。書歸入復歸復入總論（左氏四例辨、公羊四例辨、歸入善惡褒貶辭辨）。書立（貶衛立晉不與立辨）。立不書（衛剽公羊說辨）。書納（書納書伐納公羊說辨、納者不宜納辨、諸侯納諸侯正諸侯納大夫非正辨、糾小白是非辨、納頓子穀梁說辨、納捷菑公穀說辨、納北燕伯公羊說辨、書奔又書納內不受辨、納衛衎贖公穀胡傳說辨子戚公羊說辨、納孔寧儀行父左傳杜注說辨、諸家子楚討賊辨不繫陳舊說辨）。納不書（鄭突劉氏說辨、衛叔公羊劉孫說辨、晉惠晉文公羊說辨、齊孝左傳事辨劉說辨、宋魚石不與納辨）。書入（左杜例辨、李氏褒貶說辨、許叔穀梁胡傳說辨、鄭突不書入鄭舊說辨、衛朔公穀說辨、齊小白公羊說辨、糾小白長幼諸說辨、衛獻公羊說辨、紀季穀梁說辨褒季辨、鄭良霄胡傳說辨）。入不書（晉惠公羊說辨、晉文諸家說辨）。書歸（歸為善辭辨、鄭突公羊說辨、蔡季褒辭辨、衛鄭公羊說辨、曹負芻穀梁說辨、歸邾益公羊胡傳說辨、季子杜氏說辨、宋華元左氏胡傳說辨、楚北公穀說辨、晉趙鞅公穀說辨）。歸不書（成十年鄭伯高氏說辨）。諸侯復國變文不書歸。書復歸（歸復歸諸侯大夫褒貶互異辨、大夫歸復歸難易辨、歸復歸公羊說辨、衛鄭胡氏說衛衎左公說辨）。諸侯復國不書復歸（衛朔杜解辨、衛鄭書歸不與復辨、曹負芻劉氏說辨、蔡廬陳吳胡氏說辨）。書復入（魚石事不書楚鄭取彭城不與楚鄭辨、欒盈事公羊說辨）。變文不書復入。書自某歸于某、不書自某歸。書自某入于某、不書自某入。歸入奔納繫國不繫國。

〔註66〕「論」字原脫，據總目及正文補。
〔註67〕「內」字原脫，據總目及正文補。

－2038－

卷三十二：書弒君（書國書人書名左例謬說辨公穀胡傳說辨、以削公子去氏為貶亂賊辨、死難之臣稱名貶辭辨書及累辭辨、孔父仇牧荀息杜氏說辨、奚齊穀梁說辨左氏弒誤殺辨、里克胡傳說辨、蕩意諸死節不書胡氏說辨、趙盾左傳誣聖之說三傳歸罪之說辨以盾再見經為無罪辨、鄭歸生左杜說辨歸罪說辨、夏徵舒杜胡高說辨、晉州蒲穀梁胡傳說辨、衛剽歸罪寧喜辨、闔弒不書其君穀梁說辨、楚虔歸獄公子比辨書歸高氏說辨、許止公穀胡李說辨、吳僚杜何胡洪說辨、薛比孫胡說辨、蔡申左氏弒誤殺辨不書其君舊說辨、齊荼歸獄陳乞辨公穀說辨）。內諱弒君（魯君臣未嘗相弒辨、孔子諱之辨、子般子野非弒辨名不名辨、叔仲彭生死節不書胡傳說辨）。外弒君不書弒駁辨（胡傳不忍書之說辨、鄭髡頑三傳劉氏說辨、楚麇胡氏陳氏說辨、齊陽生左穀胡氏說辨）。弒君者不再見於經辨。顧氏孔子成《春秋》而亂臣賊子懼論。

卷三十三：書殺總論。稱人以殺討賊之辭辨（公羊傳注諸家說辨、殺州吁無知夏徵舒樂盈良霄諸說辨）。書殺變文不以討賊之辭辨（晉里克衛寧喜楚宜申衛剽齊嬰封楚公子比不書人或書大夫辨）。書誘殺諸侯（楚子名不名舊說辨）。諸侯以歸書殺。殺母弟世子公子（公子為大夫者入殺大夫門）（陳御寇左傳杜注辨、佞夫左氏說陳趙郝說辨、莒意恢杜氏說辨）。殺母弟世子公子不書（衛叔武公羊說辨、陳趙說辨）。書專殺大夫（稱國以殺、稱人以殺）（稱國殺無罪稱人殺有罪辨、稱國稱大夫罪累上辨、稱名有罪不名無罪辨、曹莒無大夫辨、盜殺不書大夫胡傳說辨、鄭申侯公子嘉公孫黑晉里克平鄭陽處父先穀二趙三郤楚得臣宜孫公子側公子申王夫屈申成熊郤宛衛元咺孔達寧喜齊國佐高厚陳二慶蔡公子燮駒公孫姓霍稱國稱官諸家說辨、曹宋大夫不名三傳陳胡說辨、陳洩冶名杜孔胡氏說辨左氏誣聖之言辨、里克寧喜書大夫不以討賊辨、宋晉殺大夫書人穀梁說辨、陳殺公子過書人書大夫諸家說、宋書官左傳劉胡說辨、衛公子瑕晉箕鄭父書及穀梁說辨、晉胥童不書死節舊說辨）。殺不書大夫（陳孔奐胡說辨）。內殺大夫書刺（以周官三刺為解辨、言故不言故啖氏說辨、先名後刺先刺後名穀梁說辨）。內殺大夫不書刺（公子牙諱辭善辭辨諸家舍傳從經說）。書大夫相殺（陳趙說辨、殺公子比公羊作弒辨）。書盜殺（鄭不書大夫胡傳辨、蔡侯傳事辨）。

卷三十四：書執總論（稱爵稱人褒貶辨）。書執諸侯（諸侯名不名說辨、執虞公不地辨書執不書滅辨、舍晉罪虞辨、執滕子稱人杜氏說辨、用鄫子傳事辨貶稱人辨、執宋公不言楚子楚人公羊杜氏孫氏說辨書釋不書歸趙張說辨、晉文執曹伯不奪爵辨執衛侯貶稱人辨、晉屬執曹伯三傳說辨褒稱爵辨、晉人執邾子杜劉說辨、魯君見執辨說）。書執大夫（書行人不書行人杜注公羊諸家說辨、鄭祭仲公穀說辨、鄭詹左杜公穀說辨

不稱行人杜說辨書人貶辭與辭辨、陳轅濤塗穀梁說辨、單伯左氏說子叔姬公羊說辨不稱行人說辨書齊人說辨、季孫行父公羊說辨晉人說辨、鄭行人良霄杜說辨、衛石買書人說辨、衛寧喜書人說辨執衛侯傳事辨、齊慶封穀梁說辨不予討賊辨、陳干徵師書人貶辭討罪辭辨書行人左穀說辨、叔孫舍書行人說辨、宋重幾公穀說辨、宋樂祁犁書人貶稱說、衛北宮結書行人穀梁杜注說辨）：行人考。書伐不書執（譚執言伐辨、以戎為衛辨）。執書歸于歸之于。書以歸以來（凡伯啖趙孫胡說辨、蔡侯不言獲公羊說辨、郳子言以來不言獲公穀說辨胡傳不譚之說辨）。不書以歸（晉侯不言以歸胡傳免秦伯杜氏貶晉侯辨）。書滅書獲（書獲公羊陳趙說辨、莒拏穀梁說辨、晉侯杜胡說辨、華元穀梁說辨、胡子沈子孫胡說辨）。書放（待放罪放辨、稱國無罪稱人有罪辨）。書逃。

卷三十五：大夫專國總論。晉卿專國（趙鞅叛歸公穀說辨）。陳氏專齊。宋衛亂臣。魯政下達。季氏專魯（公子牙卒譚辭辨、季子來歸褒辭辨、成風傳語辨、以行父為忠辨、會邢邱舊說辨、子野卒三傳說辨、唁子野并罪齊侯辨、叔孫舍卒傳事辨、鄆潰胡傳說辨、唁公乾侯左氏說辨、失國專咎昭公辨不改立君劉汪說辨、書孟子卒譏昭公辨）。（附）顧氏春秋楚令尹論。謹強都之害。

卷三十六：書魯僭禮（大蒐大閱非僭辨、成王賜魯天子禮樂辨）。書魯禮改革。祭祀總論。書魯郊（魯有冬至祈穀二祭辨、穀梁一月一卜說辨、三望諸說辨、天子四望諸侯三望辨、郊牛之口傷之字公穀說辨、公羊以書不郊為不免牲辨、以用郊但為譏不時辨胡傳用人之說辨）。書魯大雩（書旱祭非書失時辨、左傳過則書辨、穀梁冬無為雩辨）。社不書用牲於社觀社非禮則書（社祭論）。書魯內祀（禘、大事、有事、書烝）（大事為祫有事為時祭辨、公羊三年祫五年禘之說辨諸儒禘祫為二之說辨、祫非祭名辨、禘專祭始祖與始祖所自出趙說辨、魯無文王廟辨、躋僖公公穀胡傳說辨、正月烝穀梁說辨、書嘗穀梁說辨、從祀先公馮氏說辨）。書魯樂制（六羽杜解辨、公穀說辨、萬舞公羊鄭孔說辨）。

卷三十七：即位考。魯十二公書即位不書即位（以書即位為繼正不書即位為繼弒辨、隱莊閔僖不書即位左氏隨事為說辨胡傳以為孔子削黜辨、承國先君書即位不承國而書者或與之或罪之胡傳說辨、隱非攝左公說辨成公意公羊說辨行小惠輕千乘之國穀梁說辨孔子首絀隱公以明大法胡傳說辨、桓即位公穀胡氏說辨、定即位胡氏說辨）。書魯不告朔不視朔（閏月公羊謂天無是月穀梁謂附月之餘日天子不以告朔辨、猶朝于廟公羊以為非禮辨、不視朔公羊以為有疾以為自是公無疾不視朔辨）。書魯田賦軍旅（邱甲杜解辨、穀梁云邱作甲辨、邱甲乃賦甲兵非賦車乘徒卒胡李毛顧論辨、

作三軍公穀復古復正說辨、或謂魯舊二軍今增一或謂魯舊省三為二今復為三辨、舍中軍公羊以三軍為三卿以諸侯二卿為復古穀梁謂諸侯一軍舍為復古辨、用田賦諸家論辨）。書魯蒐狩治兵（四時田名公穀異義辨、蒐不言公說辨、大閱大蒐書大非僭辨、穀梁以秋蒐為正辨、西狩穀梁說辨范注說辨）。書告糴（不言如糴之若私行公穀說辨、不稱使譏魯無蓄譏臧孫私行辨）。書肆大眚（公羊忌省說穀梁嫌葬文姜說辨）。

卷三十八：昏禮總論（公羊譏不親迎辨、穀梁親迎恆事不志辨、昏姻以著邦交非專誌失禮辨）。書逆王后（祭公逆后不正其即謀于我穀梁說辨譏不親迎而使魯何休說辨任重使輕劉氏說辨無使諸侯為主之禮程子說辨以書來書遂為譏祭公而罪魯舊說辨、稱紀季姜公羊孔疏劉陳說辨、單靖公傳說牴牾辨）。書王姬下嫁（左氏以單伯為周大夫逆作送辨）。書魯娶夫人（越國親迎辨、穀梁以莊公書逆女為不正其親迎辨以僖襄昭定哀不書逆夫人為親迎得禮不書辨、婦姜書氏不書氏說辨、莊公逆女杜說辨姜氏書人公穀說辨穀梁大夫不見夫人說辨大夫宗婦不言及說辨、逆婦姜公穀胡傳說辨出姜不書至不言氏貶辭辨、宣夫人婦姜不書氏公穀說辨）。書內女外適（適諸侯書逆女不書逆女、書歸不書歸、書來書來歸、書納幣致女媵、適大夫書逆書來、紀逆女公羊辭窮無母說辨譏不親迎說辨、紀叔姬以賢書辨、紀叔姬當歸魯不當歸鄼辨、鄅季姬自擇配何胡說辨以歸于鄅為始嫁之女辨、宋納幣書書使譏詞辨、詳錄宋其姬昏事賢之辨、同姓媵之異姓則否辨、公穀胡傳論其姬或褒或貶辨、媵非以女媵辨、子叔姬書子說辨左氏傳事辨、齊來歸子叔姬公穀說辨左氏以為王故辨、莒慶來逆不正其接內穀梁說辨譏公自主胡氏說辨、鬲國來逆譏公自主胡氏說辨子叔姬以為宣公女辨、公子結媵陳人之婦公穀胡傳孔疏程氏說辨）：杞魯昏姻論。書魯夫人事（書文姜淫逆、書莊公昏譽哀姜弒逆、書聲姜外會、書出姜大歸敬嬴僭逆、書姒氏孟子喪禮略、歸寧惟一書至外如外會皆不書至、妾母志僭辨仲子不稱夫人別宮不祔舊說辨庶子為君為其母無服辨妾不入廟辨《春秋》並書兩夫人以著嫡母妾母其二非志其僭辨天王歸賵概云非禮辨、夫人子氏杜氏以為仲子公羊以為隱母辨、夫人孫于齊貶去姜氏辨、夫人氏喪至貶不稱姜辨、禘致夫人公穀胡氏說辨、會卞左氏以為齊止公辨、王歸成風含賵胡氏說辨、文夫人姜氏書至穀梁說辨、僖公成風穀梁胡氏說辨、出姜大歸書姜氏胡氏說辨、夫人婦姜不稱氏公穀說辨、孟子以為《春秋》諱詞三傳〔註68〕胡氏說辨）。書公會女。

卷三十九：凶禮總論（賊討書葬賊不討不書葬辨）。書天王崩葬（志葬危不得葬穀梁說辨、不書葬為公親會劉氏說辨、葬得常禮不書孫說辨、會葬不書其人有故而

───────────

〔註68〕「傳」字原脫，據總目及正文補。

後書其人陳說辨、公羊天子記崩不記葬說辨、傳八年惠王崩左氏傳辨、襄二十八年天王崩日左氏傳辨）。王子未即位卒不書崩葬（王子猛公穀說辨）。書公薨（公羊賊不討不書葬辨仇在外不責其討辨、穀梁不以討母葬子之說辨、雨不克葬左穀說辨）。內未踰年之君稱子稱卒不書葬（杜氏先君未葬不書葬說辨）。書作主（杜氏誤句讀辨）。書夫人薨葬（夫人子氏左公說辨、哀姜齊人以歸胡程說辨、書地穀梁說辨、成風卒葬越禮辨、嫡夫人先亡妾母以子貴非失禮之事毛氏牛氏論辨、敬嬴雨不克葬穀梁說辨胡氏咎徵之說辨、齊歸左氏以為娣辨、定姒不祔辨不稱夫人哀未君辨、孟子不稱夫人小君孔子削其號辨諱不書葬辨、君氏左說辨）。書天王來歸賵含會葬列國來歸襚奔喪會葬（仲子左氏豫內事辨、歸含且賵公羊以為譏兼之辨不言來不周事辨、天王會成風葬左氏以為禮辨）。

卷四十：書外諸侯卒葬（同盟赴以名左說辨、名或由赴或不由赴諸說辨、不書葬者胡氏以為孔子削之辨、書葬主我會非主彼國言之辨、書卒不書薨胡氏說辨、衛桓以討賊書葬辨、許男新臣左穀賈氏諸說辨、葬陳靈公羊胡氏說辨、杞桓卒葬趙說辨、鄭僖先名後卒誤為被弒辨、葬蔡景公穀胡傳說辨、陳哀書葬以為存陳辨、葬宋平何范說辨、葬蔡靈左穀說辨、葬許悼公羊程胡說辨、宋元卒書地公羊說辨、隱七滕侯不名三傳說辨、胡氏謂赴不以名書名是孔子特筆辨、衛朔不書葬以為《春秋》削之辨、宋御說不書葬公羊說辨、宋襄不書葬公穀說辨、杞子卒不名左說辨、晉以吾不書葬以為削之辨、晉侯卒于扈公羊說辨、宋三世不書葬為治其罪辨、楚子旅書卒進之不書葬貶之辨、吳子遏門于巢卒公穀說辨）。公往列國奔喪送葬諱不書。諸侯葬稱公書諡（畿內諸侯同）（不請諡僭稱公辨、蔡桓侯賜諡辨）。書內大夫卒（不書卒貶辭辨、叔仲彭生不書卒以為責其不能討賊辨、桓莊大夫不卒以為《春秋》削之辨、無駭挾卒不書氏貶辭辨、翬不卒意如書卒胡傳說辨、公孫敖書喪歸杜胡說辨、仲遂不當卒因變書卒辨不卒彭生不可以不卒遂辨、叔弓卒公穀以為在外辨）。書王臣卒葬（尹氏何休穀梁說辨以為隱母君氏以為魯大夫辨、王子虎左公說辨、王子虎劉卷襃書卒說辨）。書外大夫葬。書王姬卒。書內女卒葬（卒不卒非以其賢否辨、書齊葬紀伯姬以罪魯辨、譏齊侯賤齊侯辨、賢紀叔姬錄卒葬辨、公羊徒葬乎叔辨、賢宋伯姬錄卒葬辨、稱諡賢之辨、杞叔姬喪歸胡汪說辨、子叔姬左氏傳氏辨、稱子叔姬諸說辨）。諸侯居喪會盟侵伐朝聘大夫居喪從政出會（汪堯峯辨高氏汪氏說）。

卷四十一：書魯宮廟（考宮公羊訓為入室穀梁解為成之為夫人辨、稱仲子之宮胡汪說辨、丹楹刻桷斥言桓宮范寧說辨、世室魯公之廟太廟之室兩說辨、新宮災謂神主未遷胡氏說辨、武宮左氏說杜誤解辨、明堂位武世室辨、廟有祧而無毀毛氏辨說）。

書魯宮室（西宮穀梁以為閔宮辨、公羊楚女說辨、泉臺公羊以為郎臺辨）。書魯土功城築：土功總論、城築總論（左氏邑有主曰都無曰邑邑曰築都曰城辨、左氏但論時不時辨、二城書及穀梁說辨、築郿公羊說辨、三築臺公羊各為說辨、穀梁倚周之說辨、城小穀左氏說辨、城中城杜氏說穀梁說辨、築郎圃左氏說辨、定哀書城七其六杜氏皆以為備晉辨）。書外城（城楚邱不言衛三傳不與專封之說辨、城緣陵以為杞滅以為為齊桓諱辨、城三國書法不同胡氏褒貶說辨、城邢不書齊侯楚邱不書諸侯辨、緣陵不序諸侯皆以為貶專封辨、城虎牢公羊以為諱取邑辨、貶城成周辨）。

卷四十二：邑繫國不繫國（一國之辭天下之辭說辨、圍宋彭城三傳胡氏諸家說辨、城虎牢穀梁胡氏諸家說辨、戍鄭虎牢三傳胡氏諸家說辨、圍戚諸家說辨）。土地無邑稱田。土田書假書取書歸書入書疆書來歸書歸之于（取邑另門）（鄭歸祊左傳事辨、鄭假許田公羊諱取周田說穀梁諱易地說辨、齊歸我濟西田公羊未絕于我說穀梁公如齊受之說辨、齊歸三田三傳史記紀事辨、胡氏謂孔子自序其績辨、諸家謂齊人謝過歸功聖人辨、來歸服義之辭辨、齊歸讙闡不曰來歸為不服義辨）。書求（以求之非正責天王辨）。書獻。書錫。書畀。書歸物（田邑書歸另門、致賂書歸另門）（歸含賵不言來穀梁說辨、歸脤杜氏公穀異義辨、歸粟褒辭辨）。書用（劉氏以用郊為用人辨）。書得書獲（獲麟不言來不言有穀梁說辨）。書新。書作。書立。書毀書墮。書觀（觀魚觀左作矢魚古通漁說、觀社為齊蒐兵攷、穀梁尸女說）。書告。書言。書乞。書貪利致賂（書歸入假取納來歸、歸衛俘左穀說辨）。

卷四十三：災異總論（漢儒以《春秋》復洪範緯書左穀說）。魯災異總論（書有書無書多）。日食（杜氏云惟忌正陽之月其餘則否辨、春秋日食置閏之誤史官之失史文之闕或不書朔不書日或朔日皆不書穀梁各說辨、比月頻食之誤辨、不書朔公羊以為食二日辨、公羊記異說辨、桓十七年十月左穀何氏說辨、莊十八年僖十五年穀梁說辨、莊二十五年六月杜孔之誤辨、左氏傳文辨、穀梁說辨、襄二十七年十二月傳云十一月劉歆以漢歷駁左傳辨辰在申傳誤辨、昭十七年六月諸家駁左之誤辨）。

卷四十四：星變（彗孛同異辨、星隕如雨二傳說辨、史記併宋魯兩事為一辨、大辰非北辰辨）。大雨震電震廟雨雪雨雹（隱九年左傳霖字是釋大雨非釋經杜云經誤辨、公羊僖十年作大雨雹昭三四年作大雨雪辨、震夷伯廟左傳罪展氏說公羊季氏之孚說辨）。無冰、雨木冰（襄二十八年傳言宋鄭事應辨）。霜變（不殺草杜注辨、殺菽何注辨）。書不雨書雩書大旱（文二年不雨公羊以為記異非災辨、穀梁以旱書時為正辨）。大水（劉氏解穀梁高下有水說辨、鼓用牲于社左與公穀異義說）。火災（御廩災左云不害辨、新宮災不當哭劉說辨）。

卷四十五：地震。無麥苗麥禾、饑大饑（莊七年左氏說辨、莊二十八年穀梁說辨）。蟲災總論（書月書時穀梁說辨）：螟、螽蜚（蜚生左公穀杜說辨、哀十二年傳語杜解辨）。物異（有蜮有蜚左氏與二傳異義說、鸜鵒來巢公穀漢志說辨、獲麟不言有穀梁說辨、是記異非不祥之謂辨、杜云《春秋》感麟而作公穀云《春秋》文成致麟說辨）。外災異（公羊外災不書其書者各為說辨、宣榭火公羊新周說辨、穀梁周災不志說辨、宣榭公羊以為宣公之榭何休以為不毀之廟胡傳謂廟制俱榭毛氏謂遠廟無寢公穀漢志又謂藏樂器之所服氏以稱宣為宣揚威武諸說辨、齊大災公羊以為及我辨、宋災公羊以為王者之後穀梁以為孔子之先故書辨公羊作宋火又謂內不言或甚之辨、宋災伯姬卒左穀說辨、陳災公穀誤作火辨、穀梁國曰災邑曰火辨、宋大水公羊謂及我穀梁為王者之後書辨、沙鹿崩公羊以為邑穀梁以鹿為山足辨何趙說辨、梁山崩何胡說辨、雨螽于宋左曰隊而死公羊曰死而隊辨杜從左義辨公羊云王者之後記異辨劉氏自下而上曰雨辨）。書有年大有年（謂桓宣不宜有年書以記異辨）。

卷四十六：東周列國總論（國數、地制、封建、疆域）。列國地名都邑地並見經者(上)：周（公羊以王城為西周以成周為東周辨、祭地說辨、單邑非魯單氏辨）。魯（南門兩解、中城非廩邱厚邱辨、魯有二郎三防二鄆二平陽辨、郎臺為泉臺辨、棠唐一地說、許田非近許國辨、成邑穀梁誤郕國辨、小穀誤齊之穀辨、左氏以齊歸地為汶陽田辨、以費滑費惠公為季氏之費辨、公羊以咸邱為邾邑以焚為樵辨、蕆疑齊地辨、乘邱應劭解辨、敗宋于鄑非齊遷紀邑辨、薛非薛國及田文所居之薛辨、貍脤杜氏誤駁、非魯境辨、盟于劉當是美文辨、汾泉公羊說辨、紅地漢志注複誤辨、公羊以闞為邾邑辨、公羊漷自移說辨、魯齊邾之沂有三辨）。宋（蕭有二毛氏說、垂誤濟陰之垂亭辨、鹿上水經注兩載辨、澶淵有二辨）。

卷四十七：列國地名都邑地並見經者（中）：齊（穀誤魯之小穀辨、扈非鄭地之扈辨、追師至酅以為紀邑辨、鞌去齊五百里辨、重邱以為曹地辨、夾谷數解辨、艾數解辨、艾與艾陵誤為一地辨）。晉（曲沃為欒氏邑辨、韓非詩韓侯同州韓城之韓辨、箕非陽邑之箕辨、邢邱非邢國辨、葵邱非宋地之陳留外黃辨、溫即河陽誤以狩為田因誤以為非狩地辨、交剛非狄地辨、大鹵大原說、梁山非詩與孟子之梁山辨、河曲公羊說辨）。鄭（鄢非鄢陵杜注誤從漢志注辨克段于鄢公羊說辨、鄭伯入陳公羊說辨、僖六年新城杜孔說辨文十四年盟地即鄭地非宋地辨、莊三年滑宜從公穀作魯地郎說、扈地盟齊處杜誤為鄭地辨、晉侯卒處公羊誤為晉地謂卒于封內不地卒于會故地辨、鄶作鄶鄶通溱兩說、鄭伯卒于郲公羊謂卒于封內不地以弒故地辨、亳城謂京城之訛辨）。曹（洮與魯地別辨、曹南誤以為曹都辨）。衛（衛與戎兩楚邱辨附魯地說、清疑齊地

說、匡與鄭地異辨、貫非貰辨、盟惡書以不書宋疑宋地辨、首止水經誤首陽辨、鹹與
魯地別辨、馬陵劉昭兩載之誤辨、瑣澤即沙澤以瑣為鄭地辨杜注辨、柯與齊邑盟地異
辨、澶淵與宋地別辨、黃池非陳留外黃之黃溝辨在平邱非封邱辨、沙鹿非晉地辨公羊
以為邑穀梁以鹿為山足辨、濮非陳地辨非東郡之濮陽辨、穀梁譏失賊孫氏貶衛臣說
辨）。

卷四十八：陳（辰陵誤夷陵以為齊地辨）。蔡（會鄧非鄧國楚地）。許。紀（紀
地非東莞杜注辨、穀梁以邢鄙部亦為一國名辨）。郕（劉昭誤云濟北之成辨、以盛為
成諱滅同姓說辨）。邢（故國邢臺繼遷聊城疑二地同名夷儀說）。北燕（陽非中山之唐
杜注辨）。西虢（虢仲虢叔東西二國解、虢有東西南北四名辨、下陽不繫虢公羊說辨
邑書滅辨說）。邾（邾非附庸辨、繹即繹山非國都辨、闡邱杜廊解辨漆、濫公穀說辨）。
小邾○郳（郳非夷辨、郳國非齊遷萊之地辨、句繹杜云邾地辨）。莒（向地周鄭莒魯
有四辨魯之向國邑之別辨、隱二年入向穀梁以為我邑辨、防茲二邑杜說辨）。杞（自
雍邱並淳于地杜說辨、薛注以營陵為營邱辨、牟婁疑紀邑說）。楚（吳入郢不書入楚
辨、陘非潁川召陵之陘亭杜解辨、柤疑宋地辨、容城非華容辨）。秦。吳（會吳之向
杜注誤鄭地辨、郠為海陵發陽杜注辨）。徐。戎（此戎州己氏之戎、楚邱伐凡伯處非
衛地辨）。白狄（地積函、交剛）。越（都邑地皆未見經。以繫大國，附於此）。

卷四十九：經書諸小國不書都邑地者：宿、向、極、滕、戴、薛、州、穀、
鄧、南燕、牟、葛、於餘邱、譚、遂、滑、蕭、郭、郜、山戎（即）北戎、赤
狄（潞氏、甲氏、冒吁、廧咎如）、陽、虞、江、黃、舒（舒蓼、舒庸、舒鳩）、弦、
溫（即）蘇、鄟、厲（即）賴、英氏、項、梁、邿、隨、頓、夔、介、姜戎、
沈、郕、六、雒戎、麋、巢、巴、庸、崇、陸渾戎、郯、白狄、萊、根牟、茅
戎、鄅、州來、偪陽、邾、胡、懷夷、申、鮮虞、戎蠻、鄖（向國非譙國龍亢之
向辨、極書入諱滅同姓辨、杜注兩部皆在成武辨、杜云州在淳于辨、鄧非襄陽鄧城辨、
梁非浚儀大梁河南梁縣辨、厲賴誤為二國辨、牟非泰山牟縣辨、滑非大名之滑辨、蕭
非宋邑之蕭辨、郭疑虢辨、郜非紀郜非紀附庸辨、杜注以舒蓼為蓼又以羣舒為一國辨、
鄟莒滅魯取公羊說辨、英氏稱氏公羊說辨、熊摯封夔辨、皋陶封六辨、侵崇公羊說辨、
萊姜姓辨、根牟郓郜公羊以為邾邑辨根牟或又云萊邑辨、州來楚邑辨、鮮虞姬姓辨）。
附見傳不見經之小國（春秋諸小國爵姓）、險要之地書於經者（顧氏列國不守關塞
論）。

卷五十：夷狄稱號總論（舉號稱人稱子襃貶辨）。楚書荊書楚書人書爵書大
夫名氏（漸進說辨、襃爵貶人辨、以吳楚書子為《春秋》之法辨、州國氏人名字爵公

羊說辨、謹華夷而於楚事無一不致其嚴辨、荆非州名辨公穀胡氏貶之外之辨、來聘褒稱人辨、改號楚進之辨、楚無大夫辨、公羊尊屈完說辨、鹿上人楚以人二國辨、戰泓楚子貶稱人辨以師敗於人責辨、圍宋人楚子以人諸侯公穀胡氏諸說辨、以為得臣帥師大夫先諸侯辨、城濮柏舉貶楚臣辨、大夫不敵君辨、椒聘進之辨、怨商臣辨、伐鄭入陳子楚討賊辨、伐鄭書爵書人褒貶辨書爵胡傳褒辭貶辭直辭辨、戰郲稱晉臣名氏敵楚君說辨、伐宋圍宋書爵楚有辭辨罪宋辨、楚書卒貴之辨書子黜之辨、嬰齊魯公子書名氏書人穀梁說辨、伐鄭書大夫帥師無貶辭辨、伐莒入郹進退辭辨、滅陳蔡貶稱師辨、戰長岸進楚辨、圍蔡怨復讐稱爵辨）。**吳書國書人書爵**（伯爵降子辨、書法與楚異謂進楚退吳辨、惡僭號稱吳辨、外吳說辨、吳稱人公羊說辨、札不書公子公穀胡氏褒貶說辨吳書爵公穀說辨、長岸進楚退吳辨、戰柏舉書爵入郹書吳褒貶說辨、救陳書吳杜胡說辨、會黃池書爵公穀杜孔褒辭辨自貶之說辨）。**越書越書於越書越人**（越於越公羊說辨、稱人進之辨）。**徐舉號書人書爵**（貶舉號褒晉人書爵辨、伐莒杜趙說辨）。**秦書爵書人書師**（敗秦師于殽公羊無師字以稱秦為狄之辨、交兵書人書師貶辭辨《春秋》以王事責秦穆辨、秦無大夫辨書術聘賢穆公辨貶術不氏辨漸進之辭辨）。

卷五十一：四裔總論（夷蠻戎狄名屬四方辨）。書戎（杜氏誤以姜戎陸渾戎為一辨、陰戎九州戎異說、會潛者即書之徐戎杜何以為西戎氏羌辨、伏凡伯者穀梁以戎為衛辨）。書狄（伐衛盟邢稱人進敵辨、晉敗狄貶人辨、敗鹹公穀說辨長狄非國號辨、潞稱氏稱子公羊說辨、赤白狄辨）。書東夷、南蠻。戎狄書子論。

卷五十二：比事屬辭書法：總挈全經比屬之義。

卷五十三：比事屬辭書法：屢書不一書比屬之義。

卷五十四：比事屬辭書法：前後一事或事異義同比屬之義（隱公至文公末）。

卷五十五：比事屬辭書法：前後一事或事異義同比屬之義（宣公至哀公末）。

卷五十六：比事屬辭書法：前後二事或事同義異比屬之義（隱公至文公末）。

卷五十七：比事屬辭書法：前後二事或事同義異比屬之義（宣公至哀公末）。

卷五十八：書大、書初、書遂（公羊生事說辨、書事非一例辨）：大夫二事專事書遂（譏祭公專不反何程劉胡說辨、貶公子結矯命辨、公子遂如京師遂如晉公羊說辨）；大夫出奔書遂（譏歸父逃命辨）；兵事書遂（侵蔡遂伐楚胡傳說辨、遂成虎牢公羊說辨）；不書遂（圍陳納頓子公羊說辨）。書弗、書不。書猶（猶朝于廟公穀說辨）。書其、書于、書且、書克弗克不克、書不肯。書乃書而（穀梁范注辨）。書以（以師以叛以奔以歸俱另門、執衛行人穀梁說辨、以王猛公穀劉胡說辨）。書會書及書暨（及姜戎杜注辨、宋辰及佗彄叛胡說辨、盟會及兵會及戰書及平及暨另門）：

內大夫與外大夫偕行不書及（汪氏說辨）。書與。二國二邑二地書及（二邑公私大小公穀說辨、雉門及兩觀公穀說辨）：二地不言及（公邑私邑辨、桓僖敵辭辨）。

卷五十九：譏始疾始。告則書不告則不書。（亂亡、外災）有不由赴告而書者。常事不書非常則書之非禮及合於變之正者則書之重其事則書之為前後事言故則書之。簡辭。繁辭。諱辭（附駁辨）。書法示人自責。書法功過不相掩。辭同義異。書事在此而示義在彼。於不書之處見義。治亂賊黨與說辨。

卷六十：闕文誤文（日食闕日朔穀梁說辨、外諸侯卒闕名左氏說辨、夫人闕姓氏三傳說辨、王不稱天胡氏說辨、桓十四年不書王說辨、桓昭定不書秋冬說辨、秦鄭晉伐國闕將帥說辨、何休解公羊多曲說辨、孔子因史闕不盡然辨、公穀書孔子生辨）：時闕（桓四年七年昭十年定十四年闕時何賈程胡說辨、戰奕闕夏氏賈說辨、成十年公羊闕時何說辨）；日月並闕（誤文見卷一另門）；月闕（紀姜歸京師闕月程子說辨、夏五傳疑辨）；日闕；日月下闕事（桓五年正月甲戌己丑三傳說辨、莊二十二年夏五月何說辨）；日食闕日朔（公羊以為失之前後穀梁以為晦夜食辨）；一日兩事重書日羨文（穀梁說辨）；王不稱天闕文三（程胡說辨）；桓凡十四年不書王（公穀程杜諸說辨）；夫人姓氏闕文誤文（三傳賈孫諸說辨附內女繫國闕文）；外諸侯爵號名諡闕文誤文衍文公會外盟闕文（紀子伯杜穀程趙說辨、寔來三傳程胡說辨、葬蔡桓侯何啖說辨、盟幽盟瞿泉程胡說辨、齊人伐山戎齊侯獻戎捷二傳說辨、郭公二傳說辨、外諸侯卒闕名左氏說辨、諸侯出奔闕名舊說辨）；公如衍文闕文；王子王臣誤文；內大夫闕名衍文（仲孫忌公羊說辨）；外大夫闕名闕國名衍文誤文（黑肱闕書邾公穀說辨、魏多公羊說辨）；執諸侯衍文、殺大夫闕名（公羊曹宋二說辨穀梁曹宋二說辨、左杜陳氏說辨）；兵事闕文衍文誤文（昪宋人闕田字說辨、敗秦公羊說辨、救陳宋闕宋胡傳說辨）；弑君誤文、昏禮城蒐盟地闕文衍文誤文（盟于劉衍誤辨）。

◎引書姓氏（采本書者大字書，別書引載者小字書）〔註69〕：欽定春秋傳說彙纂。日講春秋解義。御纂春秋直解。御批通鑑輯覽。欽定四庫全書提要。欽定全唐文。（餘姚）黃氏（宗羲，太沖、梨洲）南雷文約。（漢陽）王氏（夫之）稗疏。（秀水）俞氏（汝言，右吉）平義、四傳糾正。（吳江）朱氏（鶴齡，長孺、愚庵）讀左日鈔。崑山顧氏（炎武，寧人、亭林）杜解補正、五經同異、日知錄。（竟陵）胡氏（承諾，石莊）繹志。（錢唐）毛氏（先舒，稚黃）巽書。（太倉）沈氏（受宏，台臣）白漊集。（寧都）魏氏（禧，冰叔、叔子）左傳經世鈔、文集。（南豐）謝氏（文洊，秋水、約齋。魏禧《經世鈔》引。按文洊有《程山集》）。彭氏

（家屏。魏禧《經世鈔》引）。（寧都）邱氏（維屏，邦士。魏禧《經世鈔》引。按維屏有《邦士集》）。孔氏（之達。魏禧《經世鈔》引）、孔氏（尚典。魏禧《經世鈔》引）。（寧都）魏氏（世傚，昭士、勺庭）昭士集（又《經世鈔》引）。（無錫）顧氏（祖禹，景范）讀史方輿紀要。（宜興）任氏（源祥，王谷、息齋）鳴鶴堂文集。（鄞縣）萬氏（斯大，充宗、跛翁）學春秋隨筆、學禮質疑。（睢州）湯氏（斌，孔伯、潛庵）潛庵集（秦蕙田《五禮通考》引、吳鼎《三正考》引）。（武進）邵氏（長蘅，子湘、青門）青門簏稿。（長洲）汪氏（琬，苕文、鈍翁）堯峰文鈔。（澤州）陳氏（廷敬，子端、說巖）午亭集（吳鼎《三正考》引）。（寶應）王氏（懋竑，于中）白田草堂存稿。（鄒平）馬氏（驌，驄御、宛斯）左傳（事緯、辨例）、覽左隨筆、繹史。（無錫）華氏（學泉，天沐）疑義（顧棟高《大事表》引）。（吳郡）汪氏（价，介人。《皇朝經世文編》引）。安溪李氏（光地，晉卿、厚庵）榕村集、榕村語錄。（平湖）陸氏（隴其，稼書）讀禮志疑、三魚堂賸言。（崑山）徐氏（乾學，原一、健庵）讀禮通考。德清胡氏（渭，朏明、東樵）禹貢錐指。（長洲）韓氏（菼，元少、慕盧、葭人）有懷堂集。（錢唐）馮氏（景，山公）解春集。（秀水）朱氏（彝尊，錫鬯、竹垞）經義考、曝書亭集。（蕭山）毛氏（奇齡，大可、甡）傳、簡書刊誤、屬辭比事記、經問、論語稽求篇、禘祫問、西河集。（東陽）李氏（梧岡。張尚瑗《公羊折諸》引）。（太原）閻氏（若璩，百詩）尚書古文疏證、四書釋地（續、又續）、潛邱劄記。（錢唐）應氏（撝謙，嗣寅、潛齋）集解。（錢唐）凌氏（嘉印，文衡）注應氏集解。（秀水）徐氏（庭垣）管窺。（吳江）沈氏（彤，冠雲、果堂）左傳小疏。（華亭）吳氏（浩，養齋）十三經義疑。（晉江）陳氏（遷鶴，介石）紀疑。（錢唐）高氏（士奇，澹人、江村）地名攷略。（吳江）張氏（尚瑗，宏蘧、損持）三傳折諸。（吳縣）惠氏（周惕，元龍、研谿）詩說。（高安）朱氏（軾，若瞻、可亭）春秋鈔。（金山）焦氏（袁熹，廣期）闕如編。（慈谿）姜氏（宸英，西溟）湛園集、湛園札記。（高淳）張氏（自超，彝歎、滄溪）宗朱辨義。（常熟）蔣氏（廷錫，揚孫）尚書地理今釋。（長洲）何氏（焯，屺瞻、義門）讀書記。（錢唐）吳氏（陳炎，寶厓、芋町）三傳異同考、五經古文今文考。（泰州）陳氏（厚耀，泗源、曙峰）長曆、世族譜。（茶陵）彭氏（維新，石原）墨香閣集。（桐城）方氏（苞，鳳九、望溪、靈皋）直解、通論。（婺源）江氏（永，慎修）羣經補義、鄉黨圖考。（吳縣）惠氏（士奇，仲儒、天牧、半農）春秋說、禮說。（長洲）楊氏（繩武，文叔）古柏軒文集。（無錫）華氏（希閔，豫原、芋園）延綠閣集。（武進）楊氏（椿，農先）孟鄰堂文集。（無錫）高氏（愈，紫超。顧棟高《大事表》引、華學

泉《疑義》引）。（無錫）顧氏（棟高，復初、震滄）大事表。（平湖）陸氏（奎勳，聚侯、陸堂）義存錄。（元和）惠氏（定宇，松厓）左傳補注、九經古義、後漢書補注。（華亭）黃氏（之雋，石牧）唐堂集。（三原）劉氏（紹攽）微旨。（上海）葉氏（鳳毛，超宗、恆齋）說學齋經說。（武進）臧氏（琳，玉林）經義雜記。（常熟）陳氏（祖范，亦韓、見復）經咫。（當塗）徐氏（文靖，位山）管城碩記。（常熟）陶氏（正靖，穉衷）春秋說。（宛平）何氏（琇，君琢、勵庵）樵香小記。（滋陽）牛氏（運震，階平、真谷）空山堂傳。（錢唐）汪氏（師韓，抒懷，上湖）韓門綴學。（武進）楊氏（方達，符蒼）補註。（天台）齊氏（召南，次風）三傳注疏考證。（歸安）沈氏（炳震，寅馭、東甫）九經辨字瀆蒙。（仁和）杭氏（世駿，大宗、菫浦）道古堂集。（錢唐）袁氏（枚，子才、簡齋）小倉山房集、隨園隨筆。（無錫）吳氏（鼐，大年）三正考。（上元）程氏廷祚（啟生，綿莊）地名辨異。（金匱）秦氏（蕙田，樹灃、味經）五禮通考。（鄞縣）全氏（祖望，紹衣、謝山）經史問答、鮚埼亭（集、外集）、漢地里志稽疑。（廣昌）黃氏（永年，靜山）南莊類稿。（桐城）葉氏（酉，書山、花南）窛遺。（武進）錢氏（維城，幼安、稼軒）茶山集。（武進）莊氏（存與，方耕）正辭、要指、舉例。（無錫）顧氏（奎光，星五、雙溪）隨筆。（仁和）盧氏（文弨，紹弓，檠齋）經典釋文攷證、（龍城、鍾山）札記、抱經堂集。（吳江）陸氏（燿，青來、朗夫）切問齋集。（仁和）趙氏（佑，啟人、鹿泉）雜案。（嘉定）錢氏（大昕，曉微、辛楣、竹汀）潛研堂集、聲類。（嘉定）王氏（鳴盛，鳳喈、西沚）尚書後案、周禮軍賦說。（象山）姜氏（炳璋，石貞、白巖）讀左補義。（仁和）翟氏（灝，晴江）爾雅補郭。（歙縣）吳氏（守一，萬先）日食質疑。（鎮洋）畢氏（沅，湘蘅、秋帆）晉書地里志補王。（金壇）段氏（玉裁，若膺、懋堂）左氏古經注、經韻樓集。（陽湖）趙氏（翼，雲松、甌北）陔餘叢考。（桐城）姚氏（鼐，姬傳）左傳補注、經說、惜抱軒筆記。（吳興）董氏（豐垣，菊町）識小編。（仁和）孫氏（志祖，詒穀、頤谷）讀書脞錄。（武進）莊氏（炘，虛庵）校正一切經音義。（仁和）沈氏（赤然，韞山，梅村）公穀異同合評。（江陰）趙氏（曦明，敬夫）讀書一得。（餘姚）邵氏（晉涵，與桐，二雲）爾雅正義。（曲阜）孔氏（廣森，眾仲，㦈軒）公羊通義。（歙縣）金氏（榜，輔之、蕊中）禮箋。（休寧）載氏（震，慎修）東原文集。（上元）戴氏（祖啟，敬咸，未堂）五測。（陽湖）管氏（世銘，緘若，韞山）韞山堂集。（高郵）李氏（惇，咸裕、孝臣）羣經識小。（偃師）武氏（億，虛谷）羣經義證。（餘姚）翁氏（元圻，載青、鳳西）困學紀聞注。（嘉定）錢氏（塘，學淵、禹美）溉亭述古錄。（餘姚）邵氏（瑾，桐

南）劉炫規杜持平、說文羣經正字。汪氏（喜林。劉履恂《秋槎雜記》引）。（寶
應）劉氏（履恂，迪九，鳧鄉）秋槎雜記。（武進）臧氏（庸，西成）拜經日記。
（海鹽）崔氏（應榴，星洲、秋谷）吾亦廬稿。（武進）惲氏（敬，子居）大雲山房
集。（仁和）梁氏（玉繩，曜北、諫庵）史記志疑、瞽記。（仁和）梁氏（履繩，處
素、夬庵）左氏補釋。（儀徵）阮氏（元，伯元、雲臺）注疏校勘記、研經室集、
詁經精舍文選。（陽湖）洪氏（亮吉，君直、稚存）左傳詁、卷葹閣集、更生齋集。
（曲阜）桂氏（馥，未谷）札樸、晚學集。（元和）陳氏（樹華，芳林、治泉）經傳
集解攷正。（江都）汪氏（中，容甫）述學。（秀水）王氏（復，敦初、秋塍）駁五
經異義補遺。（新城）魯氏（嗣光。王昶《湖海文傳》引）。（豐山）王氏（棠，勿翦）
知新錄。（陽湖）張氏（琦，翰風）戰國策釋地。（鄞縣）屠氏（繼序，洪篁、鳧圉）
困學紀聞補注。（歸安）姚氏（文田，秋農）朔閏表。（棲霞）郝氏（懿行，恂九、
蘭皋）說略。（高郵）王氏（引之，伯申）經義述聞、經傳釋詞、周秦名字解故。
（閩縣）陳氏（壽祺，恭甫，梅修）五經異義疏證、左海集。（德清）許氏（宗彥，
積卿、周生）鑑止水齋集。（江都）焦氏（循，禮堂）左傳補疏、羣經宮室圖、雕
菰集。（涇縣）趙氏（紹祖，琴士）讀書偶記。（桐城）馬氏（宗璉）左傳公羊傳補
注。（陽湖）李氏（兆洛，申耆）養一齋文集。（武進）劉氏（逢祿，申受）左氏春
秋考證、公羊何氏釋例。（涇縣）左氏（暄，春谷）三餘偶筆、續筆。（臨海）洪
氏（頤煊，筠軒）讀書叢錄。（江寧）黃氏（之紀，星巖。王昶《湖海文傳》引）。
（仁和）趙氏（坦，寬夫）異文箋、寶甓齋札記。（江都）秦氏（嘉謨）世本輯補。
（青浦）倪氏（偉，雲莊）讀左巵言。（績溪）胡氏（匡衷，樸齋）侯國職官表。
（江都）凌氏（曙，曉樓）公羊禮說。（寶應）朱氏（彬）經傳攷證。（大名）崔氏
（述，東璧）考古續說、三大典考、豐鎬考信錄、無聞集。（連城）賴氏（啟英）
經史疑論。（南昌）龔氏（元玠，璪生）春秋客難。（桐城）馬氏（源。《皇朝經世
文編》引）。太倉蕭氏（霊，曼叔）經史管窺。（剡縣）鄭氏（文蘭，雨培）辨義。
高氏（岱）春秋地名攷補。（光澤）高氏（澍然，雨農）釋經。（嘉定）黃氏（汝成，
潛夫）日知錄集釋。（長興）張氏（壽恭，梅溪）左氏古義。（休寧）徐氏（卓，犖
生、萹編）經義未詳說。（黟縣）俞氏（正燮，理初）癸巳類稿。（固始）蔣氏（湘
南，子瀟）七經樓文鈔。（絳陽）張氏（用星，聯齋）左氏聚。

　　◎王之春《椒生隨筆》卷八《春秋屬辭辨例》：庚午十月，夏公（同善）等
進呈《春秋屬辭辨例》八十卷，為浙江前內閣中書張應昌所著。奉旨留覽。《春
秋大旨》曰事、曰文、曰義，屬辭辨例三者，所以數其事，顯其文，因以著其

義也。蓋不必立例，而義自見，屬辭可眱。比事原本宋儒，兼及眾說，間附按語，搜羅四百余家之多，研求數十餘年之久，而始成是書也。中翰舉嘉慶庚午鄉科，前歲例得重宴鹿鳴，年已八十又八矣。

◎郭嵩燾《郭嵩燾日記》同治九年十一月廿一日：夏同善、朱智、許庚身合進內閣中書張應昌所著《春秋屬辭辨例編》八十卷，奏稱：先儒沈棐《春秋比事》、趙汸《春秋屬辭》、毛奇齡《春秋屬辭比事記》，皆以屬比明筆削之義。自左氏始作五十凡，公羊、穀梁更加日月之例，於是鄭眾以後，相率以例解經，而推闡愈密，轉多窒礙。該中書所纂輯漢唐以來訓釋《春秋》者，采擷略備。其子史文集中涉及《春秋》，亦廣為甄錄，計共四百余家，信為說《春秋》者之淵藪。經南書房奏稱，是書意以《春秋》屬辭比事，不必立例而義自見，屬辭可眱比事，因采成說為書。因考舍傳從經，掃空舊例，始自啖助、趙匡。宋元以來，多為此學，是書原本宋儒，兼及眾說，間附案語，亦頗詳審云云。

◎孫殿起《販書偶記》卷二：《春秋屬辭辨例編》六十卷首二卷，錢唐張應昌撰。同治癸酉江蘇書局刊。

◎張應昌《彝壽軒詩鈔》卷首附《張舍人事略》：鍵戶著述，輯《春秋屬辭辨例編》若干卷，以《春秋》書法必聯屬其辭排比其事而乃明，仿前人沈文伯、趙東山、毛西河、方望溪、顧震滄之書，分門合類，集其大成，《春秋》之大事咸提綱彙目。至於一事一字識其小者，亦悉採擷眾說，別類分門，而經文句字無不顯之義焉。若夫以例說《春秋》，拘泥穿鑿，久為千古之障。謂史固有例，但所謂史例者乃策書，大體簡牘恒辭當如是書，其事各不同，其告辭書法各不同，是以其文不能同。又況簡編脫略，傳授闕誤，舊史所無者，聖人不能益。經成以後脫誤者，又學者所當闕疑。而先儒字字鑿生議論，誣聖已甚，而卒於全經不通。復彙輯諸家辨謬辨疑之說以破之，謂善言《春秋》者莫過於孟子其事其文其義數語，惟屬辭而事著義亦著，惟辨例而文顯義亦顯，其所辨者大抵皆三傳胡氏之舛謬。以程子所云「以傳考經之事迹，以經別傳之真偽」二語最扼要：棄經從傳，《春秋》之義固支離；盡束三傳獨抱遺經，《春秋》之事又何所徵實？要之以經為主，傳之可從者取傳以證經，傳之不可信者從經而舍傳。所輯自漢至昭代數百家之說，以經學國朝為盛，所采國朝數十家之中，張氏彝歎、方氏望溪、顧氏震滄、高氏雨農、郝氏蘭皋之論說尤掃盡雲翳炳見日星，故采取為多。蓋積三十年之力，至老而書乃成焉。沈氏名蘇、朱氏昆田編《南北史識小錄》十六卷，君為校正其書，并以八書增補重訂為二十八卷，

刪補精博，為蓺執苑取材之淵藪。晚年又輯國朝詩二編，一曰《國朝詩鐸》，采有裨於吏治民風人心世教之作，比香山《新樂府》以為警勸；一曰《國朝正氣集》，則皆詠歌忠孝節義之事也。又編榮祿公勤教堂、廉訪公儀吉堂、倉場公省綠室、同甫贈公青藜精舍各詩文為《清河家集》。君自著《彝壽軒詩鈔》若干卷、《煙波漁唱詞曲》若干卷。

◎趙爾巽《清史稿》卷一百四十五志一百二十《藝文》一：《春秋屬辭辨例編》六十卷，張應昌撰。

◎張之洞《書目答問》卷一《經部》：《春秋屬辭辨例編》六十卷（張應昌。蘇州局本）。

◎上海古籍出版社 2015 年《續修四庫全書總目提要·春秋類》「《春秋屬辭辨例編》六十卷首二卷」：應昌積數十年之力而成是書，條分件繫，綱舉目張，頗為賅洽。是書纂集漢以來歷朝諸儒訓釋《春秋》之說，並廣甄經史子集中所涉《春秋》者，采摭四百餘家。詳舉事例疏通證明，折衷各說而歸於一。通編六十卷，首有詹事府詹事夏同善等奏繕進在籍中書解經之書奏摺及南書房奏片，次吳縣吳鍾駿序、金陵朱緒曾序、同里羅以智序，次凡例，次總目，次各類中駁辨例說子目，次引書姓氏。別為卷首二卷：上卷《春秋總義》，下卷《三傳諸家得失》。又著書日書夜、伯主攘楚事、《春秋》霸圖、諸侯相朝聘、來聘、君大夫適外書如、會盟、大夫主會盟征伐、征伐、書侵伐、書戰、書取、諸侯書爵、嗣君稱子不稱子稱爵不稱爵、姓氏、大夫書氏不書氏、名字褒貶駁辨、諸侯書名不書名駁辨、書人、書出奔、書立納入、書歸入復歸復入、書殺、書執、大夫專國、祭祀、昏禮、凶禮、魯土功、魯城築、災異、魯災異、東周列國、夷狄稱號、四裔共三十五篇總論，另有齊桓、宋襄、晉文等七篇諸侯總論。《春秋》千古史家之祖，而史書於例最嚴。夫《春秋》大旨，曰事，曰文，曰義，而欲明其義必先明其事，明其文。孔子曰：「屬辭比事，《春秋》教也。」孔穎達曰：「《春秋》聚合會同之辭，是屬辭比次褒貶之事。」蓋聖人以褒善貶惡隱寓於載筆記事之間，經書之法在聯屬其辭，排比其事，而其義自見。屬辭、辨例二者，所以類其事，顯其文，而因以著其義也。此本據上海辭書出版社圖書館藏清同治十二年江蘇書局刻本影印。（徐峰）

◎張應昌（1790～1874），字仲甫，號寄庵。浙江錢塘（今杭州）人，生於歸安（今浙江湖州）。張師誠子。嘉慶十五年（1810）舉人。嘉慶十九年

（1814）以內閣中書舍人候銓。道光三年（1823）補《仁宗實錄》館謄錄。六年（1826）將補官，疾作，幡然南歸，杜門著述。致力《春秋》三十餘年。兼工詩詞，與杭州張景祁多所唱酬。曾協海鹽黃燮清編纂《國朝詞綜續編》。著有《春秋屬辭辨例編》六十卷首二卷序目一卷、《國朝正氣集》、《國朝詩鐸》二十六卷、《補正南北朝史識小錄》二十八卷、《煙波漁唱》四卷、《彝壽軒詩鈔》十二卷、《壽彝堂集》、《寄庵雜著》二卷等。

張應譽 篤志齋春秋解 二卷 存

天津、黑龍江藏同治十年（1871）南皮張氏刻篤志齋經解本

◎錢振倫《篤志齋周易解序》略謂：本朝羣儒，闡發漢學已無遺義。近之談經者乃徒搜逸文碎事以矜奧博。先生伏處鄉閭，無門戶之訐爭，無聲華之馳騖。而閉戶自精，獨有以貫串全經之旨，而務持其平。雖所存不多，其根柢亦略可見矣。

◎《南皮縣志》卷九《文獻志》三《儒林》：著有《四書日講集解》《讀易集解》《春秋解》。

◎孫殿起《販書偶記》卷三：《篤志堂經解》五卷，南皮張應譽撰。同治十年南皮張氏刊。《周易》三卷、《春秋》二卷。

◎張應譽，字伊知。河北南皮人。歲貢生。著有《篤志齋經解》五卷（《易》三卷、《春秋》二卷）、《四書日講集解》。子金節，恩貢生，亦以樸學著。

張雍敬 春秋長曆考 佚

◎許瑤光修，吳仰賢等纂光緒四年《光緒嘉興府志》卷八十《經籍一》：張雍敬《春秋義》《左傳平》《春秋長曆考》（《靈雀軒著書目》）。

◎張雍敬，初名珩，字珩佩，號簡庵，別署風雅主人。嘉興秀水（今浙江秀水）新塍人。布衣。博學，尤長推算。著有《書經參注》、《春秋長曆考》、《春秋義》、《左傳平》、《六經餘論》二十卷、《定曆玉衡》十八卷、《杜詩評點》十八卷、《閒留集》一卷、《環愁草》一卷。

張雍敬 春秋義 佚

◎許瑤光修，吳仰賢等纂光緒四年《光緒嘉興府志》卷八十《經籍一》：張雍敬《春秋義》《左傳平》《春秋長曆考》（《靈雀軒著書目》）。

張雍敬 左傳平 佚

◎許瑤光修，吳仰賢等纂光緒四年《光緒嘉興府志》卷八十《經籍一》：張雍敬《春秋義》《左傳平》《春秋長曆考》（《靈雀軒著書目》）。

張用星 定稿存原 二卷

◎孫殿起《販書偶記》卷二：《左氏春秋聚》十八卷、《左辨隨劄》一卷表四卷、《定稿存原》二卷（嶧陽張蘭坡撰。嘉慶間精刊）。

◎張用星，字廉（聯）齋，號蘭坡。山東嶧縣大泛口村（今臺兒莊區馬蘭屯鎮）人。乾隆二十五年（1760）副貢生。幼有異稟，讀書數行俱下。比長，博古通今，為文下筆數千言，奇恣古奧，不拘有司尺度，閱者或至不能句讀，一時才名籍甚。應試不售，遂絕意進取，返鄉課徒。著有《定稿存原》二卷、《左辨隨劄》一卷表四卷、《左氏春秋聚》十八卷首四卷。

張用星 左辨隨劄 一卷 表四卷 存

北大、中科院、上海、遼寧、吉林社科院、豐灣大學、寧波市天一閣博物館、瑞安市文物館藏嘉慶二十四年（1819）金沙官署刻左氏春秋聚本

線裝書局 2020 年何俊主編左傳評注文獻輯刊影印嘉慶二十四年（1819）金沙官署刻左氏春秋聚本

◎孫殿起《販書偶記》卷二：《左氏春秋聚》十八卷、《左辨隨劄》一卷表四卷、《定稿存原》二卷（嶧陽張蘭坡撰。嘉慶間精刊）。

張用星 左氏春秋聚 十八卷 首四卷 末二卷 存

北大、中科院、上海、遼寧、吉林社科院、豐灣大學、寧波市天一閣博物館、瑞安市文物館藏嘉慶二十四年（1819）金沙官署刻本

線裝書局 2020 年何俊主編左傳評注文獻輯刊影印嘉慶二十四年（1819）金沙官署刻本

◎一名《春秋聚》。

◎書首牌記題「嶧陽張氏家塾讀本」、「金沙官署校刊」，書口題「唐述山房學」，卷末刻嘉慶年牌記。

◎《左氏春秋聚》全目：

首函：隨劄一卷、表四卷、定稿存原二卷。

正函：卷之一隱公（經凡十一年，傳凡十九篇）。卷之二桓公（經凡十八年，傳凡二十一篇）。卷之三莊公（經凡三十二年，傳凡二十八篇）。卷之四閔公（經凡二年，傳凡五篇）。卷之五僖公上（經元年至十八年，傳凡十七篇）。卷之六僖公下（經十九年至三十三年，傳凡二十篇）。卷之七文公（經凡十八年，傳凡二十二篇）。卷之八宣公（經凡十八年，傳凡十九篇）。卷之九成公（經凡十八年，傳凡二十七篇）。卷之十襄公上（經元年至十五年，傳凡十八篇）。卷之十一襄公中（經十六年至二十五年，傳凡二十二篇）。卷之十二襄公下（經二十六年至三十一年，傳凡二十一篇）。卷之十三昭公上（經元年至十一年，傳凡二十三篇）。卷之十四昭公中（經十二年至二十一年，傳凡十四篇）。卷之十五昭公下（經二十二年至三十二年，傳凡十六篇）。卷之十六定公（經凡十五年，傳凡二十四篇）。卷之十七哀公上（經元年至十四年獲麟，傳凡十四篇）。卷之十八哀公下（續經十四年春至十六年夏四月，續傳凡七篇，附傳凡七篇）。

◎序：《左氏春秋聚》，先叔父蘭坡先生以杜林原本誦習弗便，綜事之始終、文之起止而裒聚之，以便於誦讀講貫而作也。聞諸先叔父之言曰：「《春秋》為魯之典冊，孔子因之而著為經。傳者，依經作傳，自當以傳從經。然欲舉二百四十二年行事全部，星宿絲連珠貫，脈絡井井，於以覘世變遷流之迹，而聖人作經垂世之旨即因之而著，非上智未易語此。於是欲其事之貫也，仿世家者或分以國，仿列傳者或分以人，類不免舉一而廢百。馬宛斯《事緯》一書，最稱詳備，然亦偏於紀事，棄經不錄，與舉一廢百者同譏。心竊病之，因求一事不斷隔，而仍以經統傳、以傳從經之法，乃倣古舊制，經傳分列，年經事緯，條析成篇，經依編年之舊，不倒不複；傳用紀傳之法，各歸條貫。窮經者可研求經義；談史者亦可討論史法；治古文者更可取《左氏》文章，究其起止，得其營搆，斯則以聚名編之微意也。」案是書初稿成於乾隆庚辰，後又時加改正。至辛丑壬寅間始錄有定稿，尚缺哀公二卷，而先叔遂以壬寅四月考終。嗚呼！先叔精力萃於此矣。炳南自束髮受書，即時時獲聞緒論，雖學識淺陋，亦心知是編之有裨後學，於先叔易簀之夕敬以是書請。先叔曰：「但有上函，亦堪問世。」蓋先叔初志，取《易傳》學聚問辨之義，釐訂經傳為上函，顏曰聚；另輯各公論斷及逐篇歸趣為下函，顏曰辨。時炳南以上函未為成書、下函尚未脫稿，故有是請。又問：「缺哀公奈何？」先叔曰：「無難。女誠不願使是為覆瓿物也，悉心探尋，即女能成之。」炳南受命弗敢忘。嘉慶丁巳客家一山南沙署中，校錄隱桓莊三公，尚多未安。辛酉以試官來江南，公餘之暇，又校錄閔僖

以下數公，然不能不時作而時輟也。丙子春，因公羈白下，旅邸闃寂，自顧衰老將及，俛念舊業，愾息於中，乃復從事校讎，手自抄錄。自春徂秋，原缺哀公勉為續成。並往歲校錄未安者復重錄一過，於是年八月蕆事。遂倩人莊錄一通，又暮月而告竣。嗚呼！是書自炳南銜命以來，又餘三十寒暑始克成帙，付之剞劂，距創始之年則干支再紀，乃終獲見於世。或亦先叔精心所寄，自有不容沒於世者。謹述所聞，並識書之所由成者如此。時嘉慶二十有四年己卯四月下澣之吉，姪以標今名炳南薰沐敬書。卷內書原名，名更於先人沒後，不敢以更名對先人也。

◎題辭：《左氏》經傳錯陳，讀者苦難晰其條貫，得是書而經緯分合義例昭著，於凡事之始終本末如肉貫串，俾學者瞭然心目，一片精心，千載盛業，以此津逮後學，洵不朽也。卷首表仿史例，而于二百四十二年之事條分縷晰，櫽括無遺。編年通紀，於經列其綱、傳掇其目，經傳合紀而書與不書標明筆削之旨，使學者深思自得。非精心獨運，貫乎全經之中而周乎其外，曷能不事言說而明且盡若此！其自即位改元暨會盟征伐以迄災異，萃焉以觀其聚。較之《春秋提要》尤簡括焉。古今言《左氏春秋》者多矣，然未有於經傳原文不贅一詞、不竄一字而使經傳大旨粲然明備如是書者。蓋不特為左氏功臣，抑亦麟經之指南矣。惜乎《左辨》一書未傳於世，學者不無遺憾。然《隨劄》所存，于春秋來世運升降之由、事機起伏之故，深切著明，原委洞然，實亦發前賢所未發云。嘉慶己卯，後學山陽陳師濂謹題。

◎凡例：

馬氏端臨謂左氏作傳時，經文自為一卷，至元凱始以《左氏傳》附之經文各年之後，是《左氏春秋》初原經自經、傳自傳也。今略仿其舊，每卷經列於前、傳列於後。年少事簡，通一公為一卷；多則一公分為二卷或三卷。各就本卷之中經依編年、傳依條貫，標題分篇。

每卷經幾年傳幾篇，於卷首列明。即列本卷篇目於後目下，各注篇數一二三四等字目。後列經，每經下各注條數，如經為首篇第一條注「一之一」、二篇第二條注「二之二」。經後錄傳，每篇標題上注篇數一二三四等字，與卷首目下之數相符，此謂大數，謂某公之第某篇也。每篇經幾條於各傳末注條數，一條下注「一」字，二條下注「二」字，與各經下之數相符，此為小數，謂某篇之第某條也。一一查對，俾仍以經統傳，以傳從經，如網在綱，有條不紊。

依經之傳，一經兩傳三傳者文當合，合之注「合」字於兩傳間，注經數於末傳下（如隱九年會防傳，自「宋公不王」至「謀伐宋也」本一傳也，杜分為三。今於「絕宋使」下秋字、「上告伐宋」下冬字上各注「合」字。經為伐宋篇第一條，於「謀伐宋也」下注「一」字）。中無他傳間隔，合字下接寫下傳不空格，若有間隔，合字下空一字寫，下傳不紀數，不標目。文當分仍之，紀經數於各傳下。在本篇者，傳末紀數，加前中後字。如分見兩篇，各歸各篇，各紀各數（如襄三年盟雞澤，袁僑如會，本一經也。自「為鄭服故」至「陳請服也」，傳分為三。首條彤外隔奚祁請老一傳，末條楚子辛至陳請服也應歸下救陳篇，經於本篇為第十條。今於彤外下注「十」，前空一字寫；中條於「吳子不至」下注「十中」，另注「下傳見下救臣篇」。僑如會於救陳篇為第二條，傳末但注二字）。兩經三經一傳者，文當合，仍之，總注經數於末傳下（如桓十八年會濼如齊公薨，三經一傳，文不可分。經為本篇第十、十一、十二條，於傳末總注「十」、「十一」、「十二字」）；文當分，分之，注經數於分處（如成十六年樂轡乞師，戰鄢陵、殺側會、沙隨四經一傳，文當分。經於本篇為第九、十、十一條，今於「有勝矣」下注「分九」、「有德之謂」下注「分十」、「弗及而卒」下注「分十一」，末條但注本數，不用分字）。各經各傳亦有文當合者合之（如桓十五年入許盟艾入櫟伐鄭、十六年會曹伐鄭，六經六傳當合為三，各注「合」字於兩傳間，總注經數於末傳下），文當分者各從本經各紀各數，係正例。

無經之傳，有先經、後經、錯經之別。先經者合於正傳之前，後經者合於正傳之後，各注合字於兩傳間，各紀正傳之數於末傳下，不另紀數不標事目，其應接寫或應空格與前例同，此先後經之在本卷者。如先數年為後卷某事起本、後數年為前卷某事終義者，俱另標事目，雙行列於經內，與各經一例紀數。其傳後經者，仍用前卷篇目加之，末二字傳已見於前卷，無庸重錄，量加節刪，分行細書，低一格列於本卷之末，一例紀數，末注再見節字。先經者預用後卷篇目，加「之始」二字。傳於此為初見，正行大書錄全文，一例紀數，亦低一格列於本卷之末，篇目上俱注「附」字。錯經之傳與正傳有關涉者，無論連文斷文，俱空一格，附於正傳之後，末注「附」字。經內不標事目不另紀數，與先後經之傳略同（另有以類相從與孤經無傳又無正篇可入者，如隱九年挾卒附於觀魚篇末、僖二十五年宋殺其大夫附於泓戰篇末等類，亦注「附」字，與此「附」字少別）。如與正傳全無交涉而另為一事者，經內另標事目，一例紀數，與先後經為前卷事始、後卷事末者同例，仍另標題，低一格列於本卷之末。若本卷有經之傳為前卷事末後卷事始者，亦用前後卷篇目加「之始」「之末」二字。初見

者正行全錄，再見三見者分行節錄，列於無事篇前（無事篇見後條），與大篇正傳一例頂格，篇目上不注「附」字。無經者低一格列於無事篇後，篇目上俱注「附」字。

無傳之經，左氏或因無事可紀，或因有例可推。杜氏謂經之條貫必出於傳，不知經之條貫仍出於經，無傳之經各有應列之處，缺一不可。今經中與有傳之經一例紀數，傳中則分行細書，補列經文於應列之處，與無經之傳標事目於經內者同例，用分行。經不淆傳，與傳不僭經，同一主客之義也。他如小國朝聘、列侯喪紀及本國災異土工祀典等類，先儒謂常事不書，無論有傳無傳，一例標題，分篇列於大篇正傳之後，并無事書首月亦即以無事標題，彙列成篇。既經聖裁，固無一字當略也。

合兩事三事至十數事為一篇者，或以事有關涉，或亦以類相從，合之為一，分之仍各為篇，則亦仍各編年。間有目，雖分列年，則合編一篇中。經文傳事統按年次臚列，不復依目分錄者，亦各有所宜，非頓亂其例。

凡一經兩見至三四見者，正行錄全文，再見分行節錄，係全書通例。亦有傳事與本篇無涉，但須經文備事者，雖初見，亦祇雙行借錄經文，與補列無傳之經同例，紀數處注云傳見某篇。

年月不繫本傳者，分行注於本傳之首。其分行細書之傳，年月仍應分注者，用墨線界出。又本篇傳事必承接某傳而始明者，撮舉事目分注傳首，如注年月之例。

錄寫傳文有連行另行之分合，兩事三事為一篇者，另事自應另行，而一事之中或插敘別事或緊要節目，亦另行擡寫以清界劃。

表中編年一篇，經傳合紀，尤為精密。內用◑◐●○分別標記之處，未經指授，炳南悉心推求，先經之傳用◑，後經之傳用◐，已無疑義至有經無傳於書傳目處用○，有傳無經於書經文處亦用○，其錯經另事之傳則用●，然亦間有不盡然者，推求可得，未能徧及。考異中《公羊》與《左》異者用○、《穀梁》用●，《公》《穀》全異者連用○●。其餘各表，細心人自能領悟，不復多贅。

全書體例，《左聚》為上函，標題分篇，但錄經傳全文，不加詮釋一字；《左辨》為下函，各表列首，後列各篇論斷，先於標題下揭明本篇事實上承某篇下接某篇，俾二百四十二年天運人事瞭然如指諸掌。惜皆缺而未著，僅於首卷草本中略見數條，定稿概未錄存，殆將與論斷各篇一時並著而未逮也。今取

各表冠諸卷首，又檢得隨劄二十餘條，或偶抒己見，或訂正前賢，吉光片羽，略為次第，並以臚於其前，合十表為首卷。讀者首先披閱，則《左辨》雖未著，而麟經大義編纂苦心，庶可於此窺見端倪云。

現存定稿，炳南據以校錄者，於標題後但列經目，無傳文一字。其錄寫全文，初稿已斷亂難稽，卷尾有自記數行，乃知成於乾隆庚辰，又幾經更正而後有此定稿也。校錄時某傳於某篇為正文、某篇為附見，應全應節、應分應合、應正行應分行。應撮舉傳事應摘錄經文，義例各別，非僅一抄胥之工也。今釐定為末卷而附於各表之後，一以當全部總目為讀者備檢查之據，一以見此書之成非曾經指授未易卒業。至校讎之役，得三益之功為多：從事最先者，漢陽項敦甫上舍慎均，嗣又得余戊辰南闈所得士丹陽林雲和孝廉佩琴、丹徒姚潤民孝廉浦，及余受業門人桐城張苣田文學錫齡也。附存先叔父自記於左：

余幼嗜《左氏傳》，以杜林原本誦習弗便，思綜事之始末、文之起止，聯絡貫串，手錄一編。而學識疏淺，動多齟齬，輒爾中止。今其本已飽蠹魚矣，比年以來，往復 繹，頗見端緒。己卯春，指授學侶錄為初稿，襄公之篇未畢而有西江之役。今年春《韻聚》初稿既成，分校之暇，踵成此帙。愛我者曰：「恩科伊邇，盍姑輟此緩圖」，余笑而未答。時乾隆庚辰春三月二十有八日，書於宜春臺畔學使官舍（案西江之役，先叔同先君子應邗江少宗伯謝未堂（溶生）先生聘分校江西也。宗伯以乾隆乙亥視學吾鄉，迄己卯，為時最久，先君子及先叔受知亦最深。己卯冬，宗伯由山左移督豫章學政，先叔同先君子應聘偕往，蓋即攜此稿於行篋而踵成之也。宗伯幕中，會稽茹遯來先生（先生諱敦和，乾隆甲戌進士），炳南戊申座主古香（棻）夫子太翁也。先叔同先君子受知於宗伯，因受知於先生，故相見如平生歡。尋以庚辰恩科旋里，偕行者五人，先生各有贈章。贈先君子有云：「嶧陽寄遐慕，重讀種穀篇。奧拙得古法，皮陸相後先」，贈先叔云：「連牀得佳弟，自命為臯陶。糾劾及遷、固，史議不可逃。點竄雜朱墨，出入嚴分毫。此中有千古，遑遑敢辭勞」。先叔即以是科獲雋，因第三藝引用僻奧，抑置副車，自是遂不復事舉子業，著述自娛。後三十年己酉禮闈，炳南謁古香師於京邸，時先生迎養邸舍，執門下禮請見，則古貌蒼顏，唏噓談往事不休。並記於此，用識西江之役，先君子得從先生游，而炳南復列古香夫子之門，非偶然也）。

附讀法：讀《左傳》不能離杜注，讀是書不能離杜林原本。《左氏》敘事簡奧，不觀杜注，或且不能識其辭。是書裒聚精驟，不觀原本，無從見作者苦心。每讀一篇，先取《定稿存原》查本篇共有若干條，某條係某年之經某條係

無經之傳或無傳之經，再取杜林原本挨次查閱，閱杜註暨林氏註則經義明，即是書裒聚之義亦明。或有未悉，再取欽定諸家之說糸之，即未有不明者。夫然後傳事始終、經旨條貫，無一不各歸其所，而是書精心裒聚，始知有至當而不易者。

◎光緒《嶧縣志》卷二十一《文苑》：所為《春秋聚》，兼綜三傳，實得筆削微旨。歿後，其猶子以標大令為刻之白下云。

◎孫殿起《販書偶記》卷二：《左氏春秋聚》十八卷、《左辨隨剳》一卷表四卷、《定稿存原》二卷（嶧陽張蘭坡撰。嘉慶間精刊）。

張右峰 春秋三傳便讀 佚

◎民國《獻縣志》卷十一中下《文獻志》三：著有《周易說象》《尚書輯覽》《詩義歸宗》《春秋三傳／三禮／爾雅便讀》《諸子擇粹》《地輿要覽》諸書。

◎民國《獻縣志》卷十二《文獻志》三：《周易說象》《尚書輯覽》《詩義歸宗》《三禮便讀》《春秋三傳便讀》《爾雅便讀》《諸子擇粹》《地輿要覽》（並張右峯撰）。

◎張右峯，字西嵐。直隸獻縣（今河北獻縣）人。嘉慶二十三年（1818）副榜。教授鄉里，多所成就。著有《周易說象》二卷、《尚書輯覽》、《詩義歸宗》、《三禮便讀》、《春秋三傳便讀》、《爾雅便讀》、《地輿要覽》、《諸子擇粹》諸書。

張羽清 續春秋編 二卷 存

南京藏乾隆元年（1736）刻本

◎張羽清，康乾時人。著有《續春秋編》二卷。

張元玘 春秋便讀 佚

◎郭廷弼修，周建鼎等纂《康熙松江府志》卷之五十《藝文》：《詩經彙解》《春秋便讀》（以上建寧知府張元玘采初著）。

◎應寶時修，俞樾、方宗誠等纂同治《上海縣志》卷二十七《藝文》：《春秋便讀》（張元玘撰）。

◎王大同等主修，李林松主纂嘉慶《上海縣志》卷十八《志藝文・經部》：《春秋便讀》（張元玘撰）。

◎嘉慶《松江府志》卷七十二《藝文志》一《經部》：《春秋便讀》（明張元玘采初著）。

◎張元玘，字采初。松江府上海（今上海）人。任建寧知府。著有《詩經彙解》《春秋便讀》。

張裕釗 左氏服賈注考證 佚

◎甘鵬雲等《湖北文徵》卷十：著有《濂亭文集／詩集》《左氏服賈注考證》《今文尚書考證》。

◎張裕釗（1823～1894），字廉卿，號濂亭。武昌（今湖北武昌）人。道光二十六（1846）舉人。授內閣中書，文字淵懿，歷主講金陵、江漢、經心、鹿門、蓮池各書院。著有《今文尚書考證》《左氏服賈注考證》《濂亭文集》《濂亭詩集》。

張元濟 春秋傳校勘記 一卷 存

四部叢刊續編本

◎張元濟（1867～1959），字筱齋，號菊生。浙江海鹽人。精目錄、版本、校勘之學，富藏書。著有《春秋傳校勘記》一卷、《涵芬樓燼餘書錄》《寶禮堂宋本書錄》《涉園序跋集錄》《校史隨筆》《張元濟日記》《張元濟書劄》《張元濟傅增湘論書尺牘》。

張遠覽 春秋主臣錄 佚

◎民國《西華縣續志》卷十《藝文志》：《古詩錄》、《宋詩漫錄》、《書意舊聞》、《初存集》二卷、《採薪集》、《汝南集》、《黔遊集》、《直方堂詩草》、《春秋主臣錄》、《古歡集》一卷、《桐岡存稿》八卷，張遠覽撰。《春秋主臣錄》以上九書皆佚，惟存《古歡集》一卷、《桐岡存稿》八卷而已。《中州藝文錄》引《蒲褐山房詩話》曰：「偉瞻詩學浣花翁，古文得震川一體，已采入《湖海文傳》中」，採訪稿邑令鮑振鏞跋云：「乙酉，余承乏西華，訪桐岡遺著，從其曾孫尚弼得鈔本《詩小箋》七卷、《春秋義略》十六卷、《初存集詩》一冊，又得蕭步九茂才所錄桐岡文並《文傳》《文徵》所選，彙而得若干篇。既讀其門人王耕畬所為墓誌，知此外著述尚夥，而得見者止此。爰即前所彙者，詳加釐正，次為文六卷、詩一卷，付諸剞劂，以廣其傳。其《詩小箋》《春秋義略》別謀校刻焉。」

◎張遠覽（1727～1803），字偉瞻，號桐岡。陳州府西華（今河南西華）人。乾隆十八年（1753）拔貢生、二十四年（1759）舉人。仕正陽教諭，畢沅撫豫，聞其名，調攝開封教授。尋以卓異薦，擢貴州鎮遠知縣，攝黎平府通判，所至有聲。致仕歸。卒，入祀鄉賢祠。著有《春秋主臣錄》、《春秋義略》十六卷、《直方堂詩草》、《桐岡丈存》、《碑幢聞見錄》二十卷、《古詩錄》、《詩小箋》七卷、《桐岡存稿》八卷、《初存集》二卷、《採薪集》、《古歡集》一卷、《黔遊集》、《汝南集》、《直方集》、《宋詩漫錄》、《書意舊聞》。中州古籍出版社2019年《清代中州名家叢書》有李金松點校《張遠覽集》。

張遠覽 春秋義略 十六卷 存

上海藏清抄本

◎民國《西華縣續志》卷十《藝文志》：《春秋義略》十六卷，張遠覽撰。自序略云：余學《春秋》，少宗《左氏》，後乃兼攻《三傳》而博涉乎百家。竊以為《春秋》者，定乎中而不隨，持其平而不激，不隨故不以功掩過，不激故不因惡蔽美；不逆末而預貶，不震跡而沒情；其意有推原無調停，其文有委曲無遷就。故其言天以驗乎人，明法以理乎紛，詳事以暴乎心，誅死以惕乎存。其汲汲者，堯舜禹湯文武周公之道；其懇懇者，君臣父子夫婦昆弟朋友之倫。必先有以求之情性心術之隱且微，而無乎不安；而後有以放之天下後世之遠且久，而無乎不準。遠覽不敏，竊病夫說之多歧也，於是益反覆乎先賢之說，而求其所以一之者。遲之又久，遂不自揆，為《義略》十六卷。蓋亦若有不得已者，輒發憤而忘其固焉然而已。殫思者十年，未嘗不兢兢罔敢易云。故凡所為說，不苟疑，不苟同，惟求經明而我無與，而鑿且誣者或庶幾其寡焉。非敢為真知聖人之意，顧博所徵、慎所言，則亦於業《春秋》者儻不無百一之助乎？嗚呼！吾固不得親從尼父一質之也。

◎民國《西華縣續志》卷十《藝文志》：《古詩錄》、《宋詩漫錄》、《書意舊聞》、《初存集》二卷、《採薪集》、《汝南集》、《黔遊集》、《直方堂詩草》、《春秋主臣錄》、《古歡集》一卷、《桐岡存稿》八卷，張遠覽撰。《春秋主臣錄》以上九書皆佚，惟存《古歡集》一卷、《桐岡存稿》八卷而已。《中州藝文錄》引《蒲褐山房詩話》曰：「偉瞻詩學浣花翁，古文得震川一體，已采入《湖海文傳》中」，採訪稿邑令鮑振鏞跋云：「乙酉，余承乏西華，訪桐岡遺著，從其曾孫尚弼得鈔本《詩小箋》七卷、《春秋義略》十六卷、《初存集詩》一冊，又得

蕭步九茂才所錄桐岡文並《文傳》《文徵》所選，彙而得若干篇。既讀其門人王耕畬所為墓誌，知此外著述尚夥，而得見者止此。爰即前所彙者，詳加釐正，次為文六卷、詩一卷，付諸剞劂，以廣其傳。其《詩小箋》《春秋義略》別謀校刻焉。」

◎王昶《春融堂集》卷三○《與門人張遠覽書》：僕在京師日久，交天下賢士大夫頗眾。前足下下第來見，辭氣清峭樸直，較然有異於眾人，心固已識之。及觀所示古文辭，其意醇，其旨潔，而法度悉與古人合。甚矣，文之似熙甫也。足下以不第歸來取別，而僕適以應官去，悵惘累日，不能自釋。乾隆初言古文者，推臨川李巨來、桐城方靈皋兩公。僕生晚，不得見其人。稍長，始識蔣編修恭棐、楊編修繩武，及李布衣果、沈秀才彤，乃知古文淵源曲折所在。四君又先後卒，今之有志乎是者，惟桐城劉教諭大櫆、錢唐杭編修世駿、大興朱中允筠、桐城姚儀部鼐、嘉定錢中允大昕、族兄鳴盛數人。而數人者，業之成與不成猶未可卜，又得足下奮臂其間，甚慰所望。夫學古文而失者，其弊約有三：挾謏聞淺見為自足，不知原本於《六經》。稍有識者，以《大全》為義宗，而李氏之《易》，毛、鄭之《詩》，賈、孔之《禮》，何休、服虔之《春秋》未嘗一涉諸目。於史也，亦以考亭《綱目》為上下千古，不知溯表志傳紀於正史。又或奉張鳳翼、王世貞之《史記》、《漢書》，而裴駰、張守節、司馬貞、顏師古、李賢之註最為近古者，缺焉弗省。其失也，在於俗而陋。有其學矣，騁才氣之所至，橫駕旁鶩，標奇摘異，不知取裁於唐宋大家以為榘矱。而好為名高者，又謂文必兩漢，必韓柳，不知窮源泝流，宋元明以下，皆古人之苗裔。其失也，在於誕而誇。其或知所以為文，與為文之體裁派別，見於言矣，未克有諸躬，甚者為富貴利達所奪，文雖工必不傳，傳亦益為世詬厲。其失也，在於畔而誣。夫以為文之難，而其所失又復多如此，則有志於古人，不可以不知所務明矣。邇者能言之士數出於東南，中州及西北絕少，然幸而有一出焉，必殊絕於人。況足下有田有廬，足以備饘粥、竹樹、花果之盛，足以供優息。又有善本書數千卷，為中州士大夫所罕見。熟讀而深思，博觀而約取，充其學足以接熙甫無難。則不第也不足悲，而歸於其家也益可喜。故趣舉近日之能言，及言之而失者以勉足下，未審足下謂有合否也。西華令劉君，僕同年生，從其寄書良便，幸時惠音問，且以近作見示焉。

張允安 春秋薈要 六卷 佚

◎光緒《泗虹合志》卷十一《文苑》：於《左氏春秋》考據尤精。著《四書撮要》十二卷、《春秋薈要》六卷、《爾雅釋要》一卷、《批選古／今文》各數卷、《堪輿斷訣摘要》一卷，皆手自鈔定藏於家待梓。

◎張允安，號盤之。安徽泗洪（今江蘇泗洪）人。諸生。幼穎異，經史過目不忘。試鄉闈，屢薦不售，年四十棄舉子業。杜門卻掃，服古味道，研究宋儒語錄。著有《春秋薈要》六卷、《四書撮要》十二卷、《爾雅釋要》一卷、《批選古／今文》、《堪輿斷訣摘要》一卷。

張照校 篆文春秋 一卷 存

國圖、北大、上海藏雍正元年（1723）內府刻篆文六經四書本

北大、清華、北師大、首都圖書館藏光緒九年（1883）同文書局石印本

北大、上海、復旦藏 1924 年千頃堂書局石印本

北大藏民國碧梧山莊石印本

◎《增訂四庫簡明目錄標注》卷第三《經部》七《五經總義類》：篆文九經五十卷，清張照篆，有刊本。

◎《清史列傳》卷一○《李光地傳》：（康熙）五十六年四月，至京，奉命勘閱大學士王掞等所纂《春秋傳說》及檢討張照等所輯篆字經文。

◎張照（1691～1745），字得天，號涇南，又號天瓶居士。江南婁縣人。康熙四十八年（1709）進士。校《篆文春秋》一卷等。

張兆炎 春秋纂要 一卷 存

上海藏抄本（清張嘉仁跋）

◎張兆炎，字午亭。寶山（今上海寶山區）人。乾隆增生。博通群籍，精楷法。著有《春秋纂要》一卷、《史記觀要》二十二卷、《歷代帝王總紀》不分卷。

張貞宮 春秋說林 十卷 佚

◎吳茂雲、鄭偉榮編著《台州古籍存佚錄》卷四《經部五‧春秋類》：《春秋說林》十卷，清天台張貞宮撰，書佚。

◎張貞宮，字次雍，號律旋。天台（今浙江天台）人。雍正二年（1724）補行元年（1723）科舉人。與同邑許善行、朱誦善。著有《春秋說林》十卷、

《四書學海》二十卷、《歷代要覽》二十卷、《經濟策略》，編有天台令戴兆佳撰《天台治略》十卷。

張甄陶 春秋三傳定說 五十卷 首一卷 存

浙江藏稿本

國圖藏清正學堂五經通解稿本（不分卷）

◎民國《閩侯縣志》卷七十：乾隆庚子以後，閩士知講漢唐註疏之學，雖由大興學士朱筠、太傅珪昆弟相繼視學提倡風尚，然其端乃發於甄陶……居滇時著《正學堂經解》，歷十年書始成，凡《周易傳義拾遺》十五卷、《尚書蔡傳拾遺》十二卷、《詩經朱傳拾遺》十八卷、《禮記陳氏集說刪補》四十七卷、《春秋三傳定說》五十卷，又有《四書翼註論文》三十卷、《杜詩詳註集成》四十四卷、《松翠堂文集》三十卷、《惕菴雜錄》十六卷、《學實政錄》四卷。

◎趙爾巽《清史稿》卷一百四十五志一百二十《藝文》一：《春秋三傳定說》十二卷，張甄陶撰。

◎劉聲木《桐城文學撰述考》卷一「張甄陶撰述」：《周易傳義拾遺》十五卷、《尚書蔡傳拾遺》十二卷、《詩經朱傳拾遺》十八卷、《春秋三傳定說》五十卷、《禮記陳氏集說刪補》四十七卷、《四書翼註論文》三十卷、《惕菴雜錄》十六卷、《杜詩評註集成》四十四卷、《學實政錄》四卷、《松翠堂文集》三十卷、《學實政錄》四卷。

◎張甄陶（1713～1780），字希周，號惕庵。福建福清人。乾隆元年（1736）由拔貢生舉鴻博，補試未合格罷。朱軾、方苞薦修《三禮》，辭，而請受業於苞，取《永樂大典》三萬卷閱之，學益精進。乾隆九年（1744）舉順天鄉試，十年（1745）成進士。選庶吉士，授編修，尋改授廣東鶴山知縣。歷香山、新會、高要、揭陽，所至有聲。以憂去官，服除，起授雲南昆明，弗獲於上官，坐事免。主講五華書院，尹壯圖、錢灃皆其弟子。復移掌貴州貴山書院，課士有法。總督劉藻疏薦，詔加國子監司業銜。晚以病歸閩，主鼇峰書院。以經義教閩士，於是咸通漢唐注疏之學。在滇時著經解百餘卷。著有《周易傳義拾遺》十五卷、《尚書蔡傳拾遺》十二卷、《詩經朱傳拾遺》十八卷、《禮記陳氏集說刪補》四十七卷、《春秋三傳定說》五十卷、《四書翼註論文》三十卷、《古今通韻輯要》六卷、《杜詩評註集成》四十四卷、《松翠堂文集》三十卷、《惕菴雜錄》十六卷、《學實政錄》四卷、《澳門圖說》、《澳

門形勢論》、《制馭澳夷論》。

張之純評注 春秋繁露 一卷 存

民國鉛印評註諸子菁華錄本

◎漢董仲舒原撰。

◎張之純，字爾常（二敞），號癡山。光緒二十六年（1900）恩貢。任安徽直隸州州判。著有《評註諸子菁華錄》、《文字源流參考書》一卷、《叔苴吟》、《聽鼓閒吟》、《中國文學史》，與章鍾亮合撰《墨痴唱和集》二卷。

張之萬 春秋三傳異文考 一卷 存

國圖〔註70〕、北大、南京、湖北藏同治八年至九年（1869～1870）張之萬金陵刻本

◎張之萬（1811～1897），字子青，號鑾坡，諡文達。直隸南皮（今河北南皮）人。張之洞兄。精書畫，與戴熙討論六法，交最相契，時稱南戴北張。道光二十七年（1847）進士。同治間署河南巡撫，移督漕運，同治九年（1871）任江蘇巡撫、十年（1872）任閩浙總督。光緒二年（1876）授河南巡撫，八年（1882）為兵部尚書，後調刑部。十年（1884）入值軍機處，兼署吏部尚書。後為協辦大學士、體仁閣大學士、東閣大學士。二十二年（1896）年老致仕，賞食全俸。卒贈太保，諡文達，入祀賢良祠。著有《春秋三傳異文考》一卷、《張文達公遺集》。

張志失 春秋人品論 不分卷 存

上海藏 1913 年金堂抄本

張柱 春秋纂要 佚

◎王其淦、吳康壽光緒《武進陽湖縣志》卷二十八《藝文》：張柱《春秋纂要》（佚）。

◎繆荃孫《江蘇省通志稿經籍志》第十卷《武進陽湖無錫金匱》：《春秋纂要》，張柱。

◎張柱，陽湖（今江蘇常州武進區）人。著有《詩經知新錄》《春秋纂要》《小學講意讀》。

〔註70〕清李慈銘校。

張自超 春秋宗朱辨義 十二卷 首一卷末一卷 存

南京、天津、吉林社科院藏乾隆五年（1740）世耕堂刻本

浙江大學藏四庫本

國圖、北大、上海、天津、吉林、溫州、中科院藏光緒七年（1881）高淳
書院刻本

天津藏光緒十年（1884）重刻本

上海藏清抄本

◎春秋宗朱辨義總論：

經旨。先儒講解，切當不可易者不再發明。其前人不合之說，後人已有辨
者，不再辨。或雖不合而於大義無關者，亦不置論。凡所辨論，必反覆前後所
書比事以求其可通，又合諸儒之說糸互斟酌，去其非者存其是者，未敢以臆斷
也。其於朱子則已言者引其言，未言者推其意。閒有非朱子之意，或朱子曾言
之而鄙見微有不然者，亦未敢阿私而曲徇之也，總發大義列於卷首。

孫明復以為《春秋》有貶無褒，朱子曰：「如晉士匄伐齊，聞喪而還，分
明是褒之。」夫王政不行而諸侯放恣，專會盟，擅侵伐，其事原無可褒。至如
葵丘之會、召陵之師、踐土之盟，尊周攘楚，聖人取之者，則固以寓褒於貶也。
而其他彼善於此之事，其辭若許之而其意若有憾者，則又以寓貶於褒也。朱子
曰：「《春秋》貴仁義而賤功利，貴王道而賤伯功」，又曰：「《春秋》明王法而
亦不廢五伯之功」，通乎此，則褒貶可知矣，其寓褒於貶、寓貶於褒之義可知
矣。蓋聖人非有意以為褒貶，據其事直書之，其事是則其辭若褒，其事非則其
辭若貶，其事是之中有非、非之中有是則其辭若以褒為貶、若以貶為褒也。

孟子曰：「王者之迹熄而《詩》亡，《詩》亡然後《春秋》作。」《春秋》
之作，非以存王迹，以著王迹之所以熄而《詩》之所以亡也。會盟侵伐諸侯自
專而王不能禁，弒君篡國而王不能討，繼世而上不稟命，又擅廢立之大夫世家
而國無命卿，又專殺之王世子出會，天王下勞而不知其非，朝伯主不朝天王而
相沿以為故，名為攘楚而實則爭伯，名為請王命而實則役王臣，不特戎狄四侵
吳楚強橫以為大亂之世也，而內諸侯之無王伯主之無王亦已甚矣。夫子筆削魯
史，直書於冊而罪之，大小俱著，故孟子曰：「《春秋》天子之事也。」

《春秋》有書事在此而示義在彼者，有書事在前而示義在後、書事在後而
示義在前者，有以不書示義者，有以疊書示義者，有煩文以示義者，有省文以
示義者，有閒文以示義者，有微文以示義者，有義繫乎人而其事不必詳者，有

義繫乎事而其人不必詳者，有書其事同文而義在各著其是非者，有書其人同事而義在分別其善惡者，有書一事而具數義者，有書數事而明一義者，蓋是非以筆削而見，褒貶以是非而見，比事屬辭，《春秋》之教固無待於鉤深而索隱也。

諸侯侵伐，魯君大夫不與者，文公以前，侵則僖二十八年晉侯侵曹一舉爵，伐則隱四年宋公陳侯蔡人衛人伐鄭、僖十年齊侯許男伐北戎、十八年宋公曹伯衛人邾人伐齊、二十二年宋公衛侯許男滕子伐鄭、二十三年齊侯伐宋、二十八年晉侯伐衛六舉爵而已，其他稱人而諸侯大夫不詳者。蓋禮樂征伐自諸侯出，雖大夫將而皆諸侯之事，不必名大夫，不必舉諸侯之爵而義自見。文公以後，禮樂征伐自大夫出，故詳大夫之名以見義，非大夫將者則舉諸侯之爵以別之，其有不必詳者亦從畧書人，故前則書人者十之七八，後則書人者十之二三，此《春秋》之大義也。諸儒於前之書人者槩以為貶，至於事有差善而不可以通者則又以為將卑師少，其於後之稱名稱帥師者槩以為無貶，至於事有極惡而不可以通者則又以為不待貶絕而惡自見，是非予奪遂至失實。朱子曰：「夫子作《春秋》，當時之事實寫在此，人見者自有所畏懼。若云去其爵予其爵、賞其功罰其罪，卻是謬也。」（詳見各條下）

《春秋》紀事之書也，而義即在乎事之中，苟攷於事不得其實，則索其義有不可以強通者矣。諸儒於事則全信《左氏》，於事之合禮不合禮者則衷《三禮》以斷之。夫周禮之舊當孟子之時，諸侯惡其害己而去之，其詳已不可得聞，而況漢儒襍集之書，其可盡據以論《春秋》哉？《左氏》之浮夸，其不可全信抑又明矣。故《春秋》有不可卒解者，不當以三傳同文古禮可徵而竟不一闕疑也。諸儒惟坐不肯闕疑，故信《左氏》者取諸《左氏》，不信《左氏》者則又撰以己意，攷證《三禮》者則以《三禮》之成言斷《春秋》之已事，而不知漢儒附《春秋》及三傳之說以為禮者正多也。朱子解經，於文之難通者則曰疑悮、疑衍、疑有闕文，於義之不可以卒合者則曰未詳，於兩說之可通者則曰未知孰是，於禮之無可徵信者則曰不可攷，夫以朱子之博於學而精於理，其解經之虛公嚴謹且如此，何說《春秋》者謾自以為能觀其大而會其通，一句一字無漏義耶？竊恐悮文不特郭公，闕文不特夏五，疑義不特桓之十三年不書王及兩闕秋冬而已也（詳見各條下）。

諸儒以《春秋》稱字為褒，內如季子來歸，外如宋子哀來奔稱字之類，皆以為褒其賢也。顧於析邑歸仇之紀季則賢之，而於因亂復國之許叔則又罪之，於蔡季歸國則賢之，而於蕭叔朝公則又罪之，於高子來盟則賢之，而於仲孫省

難則又罪之，至於華孫來盟義不可通則又以為義不係乎名，說終不得而定。朱子曰：「如王人子突救衛，自是衛當救。當時有個子突，夫子因存他名字，如何卻道王人本不書字，緣其救衛故書字？推此則知爵氏名字因乎舊史，非以寓褒貶也。」（詳見各條下）

十二公即位不即位，文定以為上既不稟命於天王，內又不承國於先君，則不書即位，隱、莊、閔、僖是也；而於桓、宣不可以通則以為如其即位之意，以著其無隱先君之心；又於定公不可以通，則遂無說非也。朱子曰：「書即位者是行即位之禮繼，故不書即位者是不行即位之禮。若桓之書即位，是桓自正其即位之禮，於是而十二公之書即位不書即位可以通矣。」（詳見各公元年條下）

三傳言侵伐各不同，李氏駁之，極是。文定以為聲罪致討曰伐，潛師掠境曰侵，亦未盡當也。天子討而不伐，諸侯伐而不討，以討為伐，固為不可，而所云聲其罪者亦非受伐之國果有可伐之罪，而伐人國者欲加其罪不患無辭耳。蓋伐云者，執言而來，陳兵於境，必服而後去之，不服則戰，不戰則守，守之固則圍之，守之不固則入之。故《春秋》書伐之後則有或戰或圍或入之事，而書侵無之。無所執以為言，入其境而即去，志不在於服之，不及其戰，何用其守？不暇於圍，何至於入哉？乃文定以為潛師，則又不然也。晉定會王臣，合十八國有事於楚，而召陵書侵，非潛師可知矣。文定於《左氏》言伐而經書侵、《左氏》言侵而經書伐者，謂為聖人筆削褒貶所繫，是蓋以書侵為不予其伐而侵為貶辭也。然則《易》稱「利用侵伐」，則侵與伐皆用師之名。而《皇矣》之稱文王曰「侵阮徂共」，武王誓師亦曰「侵於之疆」，司馬九伐之法有「負固不服則侵之」，則侵非不善之辭。又如魯受伐則書伐，受侵則書侵；魯伐人則書伐，侵人則書侵，魯史據事之實，夫子仍史之文，初何繫乎褒貶哉？！

春秋會盟，隱、桓之時散亂無屬，齊、桓興而始聽命於伯主，桓卒又將散亂而攝於晉文，至晉世主夏盟而諸侯之私會私盟不行者幾及百年。晉伯漸衰而春秋之終，其散亂與春秋之始不異矣。以名言之，則離與參為私，同為公也；以事言之，則事之公者為公，事之私者為私也；以義言之，則合乎義者為公，不合乎義者為私也。其有見於傳而經不書者，或於大故無關，或又煩而可省，諸儒以為惡而削之、諱而削之，皆非也。

諸儒以為《春秋》於內大惡則諱之，夫內之大惡諱弒書薨，聖人之不得已也。而且以不地著之，桓宣輩遂慶父之為賊、文姜哀姜之與弒，則終不得而諱也。其他孰有大於國母宣淫之醜乎？孰有大於朝齊朝晉朝楚之辱乎？孰有大

於郊禘蒐閱之僭禮、易許田不視朔之變制逆祀而躋僖公、瀆倫而娶同姓乎？孰有大於刺公子買、公子偃之無罪乎？孰有大於丘甲之虐用民力田賦之厚斂民財乎？則備書於冊矣，而又何諱哉？！蓋聖人據魯史以作《春秋》，其會盟侵伐、弒君殺大夫則統天下諸侯以示義，至於朝聘卒葬祭祀昏姻立宮城邑一切興作之類則皆以魯事示義。事繫乎一國而義關乎天下，聖人原無所顧忌於魯。諸儒但以滅國書取朝聘書如出奔書遜謂皆諱之，而不知婉其文而不沒其事，其實不得謂之諱也。諸儒又以會盟侵伐之不目公及大夫者為諱，然即不目公及大夫而其屬辭曰及、曰會，即明知其非公即大夫矣，何為諱耶？諸儒又據《左氏》事實之詳而經有不書者為諱，即其事洵有之，而於義無害又無關於國於天下之故，或舊史不書，或夫子削之，可以無書而不書，非以諱為義也。至於《左氏》諱尊諱親諱賢之說，抑又不然。蓋當春秋凌替僭亂之世，聖人之道先王之法無有存者，聖人正以惡夫禮樂變為干戈、仁義泯於功利、諸侯強而荊蠻橫、小侯滅而大族興、篡弒叛亂接跡於世，而作《春秋》以著其變亂之實，使義取乎諱之，則《春秋》亦可以不作矣。朱子曰：「《春秋》直載當時之事」，又曰：「據魯史以書其事」，然則何有於諱哉？！

諸儒以書公子不書公子、書氏不書氏為褒貶，然攷於《春秋》，內惟公子翬前不稱公子而後稱公子，外惟陽處父前不稱氏而後稱氏，其他則為公子者始終稱公子，有氏者始終稱氏，未嘗因事之美惡忽削忽書以示義。蓋以公子而有後於國世為卿以專國政，此積漸而為大夫用事之天下，聖人因其實以著之，而豈以書不書為褒貶哉？故春秋之初內有不稱公子不稱氏之大夫，非以奪之者貶之也；春秋之後外無不稱公子不稱氏之大夫，非以予之者褒之也。褒貶在事不在氏族名字。如諸儒之說，是非公罪亂者多矣（詳見各條下）。

文定論天王崩葬，以為志崩志葬者赴告及魯往會也，志崩不志葬者赴告雖及魯不會也，崩葬皆不志者王室不告魯亦不往也，其說最合。使準此以論諸侯之卒葬，則無不可以通矣。而於諸侯葬例，以為有怠於禮而不葬，有弱其君而不葬，無其事闕其文，魯史之舊者，猶得其義。至所云討其賊而不葬，諱其辱而不葬，治其罪而不葬，避其號而不葬，以為聖人所削《春秋》之法者，則不盡然也。朱子曰：「春秋崩薨卒葬原無意義」，蓋其書葬不書葬，上而天王，大而齊宋，親而晉衛，小而滕薛郳杞，外而秦楚，變而弒君，往會則書，不往會則不書，其當往而不往、不當往而往，則因其實以著之，而非別有意義也（詳見各條下）。

《公》《穀》以為弒君討賊則書葬，不討賊則不書葬。而內於桓公之仇未復而葬，不可以通則以為不責其踰國而討也；於閔公之賊既討而不葬，不可以通則以為不以討母葬子也。外於宋捷齊光齊卓衛剽之賊既討而不葬，於蔡景許悼之賊未討而葬，不可以通則多為之辭說。非也！內而赴於諸侯，以禮葬則書；不赴於諸侯，不以禮葬則不書。外而魯往會則書，魯不往會則不書，因乎舊史，非有筆削，正朱子所謂「崩薨卒葬無甚意義」者也（詳見壬戌公薨條下）。

說《春秋》者以弒君之賊未討則不再見經，為聖人削其人以誅之也。而於趙盾見經不可以通，則以為盾非親弒君者，為法受惡，故聖人貸之。為此說者，亦未攷於齊商人、楚商臣皆弒君之賊，而《春秋》所書之齊侯、楚子即其人耳（詳見趙盾孫免侵陳條下）。

殺大夫稱國稱國人，文定之說甚得其義。弒君稱名稱國稱國人，《左氏》以稱國稱國人者責其君無道自取，而文定所謂聖人無私與天為一者，即《左氏》無道自取之義也。而於經文書卒，《左氏》以為弒者，則又撰為聖人不忍書之說。夫《春秋》書弒君以誅亂臣賊子，必不以其君無道而縱亂賊，亦無所為不忍書者，以遭變為正卒，使後人致疑於其故也（詳見各弒君條下）。

《春秋》書歸女逆婦，諸儒皆從合禮不合禮立論。夫禮之合與不合，義固有之，而《春秋》實以著婚姻為邦交之大也。乃其歸女則於紀杞鄫郯諸小國莒慶齊高固則又以下嫁於大夫而子叔姬之歸齊不書，特詳於伯姬之歸宋；逆婦則桓莊僖文宣成皆娶齊女而聲姜之逆至不書，襄昭定哀之夫人不詳其娶於何氏，聖人蓋有意寓乎其間，而禮之合與不合，則因事以併著者也（詳見各逆婦歸女條下）。

楚初稱荊，漸而稱人。既建號楚，而君漸舉爵，大夫漸稱名。諸儒於其來聘則曰慕義而來進之也，於其稱人舉爵則曰漸進之義也。夫《春秋》之作原以著二伯之功，二伯之功在攘楚，而顧進楚君臣與內諸侯大夫齊等哉？蓋楚非戎狄之比，戎狄雖在內地而為患小，故其君不必詳。楚亦非秦之比，秦雖周爵稱伯而不為中國患，故其大夫不必詳。楚亦非吳之比，吳雖驟強而起於春秋將終，故其君大夫皆不必詳。惟楚則與中國始終為敵，使不爵其君不名其大夫，則楚之為患中國其實不著。楚之實不著，則二伯相繼攘楚之事跡不著，楚之時強時弱亦不著，而晉世伯之有盛有衰亦不著矣。朱子曰：「齊桓晉文所以有功王室者，當時楚最強大，時復加兵於鄭。鄭在王畿之內，向非桓、文有以遏之，則周室為其所併矣。」然則《春秋》豈進楚哉？

五伯者，趙氏曰：「齊桓、晉文、秦穆、宋襄、楚莊也。」丁氏曰：「夏昆吾，商大彭、豕韋，周齊、桓、晉文也。」朱子註《孟子》，兩存其說。至說《春秋》，如云：「春秋初間，王政不行。五伯扶持，方有統屬。」又云：「春秋之時，五伯迭興，桓、文為盛。」則似專主趙氏。其意或以皇帝王伯見世道之升降，不應湯之前已有昆吾、文武之前已有大彭豕韋，伯而王，王而伯，相間而興耳。然秦穆未有合諸侯之事，宋襄爭伯而師敗身死，楚莊僭王，聖人正以攘楚許桓、文，必不予楚莊以伯，恐當以丁氏所列為是也。

讀《春秋》不得不效事於《左氏》。朱子曰：「《左氏》說得春秋事有七八分，固當信其可信者也」。但有與經牴牾者，如經舉諸侯之爵，而《左氏》以為大夫。如經稱人，而《左氏》以為諸侯。又如侵伐圍入取滅之類，間有不合。諸儒往往據之，以為聖人筆削褒貶予奪之義所在，殊失之也。伊川曰：「以傳效經之事跡，以經別傳之真偽」，此意最好。蓋經傳不妨有異同，經既書得明白，則不可為傳所疑惧也。《春秋》全經，合看卻是一篇文字：天王是題旨，齊桓晉文是主意，楚是客意，魯是線索，鄭是波瀾，宋衛陳蔡曹許滕邾是鋪襯，秦是篇首陪客，吳是結尾陪客，會盟侵伐是關節，弒君殺大夫是議論，朝聘嫁娶是聯絡，郊禘蒐閱日食星變山崩地震水旱螟螽麋鵒之類是點綴，其間有起有伏，有轉有接，有串挿有照應，有虛有實，有景有情，有排奡處有細密處，有驚策處有閒散處，有言外之言，有意中之意，往復無窮，整齊不漏，義理充實，血脈流通，直是千古第一篇奇文。逐字拆看，則事事有起結有開合；逐字句細看，則一句一字索之不能極其精、推之不能盡其大，但須得其大義所在，不可穿鑿。故朱子曰：「雜以己意則差舛也。」

◎提要：《江南通志》列之《儒林傳》中〔註71〕。是書大意本朱子「據事直書」之旨，不為隱深阻晦之說，惟就經文前後參觀以求其義，不可知者則闕之。篇首《總論》二十條頗得比事屬辭之旨。其中如「單伯逆王姬」則從王氏之說以為魯之大夫。於「秦獲晉侯」辨所以不書名之故。於「宋師敗績」辨所以不書公之故。於「司馬華孫來盟」辨《胡傳》義不繫乎名之說。於盟宋罪趙武之致弱。於楚公子比、公子棄疾弒立書法見《春秋》微顯之義。於「齊殺高厚」謂非說晉〔註72〕，而於「衛人立晉」一條尤得《春秋》深意。雖以「宗朱」

〔註71〕庫書提要無「未仕而卒。《江南通志》列之《儒林傳》中」等字。
〔註72〕庫書提要此下有「定公八年從祀先公以為昭祔成廟定公所祀之高曾祖禰仍是文宣成襄皆確有所見」等字。

為名，而參求經傳務求心得，實非南宋以來穿鑿附會之說〔註73〕。後方苞作《春秋通論》多取材此書。近時解《春秋》者，焦袁熹《春秋闕如編》外，此亦其亞〔註74〕矣。

　　◎趙爾巽《清史稿》卷一百四十五志一百二十《藝文》一：《春秋宗朱辨義》十二卷，張自超撰。

　　◎《大清一統志》卷七十六《江寧府》四《人物》：張自超（高淳人。康熙癸未進士。博極羣書，研究經史，期於躬行實踐。釋褐後，授經講學，文行日著。所著有《春秋宗朱辨義》）。

　　◎《增訂四庫簡明目錄標注》卷第三《經部》五《春秋類》：《春秋宗朱辨義》十二卷，清張自超撰。

　　◎《浙江採集遺書總錄‧閏集‧春秋類》：《春秋宗朱辨義》十二卷（刊本），右國朝進士固城張自超撰。自謂宗紫陽朱子，辨諸儒是非異同之說，以發明《春秋》之義云。

　　◎《四庫全書簡明目錄》卷三《經部》五《春秋類》：《春秋宗朱辨義》十二卷，國朝張自超撰。本朱子《春秋》據事直書之說，不以深曲繳繞，汩亂聖經，故題曰「宗朱」，非全用朱子說也。其總論二十篇，亦深得比事屬詞之旨。

　　◎沈德潛《清詩別裁集》卷十九張自超：彝歎知己非用世人，不就選謁，生平邃於經學，詩亦從經學中出。

　　◎雷夢水《販書偶記續編‧附錄‧經部》：《春秋宗朱辨義》十二卷（清固城張自超撰。乾隆間世耕堂刊，光緒七年重刊）。

　　◎張自超（1654～1718），字彝歎。南京高淳人。幼失怙，課耕奉母，博通經史。康熙四十二年（1703）中進士，以母老辭。康熙五十四年（1715）主講杭州萬松書院，五十六年（1717）徐元夢以經學篤行舉薦，五十七年（1718）入都，行至山東荏平病卒。著有《春秋宗朱辨義》十二卷首一卷末一卷、《滄溪澀音集》等。

張宗泰 春秋左氏傳讀本正誤 佚

　　◎同治《續纂揚州府志》卷九《人物志》一：著有《周官注疏正誤》《爾

〔註73〕庫書提要「務求心得，實非南宋以來穿鑿附會之說」作「務掃宋以來穿鑿附會之說實出自心得者為多」。
〔註74〕庫書提要「其亞」作「善本」。

雅注疏正誤》《乙部考日長編》俱付梓；《舊唐書疏正》《春秋左氏傳讀本正誤》《新唐書天文志疏正》《竹書紀年校補》《廿二史日食徵》《唐冬夏兩至攷》《宋金遼元朔閏考》俱藏於家；《天長縣志稿》後亦刊成（《行略》）。

◎同治《續纂揚州府志》卷二十二《藝文志》上：《春秋左氏傳讀本正誤》（張宗泰撰）。

◎張宗泰（1750～1832），字登封，號筠巖。揚州甘泉（今江蘇揚州江都區）人。乾隆五十四年（1789）拔貢生，考取一等，以知縣用。因父年邁，改就教職，選天長縣教諭。嘉慶十六年奉父諱，服闋再選合肥縣教諭。年七十六引疾歸。著有《周官注疏正誤》一卷、《春秋左氏傳讀本正誤》、《論語講義偶錄》一卷、《孟子七篇說》一卷、《孟子七篇諸國年表》二卷、《孟子七篇諸國年表說》一卷、《爾雅注疏正誤》、《乙部考日長編》、《舊唐書疏正》、《新唐書天文志疏正》、《質疑刪存》（原名《質疑偶存》）、《竹書紀年校補》、《廿二史日食徵》、《唐冬夏兩至攷》、《宋金遼元朔閏考》、《魯岩所學集》、《天長縣志稿》。

張祖房　一字春秋　佚

◎道光《徽州府志》卷十四之一《人物志・流寓》：未知其所自來，順治辛卯，愛新安山水，捆載平生所著書版至休寧，訪吳懷英于還古書院，時年八十七矣。盡出其所著《周易關鍵》《周易訂訛》《一字春秋》《魯論覺言》及《書／詩／禮》諸經講義、《八陣圖說》諸版授之懷英，以謀終老。後懷英卒，遂隱於黃山，有潘氏者給其衣食，年九十三卒。諸書亦漸流散，今存吳氏者惟《周易》《魯論》兩書而已。其學甚淵博，兼精武技，天文、術數、遁甲之學尤所究心，時或一言，多奇中。善導引，終夜未嘗寢息，蓋前代逸民云。

◎張祖房，著有《周易訂訛》《周易關鍵》《一字春秋》《魯論覺言》《八陣圖說》。

章炳麟　春秋左傳讀　九卷　存

上海藏稿本（不分卷。潘承弼跋）

國圖藏石印初印本

吉林藏清末影印本

國圖、上海、復旦、南京藏 1939 年吳縣潘承弼石印本

學海出版社 1984 年排印本

國家圖書館出版社 2012 年宋志英選編左傳研究文獻輯刊影印民國初石印本

上海人民出版社 2014 年章太炎全集姜義華點校本

北京大學儒藏精華編點校本

◎一名《左傳讀》。

◎章太炎《太炎先生自定年譜》〔註75〕光緒二十二年丙申（1896）二十九歲條：遷居會城，作《左傳讀》。余始治經，獨求通訓故、知典禮而已。及從俞先生遊，轉益精審，然終未窺大體。二十四歲始分別今古文師說。譚先生好稱陽湖莊氏，余侍坐，但問文章，初不及經義。與穗卿交，穗卿時張《公羊》、《齊詩》之說，余以為詭誕，專慕劉子駿，刻印自言私淑。其後遍尋荀卿、賈生、太史公、張子高、劉子政諸家《左氏》古義，至是書成，然尚多凌雜。中歲以還，悉刪不用，獨以《敘錄》一卷、《劉子政左氏說》一卷行世。

◎1938 年 5 月 19 日錢玄同先生遺札《與顧起潛書》〔註76〕摘錄：手教敬承。先師章君之《春秋左傳讀》，弟於三十年前曾在師處見其自藏之本，其後向先師之兄仲銘丈乞得一部。書係繕寫石印，版式及大小略如石印之《清經解》正續編。各卷係兩人分寫，一字跡稍大，體較古雅，係先師自寫；一字跡稍小，體較凡俗，蓋抄胥所寫。書簽為馮夢香一梅篆書。此書出版當在戊戌以前，因戊戌年張香濤延先師至鄂都幕中，即因張氏曾讀此書也。張氏痛恨《公羊》而嗜《左氏》，故喜先師此書而惡康長素之《偽經考》等。梁任公謂廖季平受張氏賄逼而編關於《左氏》之書，賄逼與否，我所不知，至廖為張編關於《左氏》之書，則我曾見之，此亦張氏嗜《左氏》之一證也。《章氏叢書》中之《春秋左傳讀敘錄》及《劉子政左氏說》兩種，即係將此書之一小部分修改而成者，彼兩種定稿於丙午、丁未間，在此書之後十餘年，前後見解大異，故此書久為先師所廢棄矣。又先師晚年所作之《春秋左氏疑義答問》（在《章氏叢書續編》中），則不但與此書所見絕異，即與《叢書》之兩種亦大不相同，因又在彼兩種以後二十餘年所作也。竊謂欲知先師治左氏學之意見之前後變遷，此三時期之四部書皆極重要。此三期之說法孰是孰非，或皆有是處，或皆未是，此為別一問題。若對於先生之左氏學為歷史的研究，則此書實與後此三書同樣重要。而後此三書刻於《叢書》之中，尋極甚易，此書則甚不易得，尤宜葆藏也。弟

〔註75〕章氏國學講習會校印《章氏叢書三編》本。

〔註76〕1939 年 3 月《制言》第五十期。

於民元二間識仲銘丈時，雖曾乞得一步，但銘丈已云家中僅餘數部。今又閱廿餘年，銘丈下世亦近十年，以後恐絕難再得矣。

顧廷龍附記：玄同先生自病血壓高以來，謝客習靜，不猶接言笑者久矣。去春檢理四當齋藏書，見太炎先生舊著《春秋左氏讀》，鈐有小印，曰「□□□長沙賈傅中壘劉公」。龍異此本之罕覯，又欲補印文之殘闕，因念先生熟於師門故事，即以原委奉詢。承示復甚祥，深為感幸。又有明本韻書，亦四當齋物，殘存一冊，首尾不具，誰著何書，莫能辨悉。並乞先生審定，知為章黼《並音連聲韻學集成》也。瞿君子陵走謁之日，先生嘗自謂舊恙已稍愈。龍屢欲造訪，一疏結念，而卒卒未果。今忽噩耗傳來，已為先生接三之期，為之愴悼，檢視遺稿，手墨如新，而音容已邈，不勝山陽鄰笛之感。二十八年一月十九日顧廷龍記。

◎《復堂日記》光緒二十一年九月二十三日：為餘杭章生炳麟枚叔呈雜文三篇，章生劬學善病，嘗撰《春秋左氏傳》，有志治經。前年楊春圃以所作文字質，已略指正之矣。

◎中華書局2015年《宋雲彬舊藏書畫圖錄》宋雲彬摹錄章太炎上曲園老人手札九通，第四通光緒十九年（1893）七月二十六日：三月間以《左傳讀》塵覽，旋受誨函，教以無守門戶，且謂立說纖巧，甚難實非，讀之不禁汗下。既而思之，耕柱驅驥，以其足責，或不以庸鄙見待，又忻躍無既也。學問疏俴，索居尠友，近遂付刊，冀遇有道，糾其敤戾，令得謅，故非自炫。謹陳十部，幸不擿還。麟屙沴相纏，又遭天倫之戚（家姊病歿，益無聊賴），憂疢箸胸，面有墨色。

◎姜義華《春秋左傳讀校點說明》：太炎在清末倩人謄錄一過，一九一三年其學生將謄錄稿縮小石印（《章太炎全集》第二冊）。

◎章炳麟（1869～1936），字枚叔。初名學乘，後改名絳，號太炎，早年又號膏蘭室主人、劉子駿私淑弟子。浙江餘杭人。著述甚豐，著有《章氏叢書》《章氏叢書續編》《章氏叢書三編》《章太炎全集》《國學講習會略說》《國故論衡》《國學概論》《菿漢三言》《國學略說》《史學略說》《章炳麟論學集》《章太炎書信集》《章太炎的白話文》《滿權豔史》《章太炎政論選集》《章太炎說文解字授課筆記》《駁中國用萬國新語說》《章炳麟駁康有為書》《訄書》《太炎最近文錄》《廣論語駢枝》《太炎先生自定年譜》《章太炎教育今語》《新方言》《國學振起社講義》。與曾廣銓譯英國斯賓塞爾《斯賓塞爾文集》、日本岸本能武太

《社會學》。又主筆《華國》《制言》《民報》《時務報》《昌言報》《經世報》《實學報》《國粹學報》《亞東時報》《大共和日報》《譯書公會報》《臺灣日日新報》《教育今語雜誌》等刊。

章炳麟 春秋左傳讀敘錄 一卷 存

　　北大藏上海古書流通處 1924 年影印章太炎先生所著書本
　　上海、復旦、南京藏 1939 年吳縣潘承弼石印本
　　北大藏 1917～1919 浙江圖書館校刻章氏叢書本
　　學海出版社 1984 年排印本
　　齊魯書社 2011 年清經解三編影印 1917～1919 年浙江圖書館校刻章氏叢書本
　　上海人民出版社 2014 年章太炎全集姜義華點校本
　　民國上海右文社排印章氏叢書本
　　◎卷首云：《春秋左傳讀》者，章炳麟箸也。初名《禩記》，以所見輒錄，不隨經文編次，效臧氏《經義禩記》而為之也。後更曰《讀》，取發疑正讀為義也。蓋籀書為讀，紬其大義曰讀，紬其微言亦曰讀。《左氏》古字古言，沈、惠、馬、李諸君子既宣之矣。然賈生訓故觕見《新書》，而太史公與賈嘉通書，世家、列傳諸所改字又皆本賈生可知。劉子政呻吟《左氏》（見《論衡》），又分《國語》（見《藝文志》），寔先其子為古學，故《說苑》《新序》《列女傳》三書孤文牐字多有存者。惠氏稍稍道及之，猶有不蔇，故微言當紬，一矣。左氏既作《內傳》，復有《左氏微》說其義例。今雖亡逸，曾、吳、鐸、虞、苟、賈、三張之言，時有可見（謂張北平、張子高、張長子），皆能理董疑義，闓圛雅言，故《說苑》述吳氏之說元年，可以見《左氏》有慎始也；《檀弓》述曾氏之說喪禮，可以見天子諸侯非卒哭除服也。而近儒如洪稚存、李次白，劣能徵引賈、服，臧伯辰雖上扳子駿，亦直据摅其義，鮮所發明。夫《左氏》古義最微，非極引周秦西漢先師之說則其術不崇，非極為論難辨析則某義不明，故以淺露分別之詞申深迂優雅之旨，斯其道也。大義當紬，二矣。紬微言，紬大義，故謂之《春秋左傳讀》云。懿《左氏》《公羊》之釁起於邵公，其作《膏肓》猶以發露短長為趣。及劉逢祿本「《左氏》不傳《春秋》」之說，謂條例皆子駿所竄入、授受皆子駿所搆造，箸《左氏春秋考證》及《箋膏肓評》自申其說。彼其摘發同異，盜憎主人。諸所駁難，散在《讀》中。昔丹徒柳賓叔駁《穀梁廢疾申何》，則逢祿之說瓦解。然《穀梁》見攻者止於文義之間，《左氏》乃在其書

與師法之真偽，故解釋闆闆，其道非一。先因逢祿《考證》，訂其得失，以為《敘錄》，箸於左方。

◎後序：經師傳授之迹，徵諸《史記》、《別錄》、《七略》、《漢書》，事不悉具，則舉其一為徵。《左氏》授受翔實如此，戴宏妄言無驗如彼，校練情偽斷可識矣。尋桓譚《新論》以為《左氏》傳世後百餘年，魯穀梁赤為《春秋》，又有齊人公羊高緣經作傳。鄭《起廢疾》以穀梁為近孔子，公羊六國時人，傳有先後。由今推之，穀梁子上接尸佼，下授荀卿，蓋與孟子、淳于髡輩同時。《公羊》之文有曰「君親無將，將而誅焉」，秦博士稍引其文有曰：「撥亂世，反諸正」，漢羣臣為高帝議謚亦用其文。疑高蓋嘗入秦，或在博士諸生之列。何以明之？《公羊》以「伯于陽」為「公子陽生」。伯舊或書作白，公舊或書作仚，小篆白字從人從二，隸變作仐，則字近公。若古文白字作𦥑，與純為小篆不從隸變者，形皆不得近公。隸書子字于字形近，小篆作𠃌作弓，亦又無以譌變。明作此傳者但覩隸書，不及知古文大小篆也。又《公羊》宣十五年傳曰：「上變古易常，應是而有天災。」《解詁》曰：「上謂宣公。」案：六國時尚無直稱人君為上者，以上之名斥人君，始于秦并天下以後，《公羊》遂用之稱宣公。然則《穀梁》在六國，《公羊》起于秦末，為得其情。自仲尼作經，弟子既人人異端，故左氏具論本事以為之傳，若隱括之正曲木、平地之須水準。自是以降，七十子或散在諸侯，猶以緒言教授，而亦略記《左氏》。若《春秋》莊三年經：「葬桓王。」《左氏》則曰：「緩也。」七年始葬，于禮已慢，卻尸則非人情。緩、爰聲通（《釋訓》：爰爰，緩也），舊有兩讀，讀爰則為爰田、爰書、爰宅之義，說為改葬。穀梁子聞其說，故其葬桓王傳，先引「《傳》曰：改葬也」，次舉「或說為卻尸，以求諸侯」，其所舉《傳》宜即《左氏》，而爰緩兩讀，未嘗箸其得失。公羊復聞穀梁之說，又不審此桓王即桓十五年所書「天王崩」者，故發傳云：「此未有言崩者，何以書葬？蓋改葬也。」言蓋云者，於改葬、卻尸兩不能決，姑取改葬之說以傳疑。《左氏》稱孔丘聖人之後而滅于宋，穀梁子聞其說，故于「宋督弒其君與夷及其大夫孔父」傳曰：「其不稱名，蓋為祖諱也。孔子故宋也。」《公羊》誤讀《穀梁》之文，復於成周宣榭災下，發新周之文以偶之，由是有黜周王魯之謬。《左氏》昭七年傳：「孟縶之足不良，能行。」穀梁子聞其說，故于「盜殺衛侯之兄縶」傳曰：「縶者，何也？曰：兩足不能相過。齊謂之綦，楚謂之踂，衛謂之輒。」公羊聞《穀梁》天疾之說，徒以惡疾解不立，尚不能知其疾在足也。《左氏》定三年傳說楚三

年止蔡侯，蔡侯歸，及漢，執玉而沈，曰：「余所有濟漢而南者，有若大川。」穀梁子聞其說定四年《傳》說蔡侯被拘事，與《左氏》相應，其文曰：「拘昭公於南郢數年，然後得歸，歸乃用事乎漢曰：苟諸侯有欲伐楚者，寡人請為前列焉。」《公羊》全錄《穀梁》傳文，改其「用事乎漢」為「用事乎河」，是不審楚、蔡間地望。何氏《解詁》曰：「時北如晉請伐楚，因祭河。」此以《左傳》下有「蔡侯如晉」之文救之也，然不審《公羊》此傳悉襲《穀梁》，于《左氏》「如晉」之文何與？且既言歸時事，何得謂之「如晉」？此《左氏》《穀梁》《公羊》先後之序也。《穀梁》稱正棺兩楹之間，然後即位，其說出於沈子（定元年傳）。言沈子者，在朋友圈屬之際，與自舉穀梁子同（隱五年傳）。《公羊》稱子沈子，箸其為師，則不煩數數題其名號，是故正棺之說（定元年傳）不舉其所由來。晉人及姜戎敗秦師於殽（僖三十三年經），《左氏》《穀梁》皆有師字，《穀梁傳》曰：「不言戰而言敗，何也？狄秦也。其狄之何也？秦越千里之險，入虛國，進不能守，退敗其師，徒亂人子女之教，無男女之別，秦之為狄，自殽之戰始也。」《公羊》見《穀梁》言「狄秦」，即改經文，去其師字，云：「其謂之秦何？夷狄之也。」然下復不舉亂男女事，所謂夷狄之者，竟無其徵，由習聞《穀梁》說，忘其義指。此《公羊》後於《穀梁》之徵也。然自荀卿以及劉向，稱說《左氏》，亦往往與二傳出入。大抵七十子之異言，咎在違離本事而以空例相推，其義非與《左氏》絕儕。末師承之，稍益流衍。《穀梁》善自節制，《公羊》始縱恣，以其謅言佞諛暴君，舊義或什存一。今《左氏微》既佚，其合者無以舉契。總之，荀、賈所見近是，若夫《公羊》所說，或剽竊《左氏》而失其真。見《左氏》言「治兵于廟」則改「治兵」為「祠兵」，見《左氏》言「卿可會伯子男」，則曰「《春秋》伯子男一也」。隱公狐壤之止在春秋前，顧發諸鄭人輸平之下，以為不書諱獲。長狄侵齊，是年為叔孫得臣所敗，然王子成父獲榮如時，距此且八十歲，而二傳說為同時。《穀梁》猶知僑如長壽，即以禽二毛為解，《公羊》於此復茫昧不省（《穀梁》「叔孫得臣敗狄于鹹」傳：「《傳》曰：長狄也。」此所引《傳》即是《左氏》。或言《公羊》本云「長狄也」，似《穀梁》據《公羊》，不知《穀梁》言重創者，謂既射其目，又斷其首。斷首為舂喉殺之，異于殽俘，故言重創，此豈《公羊》所有乎）。故知《左氏》之義，或似二家，由後之襲前，非前之取後也。今第錄曾、吳、虞、荀、賈、司馬、張、翟、劉說，委細證明，為如干卷。子駿以後，下及己說，調糅不分，卷目如別，庶有達者理而董之。

◎《太炎文錄初編》卷二《與劉光漢書》（光緒二十九年）：曩時為《左傳讀》，約得三十萬言，先為《敘錄》，以駁申受之義。

◎《制言半月刊》1936 年 9 月第 25 期諸祖耿（1899～1989）《記本師章公自述治學之功夫及志向》述章太炎之言曰：既治《春秋左氏傳》，為《敘錄》駁常州劉氏。書成，呈曲園先生，先生搖首曰：「雖新奇，未免穿鑿，後必悔之」，由是鋒芒乃斂。

◎上海古籍出版社 2015 年《續修四庫全書總目提要・春秋類》「《春秋左傳讀敘錄》一卷、《鎦子政左氏說》一卷」：《春秋左傳讀敘錄》乃辯駁之作。清劉逢祿作《春秋左傳考辨證》及《箴膏肓評》，本左氏不傳《春秋》之說，謂條例為劉歆竄入，授受為劉歆偽造，故章氏作是書，逐一駁證，訂劉氏得失。據章氏自述，是書初名「雜記」，效臧氏《經義雜記》而作，後更名曰「讀」，取發疑正讀為義也。以所見輒錄，不隨經文編次。諸祖耿在《記本師章公自述治學之功夫及志向》一文中述章太炎之言曰：「既治《春秋左氏傳》，為《敘錄》駁常州劉氏。書成，呈曲園先生，先生搖首曰：『雖新奇，未免穿鑿，後必悔之。』」雖俞樾評價如此，然章氏此書頗有見地。劉逢祿曰：「夫子《春秋》，七十子之徒口受其傳指，今所傳者，惟公羊氏而已。」章氏駁曰：「左氏、公羊氏皆不在七十子中。而左氏親見素王，則七十子之綱紀。《公羊》末師非其比也。」

章炳麟 春秋左傳讀續編 不分卷 存

上海藏手稿本

◎朱兆虎《章太炎〈春秋左傳讀〉成書時間考》〔註77〕：二十三頁，二十條，二萬餘字，或新得，或補充例證，或改訂前說，並有對《詁經精舍課藝七集》所收《荊尸解》作增訂者，姜義華整理本已增補至《左傳讀》相應條目。《續編》是否僅此二十條，抑或尚有散佚條目，暫不可知。然則太炎謂「至是書成」者，似合《春秋左傳讀》《春秋左傳讀續編》《春秋左傳讀敘錄》及《劉子政左氏說》等而言之，或總名之為《春秋左傳讀》。

章炳麟 春秋左氏疑義答問 五卷 存

上海藏稿本

1933 年北平刻章氏叢書續編本

〔註77〕 《傳統中國研究集刊》第二十二輯，上海社會科學院出版社 2020 年 5 月。

上海、南京藏 1935 年章氏國學講習會鉛印單行本

上海人民出版社 1986 年點校本（八卷本）

上海人民出版社 2014 年章太炎全集姜亮夫崔富章點校本

上海人民出版社 2022 年章太炎全集點校整理本

◎黃侃序：章公撰《春秋左氏疑義答問》五卷，侃幸先得受讀而繕寫之，謹演贊師言，書其後曰：孔子作《春秋》，因魯史舊文而有所治定，其治定未盡者專付丘明，使為之傳，傳雖撰自丘明，而作傳之旨悉本孔子。公書所詮明者，梗概如此。不知因舊史之說，則直以《春秋》為素王之書，責之孅悉而彙疑起。不知孔子有所治定，則云《春秋》不經孔子筆削，純錄魯史原文，而修經之意泯。不知作傳之旨悉本孔子，則經違本事，與襃諱挹損之文辭屈于時君而不得申者，竟無所匡救證明之道。其獘也，執傳則疑經，廢傳而經義彌晦矣。傳稱韓子見《魯春秋》，知周公之德。孟子言「其事則齊桓晉文，其文則史」，即《公羊傳》亦有「不修《春秋》」之目，是以知《春秋》必因舊史也。傳言《春秋》非聖人孰能修之，故所記僑如逆女、齊豹三叛，皆明其為孔子所書。《史記》稱趙軼書叛，亦為孔子特筆，是以知孔子有所治定也。夫書因赴告，不能合於本事，以魯史局於一方，無由廣為考覈也。故楚圍弒麇，《春秋》不錄，比之討圍，遂不得不蒙惡聲，此牽於文義也。它國之事，孰順孰逆，或天子方伯主之，或魯君主之，雖不合於義，而史官不敢駁異。故里克為殺卓之罪人，周齊罪之也；鄭突、衛朔為魯史之所右，桓莊右之也，此制於名義也。孔子與丘明西觀周室，見列國史官記注之文，乃以所可治定者箸之經，所未可治定者付之傳。經以存魯史之法，傳以示是非之真。故經即有違於本事屈於時君者，得傳而不患無匡救證明之道。是以知治定未盡專付丘明，作傳之旨悉本孔子也。觀孫卿子遺春申君書引傳楚圍齊崔杼事徑稱曰《春秋》、太史公《吳太伯世家》稱《左傳》為《春秋》古文，明經傳皆出聖人，故言之初無分別也。桓譚有言：「《左氏傳》於經，猶衣之表裏，相持而成。經而無傳，使聖人閉門思之，十年不能得也。」善哉斯言，信成學治古文者之埻臬矣。公書上甄曾、吳、孫、賈、太史之微義，下取賈、服、杜預之所長，要使因史修經、論事作傳之旨由之昭晰，闇紛盡解，瑕適不存。鄭君贊《周禮》先師，謂其所變異灼然如晦之見明，其所彌縫奄然如合符復析。公於《春秋》，亦豈異是？蓋自《左氏微》以來未有若斯之懿也。侃與聞眇論，誠不勝歡慶云。中華民國二十年四月，弟子蘄春黃侃。

◎章太炎《章太炎全集・漢學論》：余少時治《左氏春秋》，頗主劉、賈、許、穎以排杜氏，卒之婁施攻伐，杜之守猶完，而為劉、賈、許、穎者自敗。晚歲為《春秋疑義答問》，頗右杜氏，於經義始條達矣。

章炳麟 校箋膏肓評 一卷 存

上海藏稿本

學海出版社 1984 年排印本

上海人民出版社 2014 年章太炎全集姜義華點校本

◎一名《駁箋膏肓評》。

◎自序〔註78〕：太炎撰《左氏春秋考證砭》一卷、《後證砭》一卷、《駁箋膏肓評》一卷，敘曰：鄭君《箋膏肓》，其逸時見于他書，而服子慎《釋疴》闕焉。攷《世說新語》：「鄭君以子慎注《傳》，多合己意，乃以己所注之半贈之。」然則鄭注不傳，而服注多存其略，服《釋疴》不傳，其與鄭《箋》有合者可知也。《左傳》自兩漢以來有議其失者，而未嘗妄說為儒者附益，豈不以北平獻書箸于先漢，字句皆原文哉？而學識不足，時或以為失《春秋》之意。近世臣照《考證》始推論爾我，比例史文，知無所紛䋮矣。然所見孤陋，多即宋儒之說以為釋，而不能援引古誼，轉相鉤攷，是以其所謂非者未必非，而所謂是者未必是，故孔巽軒、焦里堂等多薄之不與論議，自箸詰難，誚讓《左氏》。武進劉氏益甚，乃至以《左氏》工在文字而無說經之語。買櫝則還珠，受藉則卻璧，其見淺不見深，亦已明矣。諸舉凡例及所論斷，以為劉子駿所增，而不知墨迹有異，不可欺人；事異《公羊》，以為不見寶書，而不知望文生誼，誣造最甚。如定公四年「蔡公孫姓帥師滅沈」，《公羊》作「蔡公孫歸姓」，則以昭元年有蔡公孫歸生而誤；定八年「晉士鞅帥師侵鄭」，《公羊》作「趙鞅」，則以晉亦有趙鞅而誤。且此二經，《穀梁》亦同《左氏》，而《公羊》經文獨異，豈非不見寶書，但聞有歸生、趙鞅二人之名而妄改哉？至于《國語》，有與《左氏》異者，深求其誼，未有不同，實異者不過一二事耳，此當兩國寶書所記有異，《內傳》記其信者，而異說箸之《外傳》。子曰：「吾猶見史之闕文」，唯《左氏》為能同志，此可見矣。《太史公書》解說異傳，後儒莫及。然于諸經或繆，傳亦宜然。而欲據此二書刊剟《左氏》，其迷誤不諭，豈不繆哉！昔崔靈恩作《條義》以申服難杜，虞僧誕又申杜難服，劉氏之於鄭君，蓋亦僧誕之流也。

〔註78〕錄自上海人民出版社 2014 年姜義華點校《章太炎全集》第二冊。

若夫毛奇齡、方苞、顧棟高、姚鼐之流，浩漫言經，未知家法，輒以烏有之見自加三傳之上，此則又遠不及劉氏之塵躅者，直詣守尉雜燒可矣。顧氏《大事表》，其考證可取，然事實掌故雖蘩，而言典禮處則疏陋鄙倍，深可嗤矣。至其《讀春秋偶筆》及《表》中說經處，馮臆妄斷，目無先師，實為《春秋》之巨蠹。而似是而非，最足惑人者，在尊君抑臣之說，每于弒君諸獄，謂傳注歸罪于君者為助亂。蓋自託《春秋》懼亂臣賊子之義，不知綱舉而目始張，源清而流始潔，非先正君父，終不能遏亂賊之逆謀也。明君在上，正身率下，刑政具舉，則亂臣賊子自懼而不敢發矣。苟任君父之失道，而徒于已弒之後明書亂賊之名，雖筆如日月，何足使亂賊心懼哉？且百二十國寶書固已明箸其姓名矣，何待書之《春秋》而始懼哉？若謂寶書與《春秋》優劣懸殊，傳否自當有異，聖人先料及之，則聖人亦未能必知《春秋》之傳世也。六經皆聖人手定，而《書》亡其大半，《禮》存者不及百一，《樂經》則一字無存，安能保《春秋》之必傳哉？而記事雜史如《逸周書》等，于今轉有存者，又安能必寶書之不傳哉？而以此決亂賊姓名之存滅，聖心寧有是乎？太史公曰：「為人君父而不通《春秋》之義者，必蒙首惡之名」，非知此義，不能治《春秋》。又其于盾、止之弒，權躓歐陽修說，謂其志在乎刃，必非《春秋》空加。不知《春秋》立此二義，所以戒慎臣子，使知稍一失檢即已陷于大惡。歐陽之說，似能窮亂賊之罪案，而不知適以弛臣子之大防也。太史公曰：「為人臣子而不通《春秋》之義者，必陷篡弒之誅、死罪之名」，是豈為魯翬、宋督言之哉？非知此義，亦不能治《春秋》。麟素以杜預《集解》多棄舊文，嘗作《左傳讀》，徵引曾子申以來至于賈、服舊注。任重道遠，粗有就緒，猶未成書。乃因劉氏三書，駁《箴膏肓評》以申鄭說，砭《左氏春秋考證》以明傳意，砭《後證》以明稱傳之有據、授受之不妄。三書既成，喟然有感于《毛詩故訓傳》，自宋及明，皆以為惟知言語，不通義理，幾幾乎高子之流矣，至陳長發先生卓見獨識，深明三家《詩》不及毛公遠甚，自爾以來，不敢有訕《毛詩》者。今《左氏》之見誣久矣，非有解結釋紛之作，其誣伊于何底？亦欲追躡法塵，從君子後，以存絕學云爾。章炳麟。

章炳麟 劉子政左氏說 一卷 存

光緒三十四年（1908）三月二十日至七月二十日國粹學報連載本

北大藏民國浙江刻章氏叢書本

北大藏民國上海右文社鉛印章氏叢書本

北大藏上海古書流通處 1924 年影印章太炎先生所著書本

◎卷首云：桓君山《新論》稱鐳子政、子駿伯玉父子呻吟《左氏》，下至婢僕皆能諷誦。然《漢書》則謂歆治《左氏》，數以難向，向不能非，閒猶自持其《穀梁》義。君山歷事新漢，親覿二鐳，其見聞比於叔皮為切，不應信《漢書》疑《新論》也。《說苑》《新序》《列女傳》中所舉左氏事義六七十條，其閒一字偶易，正可見古文《左傳》不同今本；而子政之改易古文代以訓詁者，亦皆可觀。蓋字與今異者則可見河閒古文，訓典與今異者則本之賈生訓故，抽繹古義，斷在期文，若其微言大義則亦往往而有，其閒或與《穀梁》相涉。二傳既同為魯學，故自孫卿至胡常、翟方進輩，皆以《左氏》名家，而亦兼治《穀梁》，非《公羊》齊學絕不相通者。比則子政之綜貫二氏，宜也。今次第其文，為之疏證，凡得三十餘事。其直舉傳文，略無損益商榷者，悉棄不錄，名曰《鐳子政左氏說》云（《五行志》中亦閒有大鐳說《左氏》語，以其專詳災異，故亦不道）。

◎章太炎《自定年譜》光緒二十二年丙申二十九歲條：遷居會城，作《左氏讀》。余始治經，獨求通訓故、知典禮而已。及從俞先生遊，轉益精審，然終未窺大體，二十四歲始分別今古文師說。譚先生好稱陽湖莊氏，余侍坐，但問文章，初不及經義。與穗卿交，穗卿時張《公羊》、《齊詩》之說，余以為詭誕，專慕劉子駿，刻印自言私淑。其後遍尋荀卿、賈生、太史公、張子高、劉子政諸家《左氏》古義，至是書成，然尚多凌雜。中歲以還，悉刪不用，獨以《敘錄》一卷、《劉子政左氏說》一卷行世。

◎上海古籍出版社 2015 年《續修四庫全書總目提要‧春秋類》「《春秋左傳讀敘錄》一卷、《鐳子政左氏說》一卷」：《鐳子政左氏說》為章氏輯《說苑》、《新序》、《列女傳》中記劉向舉左氏事義六七十條，加以辨證，章氏序謂今次第其文，為之疏證，凡得三十餘事，其直舉傳文，略無損益商榷者悉棄之不錄云云。《漢書》謂歆治左氏，數以難向，向不能非，閒尤自持其《穀梁》義。故作是書，證向綜貫二氏，左、公、穀三家並非相隔絕。隱元年經「天王使宰咺來歸惠公仲子之賵」傳「贈死不及尸，弔生不及哀，豫凶事，非禮也。」章氏引《說苑‧修文》劉氏之說，案子政本治《穀梁》，此條則用左氏、公羊說，而又引荀子之說，《穀梁》明此乃三家說春秋制禮之通義，然首引左氏說，則此條實左氏之大義也。

章耒〔註79〕 春秋內外傳筮辭考證 三卷 存

國圖、復旦、上海、遼寧、陝西、北師大藏光緒九年（1883）刻本

◎《華婁續志殘稿・藝文志・婁縣藝文志・經部・春秋類》：《春秋內外傳筮詞考證》二卷、《春秋三傳天文考證》，章耒（韻芝）著。

◎孫殿起《販書偶記》卷二：《春秋內外傳筮辭考證》三卷，婁縣章來〔註80〕撰。光緒九年刊。

◎章耒（1832～1886），原名汝梅，字韻之，號耘之，又號次柯、次樹。松江府婁縣（今上海松江）人。劉熙載弟子。同治十二年（1873）拔貢。官候選教諭。後九應省試，五薦而不售。凡天文、曆算、輿地、兵防，下至醫卜、壬遁家言，胥潛心研究，而尤篤好性理訓詁之學。著有《周易一得》、《尚書天文考證》、《毛詩假借文字考證》、《夏小正注釋》、《春秋內外傳筮辭考證》三卷、《春秋三傳天文考證》、《論語述聞》、《論語音釋》、《孝經述聞》、《讀經札記》、《猗氏二家學略》、《學漢齋詩文集》、《寄青叢話》、《漁舫偶書》、《國朝學略》、《學漢齋詩文集》、《寒圩志》，編有《張澤志稿》、《張澤詩徵》、《張澤文鈔》《張澤詩鈔》、《淞文傳》、《雲間詩鈔》、《華亭縣志》等。

章耒 春秋三傳天文考證 未見

◎《華婁續志殘稿・藝文志・婁縣藝文志・經部・春秋類》：《春秋內外傳筮詞考證》二卷、《春秋三傳天文考證》，章耒（韻芝）著。

章平 春秋志凡 三卷 佚

◎嘉慶《績溪縣志》卷十一《書目》：《紀年晉魏年證》二卷《證辨》一卷《餘論》一卷、《春秋志凡》三卷（俱章平）。

◎道光《徽州府志》卷十五《藝文志》：章平《春秋志凡》三卷。

◎嘉慶《績溪縣志》卷十《文苑》：既冠，隨父遊淮海間，著有《春秋志凡》。喬居溫故，偏正耆宿，嗜古書，慎持鑑別。嘗謂《史記》作於秦火後，其異同處自是闕疑，後人或目為牴牾，失其初意，著《史記校異》；《汲冢紀年》未經秦火，惜已殘缺，近市傳本又多為後人竄入，因審其體例，為《紀年晉魏年證》二卷《證辨》一卷《餘論》一卷，精核並有依据。

〔註79〕或著錄作婁張耒，誤。
〔註80〕不作章耒。

◎光緒《安徽通志》卷二百二十八《文苑》：著有《春秋志凡》、《史記校異》。以竹書闕誤，為《紀年晉魏年證》二卷、《證辨》一卷、《餘論》一卷。

◎胡培翬《研六室文鈔》卷九《章雷川先生行略》：先生諱大澤，字道和，雷川其號也……父諱平，學者稱蘭軒先生，著有《諸經溫故》《春秋志凡》《紀年晉魏年證》等書。

◎章平，字賡陶，號蘭軒。安徽績溪市西人。著有《春秋志凡》三卷、《史記校異》、《紀年晉魏年證》二卷《證辨》一卷《餘論》一卷。

章謙存 春秋比辨 一卷 存

道光刻強恕齋四膡稿本

◎章謙存，原名天育，號犀台，晚年自署強恕老人，安徽銅陵人。大興翁方綱弟子。少負經濟才，尤留心於地方利弊。工行草。嘉慶元年（1795）薦舉孝廉方正，當得京秩，以親老改就教職，任寶山訓導。與寶山湯攀龍為莫逆交。卒年七十餘。著有《尚書周誥考辨》二卷、《春秋比辨》一卷、《籌賑事略》、《使足編》、《復寶塘東帶兩沙全歸書院議》，校補邑人朱子素《東塘日劄》。

章世臣 春秋戰國王侯爵姓邨邑考略 佚

◎民國《當塗縣志‧民政志》：所著《傳家易傳義存疑》三卷、《崇儒舉要》四卷、《綱目集覽正誤續辨》一卷已刊行；《易經人事疏證》《易經從善》《詩經從善》《周禮田賦稅》《春秋戰國王侯爵姓邨邑考畧》各若干卷待刊。

◎章世臣，字雷川，又字彡卿。安徽望江人。優貢生。咸豐元年（1851）舉孝廉方正，光緒初由繁昌教諭陞太平府教授。著有《傳家易傳義存疑》三卷、《崇儒舉要》四卷、《綱目集覽正誤續辨》一卷、《易經人事疏證編》八卷、《易經人事疏證續編》四卷、《易經從善》、《詩經從善》、《周禮田賦稅》、《春秋戰國王侯爵姓邨邑考畧》。

章守待 左傳探珠 十六卷 佚

◎道光《續修桐城縣志》卷之十六《人物志‧文苑》：著有《周易定解》十二卷、《左傳探珠》十六卷、《鋤經堂集》十四卷、《頤菴詩集》若干卷。

◎道光《續修桐城縣志》卷第二十一《藝文志‧春秋類》：《左傳探珠》十六卷（章守待撰）。

◎章守待，字眉二，一字觀頤，門人稱為砥殖先生。安徽桐城人。歲貢生。生平力學，以明道為宗。尤粹於《四書》與易學，旁及史傳子集，各有體會。卒年八十七。著有《周易定解》十二卷、《左傳探珠》十六卷、《四書聯珠》十九卷、《鋤經堂集》十四卷、《頤菴詩集》。

章佐聖　麟經志在解　佚

◎同治《祁門縣志》卷二十八《人物志・隱逸》：著有《麟經志在解》《大易時義註》《佛幻禪喜集》，未幾為僧。

◎道光《徽州府志》卷十二之六《人物志・隱逸》著錄作章聖佐：所著有《麟經志在解》《大易時義註》《佛幻禪喜集》，未幾祝髮巖棲，不知所終。

◎同治《祁門縣志》卷三十五《藝文志・書目》：章佐聖《麟經志在解》《大易時義註》《佛幻禪喜集》（以上道光《志》）。

◎章佐聖，字右臣。安徽祁門平里人，籍泰州。補邑諸生。工詩文，善詞曲。甲申後歸里，識者呼為章明經，弗應。戊子城破，賣卜於市，後稍稍授生徒，終非其志。著有《大易時義註》（一名《周易時義註》）、《麟經志在解》、《佛幻禪喜集》。

趙鶴　春秋時事　二卷　佚

◎光緒《山西通志》卷八十七《經籍記》上：《春秋時事》二卷，遼州趙鶴撰。

◎趙鶴，遼州（今山西左權縣）人。任四川僉事。著有《春秋時事》二卷。

趙衡南　左傳輯要　二卷　存

萊陽藏清抄本

◎趙衡南，山東萊陽人。著有《左傳輯要》二卷。

趙恒祚　春秋同文　佚

◎一名《春秋同文輯要》。

◎民國《霑化縣志》卷十六《叢談志》：趙恒祚《易經解》《孝經說》《明書說》《四書題格》《春秋同文》《方山文集》。

◎孫葆田《山東通志》卷百二十七《藝文志》第十《春秋同文輯要》：是書見《府志》。

◎趙恒祚，字鍾源，號方山。山東霑化人。康熙五十七年（1718）進士。歷任同官咸陽知縣。性耿介，以軍需詿誤去職。歸里教授生徒，掌教濼源書院。卒年八十三。著有《易經解》《春秋同文》《四書題格》《孝經說》《勸善錄》《方山文集》。

趙良霑 讀春秋 二卷 存

國圖、山東藏道光十二年（1832）涇縣趙氏古墨齋刻涇川叢書本

翟鳳翔 1917 年編涇川叢書・續本

◎卷首云：百二十國寶書，吾不得而見之矣，所見者惟夫子之《春秋》。夫子修《春秋》以明王道，固必有所筆削以寓權衡。而學者不見魯史舊文，究不知何句何字為所增損。孟子曰：「其文則史」，是夫子雖有增損，因仍者多。而欲於千百年之後推求聖心于一二字之間，雖朱子不敢據以自信，況後人乎？顧三傳皆註《春秋》，而《左氏》每有背于經，《公》《穀》又往往不同于《左》。漢儒著論，互有短長，而卒並傳不廢，則知聖人之心如天，《春秋》之理如日，而坐井亦天，容光亦日，豈惟三傳，唐宋以來諸儒之說經者多矣，自非好為穿鑿而據同然之心以揣當然之理，微文大義，遞有發明，亦如人之遊於光天化日中者，各執所見以擬諸形容，大小固殊，總之不離乎天日矣。霑不敏，幼承先訓，屢講是經。今老矣，恐提命多所遺忘，卒如盲于目者之幾，非天日所能曜也，因讀而如述之。

◎道光《涇縣續志》卷九《藝文》：趙良霑《讀詩》四卷、《讀春秋》二卷、《讀禮記》十二卷。

◎道光《涇縣續志》卷三《人物・儒林》：所著有《讀詩》四卷、《讀禮記》十二卷、《讀春秋》二卷、《肖巖文鈔》四卷《詩鈔》十二卷行世（《採訪冊》）。

◎趙良霑（1743～1817），字肅徵，號肖巖。安徽涇縣東隅人。趙青藜第四子。乾隆六十年（1795）進士。官內閣中書。嘉慶三年（1798）為廣東鄉試正考官。性孝友，立身行誼，不務科名。嘉慶四年（1799）旋里。留意經傳百家，勤心考究，連歲掌教書院，四方從學者日益眾，無不勗以名誼。著有《讀詩記》四卷、《讀禮記》十二卷、《讀春秋記》二卷、《肖巖文鈔》四卷、《肖巖詩鈔》十二卷。

趙銘 讀左傳餘論 一卷 佚

◎金兆蕃《琴鶴山房遺稿跋》：先生他所為書有《左傳質疑》三卷、《讀左傳餘論》一卷、《梅花洲筆記》三卷，皆自文蕭邸散佚。

◎趙銘（1828～1889），字新又，號桐孫。嘉興秀水（今浙江嘉興）人。王先謙、鍾文烝弟子，許景澄師。同治九年（1890）舉人。嘗入李鴻章幕。歷官冀州知州、順德知府。著有《左傳質疑》不分卷、《讀左傳餘論》一卷、《梅花洲筆記》三卷、《琴鶴山房遺稿》八卷。

趙銘 左傳質疑 不分卷 存

國圖藏清至民國抄本

◎黃彭年《陶樓文鈔》卷十《書趙桐生左傳質疑後》：桐生此書，於經與傳不相應、傳與傳不相應、簡書策書載書之不同、傳文之或詳或略以及輿地制度之屬，莫不精核而博證之。大旨在實事求是，而亦不廢啖、陸諸家之義，所發明往往有出於國朝兩顧之外者。予嘗謂讀《春秋》但可以經傳互證，就事論事，不必別出義例。如自來談《春秋》者，首論託始隱公，蓋誤讀《公羊》所致。《公羊傳》所謂託始，謂《春秋》本書中此類之始，非謂《春秋》因是始作也。魯之《春秋》，由來久矣。惠公以前，史策不完，如獻武廢二山見於申繻之對，敗宋於黃《左傳》僅書惠之季年，其追遡惠公時事有年可紀者，獨紀晉亂一篇耳。觀《魯語》始於長勺之戰，而孝公、武公則見於《周語》，其分紀各國，惟周及晉、鄭有隱以前事，則舊文之放失可知。隱公以下，文獻可徵，故託始於此。《公羊》「所見異辭所聞異辭所傳聞異辭」，何劭公以為所傳聞者，隱桓莊閔僖高祖曾祖時事，自是以上則更遠矣。或事不備，或年代不明，不能據以成書也。如謂平王東遷為王迹熄、詩亡之徵，則何不託始於平王初年？如謂隱能讓國為賢君，則魯侯之孝見稱穆仲。以《春秋》為聖人之書，事事推求，以為別有深意，反窒而不達，亦說經之通病也。因書中有論託始一條，輒書肊說還以質之桐生。

◎李慈銘《越縵堂文集》卷二《趙新又同年左傳質疑序》（光緒五年閏三月）：己卯閏月，同年新又太守自津門寄示所著《左傳質疑》三卷。循而讀之，其言皆實事求是，不務為攻擊辯駁之辭。每樹一義，必有堅據；每設一難，必有數證。其卓犖大者，如論《春秋》之託始隱公，以隱公賢而其後無聞，有魯國者皆桓公之裔，魯之君臣無道及隱公者，故《春秋》表章之，猶《論語》之

俑太伯為至德，策書之與載書、簡書各不同（載書不同，以祝鮀述踐土之會次序與《春秋》所書絕殊為證。簡書不同，以慶封言楚公子圍弒其君麇而《春秋》書『楚子麇卒』之類為證），晉文公、周襄王之入不書，一以文之殺懷，例當如齊商臣之弒舍，書為弒君；一以襄之出來告難，而魯卒不遣使，其入也亦不往賀，故皆為之諱。弒君之賊非一人者，經不悉書。鄭公子歸生弒其君夷，傳以公子宋為主者，時歸生當國，以此自解，傳從而述之。諸條皆大義微言，深裨經恉。論一車十人之制，申王氏《述聞》之說；春秋兵農已分，申江氏《羣經補義》之說；及以舟為梁、甸賦用牛諸條，稽綜典制，刱發宏議。論魯三家公宮所在（謂季氏居北門，與郈氏鄰；叔孫氏居西門、孟氏居南門，與臧氏鄰；公宮當居城中。皆鈎抉傳文及《水經注》諸書，極有依據）；周王城成周之分；魯廟俑太室俑宮之異；鄭太宮之有兵庫；晉廟之在曲沃駁《述聞》在絳之說；齊魯南門皆名稷門，其內皆曰稷下，亦作棘下；魯之雩門以雩壇名，在南門之右，不當從《水經注》「稷門即雩門」之說；陳鄭皆有墓門，以城門近墓而名（引陳侯扶其太子奔墓及晉葬厲公於翼東門外、齊側莊公於北郭、晉侯圍曹門焉，與人曰「稱舍於墓」及孟子言東郭之墦間之祭，皆城門近墓之證）；秦棫林當在今鳳翔縣境，以顧氏《大事表》謂在今華州者非（引《漢地理志》「右扶風雍下」注云：「棫陽宮，昭王起」，是棫陽宮當以棫林之地得名。若在華州，則涇水不能至華，安得秦人毒涇之後，晉師更進反在其境），及辨《大事表》謂春秋時楚地不到湖南之誤（以楚貢包茅，據《史記正義》稱辰州瀘溪縣有包茅山、《文選》五臣注「菁茅生桂陽」、《水經・湘水篇》注「零陵郡有香茅」，辰州、桂陽等皆湖南地），皆足以決千古之疑、輔六經之訓。其他辨析字句、疏證疑滯，如言「君氏卒」之當從左氏，「齊仲孫來」之不當從《公》《穀》，平王崩、陳哀侯卒傳皆以經書日在前者從赴為不可信，都曰城邑曰築、有鐘鼓曰伐無曰侵之散文可通，以及傳文引《詩》《書》之不同，皆折衷至當。

攷桃無山酈注之異讀（《水經・淄水篇》注以無為山名，引《左傳》曰：「與之無山及萊柞是也」，疑酈氏所見本當作「吾與子桃辭（句），與之以無山及萊柞」，乃邊於桃）；魯之郎有兩地，其戰於郎之郎在南門外；鄭之制有兩地，其俑虎牢者為北制；鄖衍之當連讀（下平曰：衍即《周禮》之原隰墳衍，春秋時晉有瓜衍、魯有昌衍，《漢志》南陽郡有杜衍、北地有朐衍、西河有廣衍）；令狐剨首之屬晉非屬秦，亦為言輿地者之準埻。至言嘉父之為黃淵字；叔羆之為羊石虎字；公冶長之出於襄二十九年之公冶蓋以王父字為氏，徒人費之即御人，以《述聞》言徒人當作侍人為非（引莊二十八年傳「御人以告子元」杜注：「御人，夫人之侍人」，下文費曰：「我

奚御哉」，可知徒人即御人。《詩》「徒御不驚」，徒御二字通用）；「暴妾使余」，暴妾二字當連讀，以《述聞》言暴字當在上句蔑字上為非（引《漢書・丙吉傳》「暴室嗇夫」顏注：「主織作染練之署」，蓋古者女子有罪下暴室，即《周禮》之「女子入於春藁」，《晉語》有女工妾即暴妾也）；「魯人之皋」，皋與覺蹈為韻，下文書憂為韻；「衡而委蛇，必折」引《莊子・達生篇》注以委蛇為泥鰌，衡者橫道而行也，皆善於持論，令人解頤。言春秋之曹未亡，故孟子時有曹交以經書「入」不書「滅」，傳言：「滅者，君死曰滅」，猶狄殺衛懿公，經書狄入衛，而傳云遂滅衛也；言《史記》趙氏立孤之事未必盡誣，以韓厥言孟姬之讒吾能違兵，知當時諸大夫共攻趙氏，而晉殺先縠，盡滅其族，其討同括也，當亦然。觀武畜宮中，田與祁奚則搜宮索兒，滅趙分地，亦有其實，皆足以自申其說。今日經學大師碩果不存，間有雋異之士，又好為高論，標舉《公羊》，攻擊《左氏》，兼及《穀梁》，昧是非之公，涉蹈虛之弊。獨稽中宿彥如李次白氏之《左傳賈服解輯述》、鍾子勤氏之《穀梁補注》，皆潛心攷索，紛綸古誼。道光以後所出之書，以二書為巨擘。君既稽之宿學，又為鍾君弟子，淵原演深，博而知要，精掌經史，兼擅詞章。庚午浙賦一科，秀彥魁奇，肩背相望。而立品之粹、為學之醇，則以君與定海黃君元同為最。元同承其家學，尤善《禮》《易》，山居不出，窮而益堅。君需次畿輔，晰夕在官，而鉛槧縱橫，克究所蓄。余年與兩君相若，五十甫過，齒髮早衰，浮湛京師，冗食無事，而舊業荒廢，所著之書無一成者。讀君此編，曷禁汗發，粲歘不能止也。至君所疑傳文有後人羼入，獲麟以後皆出他人，論雖有據，然自處者，為劉見疑《正義》「登臺」數語，致辨《釋文》後世沿流，益滋異論，甚至桐城姚氏疑傳文多為吳起所竄，故於君此言不敢附和，恐啟學者以疑古之漸。其辨叔孫穆子之卒為季氏所誣，以昭子為忠於魯君，則鄙人素論竊有未同。蓋叔孫氏實季氏之黨，觀指楹可去及叔出季處之言，其為黨交已可槩見。而昭公之討季氏也，是春昭子方為意如逆婦於宋，至於臨時如闞，明為避君。黶戾帥師，實由豫誠，其後不敢逆昭公之喪、傳季孫之命、廢久立之太子、去從亡之故臣，是其父子為意如私人，無所逃罪，故范獻子云：「叔孫氏懼禍之濫，而自同於季氏」，此其實錄也。納君祈死之言，不敢等文之意如，亦以其素黨我而不忌。不然，昭子非季桓之比，黶戾非陽虎之儔，豈有主實忠君而臣敢首逆者乎？抑豈有姑實因季死而其子甘為季用者乎？夫昭公之立未有失德，易繷故衪，小節難言，而穆子當時深致詆毀，且曰：「若果立之，必為季氏憂。」夫昭果不君，魯之憂也，何偁季氏？如能害季，

即強公家，慶之不違，何云為患？此尤其世為季氏死黨之明證也。又據叔向譏景王之言，謂左氏議禮未協，誠深通典禮，扶持名教。然余以為此左氏之微文見意，非真有取乎叔向之言也。蓋當春秋之季，諸侯之臣多為巨室，私人不知有君臣名義。如師曠之議衛孫林父出其君為其君，實甚史墨之謂魯君世從其失、季氏世修其勤，雖死於外，其誰矜之？女叔寬之，謂萇叔違天，必有大咎。皆背義傷教，公相訟言，而多出於世之所謂博聞通達之君子。左氏身當其世，蓋深惡之，而不敢顯言，故備載其詞以著其媿，俾後之有識者誦之，以知履霜堅冰之漸。而昭公之朝晉也，贈賄郊勞無失禮，晉侯善之，而女叔齊以為是儀非禮。夫以朝事言禮，則盡禮而止矣，乃必抑之以為不足言禮。魯之葬齊歸也，公不慼，史趙以為歸姓不思祖不歸也。夫葬親當慼，何論其母姓。使其母為風姓、熊姓，則將何解乎？是不慼者，亦季氏之誣辭，而晉之士大夫皆背公相黨以實其言。成十四年傳曰：「《春秋》之偁，微而顯、志而晦」，烏虖，此左氏述夫子作經之恉，即自述其為傳之恉也。良史苦心，貴在善讀。略舉平日一得之見以復於君，願君之益有以教我也（三十二冊二十百）。

◎趙銘《琴鶴山房遺稿》卷六《答袁重黎書》：舊撰《左傳質疑》一編，閣置數年，不復省覽。欲為姚氏《類纂》評注，以腹笥寒儉，未能遽成。衷輯約得千餘條，而其中所不知者尚夥。

◎金兆蕃《琴鶴山房遺稿跋》：先生他所為書有《左傳質疑》三卷、《讀左傳餘論》一卷、《梅花洲筆記》三卷，皆自文肅邸散佚。

◎孫殿起《販書偶記》卷二：《左傳質疑》三卷，秀水趙銘撰。底稿本。綠墨格紙，版心刊有「邌菴存稿」四字。

趙培桂 春秋集傳辨異 十二卷 存

北大、湖北、陝西、中科院藏同治五年（1866）明德堂刻本

◎趙培桂，陝西城固人。舉人。著有《春秋集傳辨異》十二卷、《強項雜記》不分卷。

趙青藜 讀左管窺 二卷 存

中科院藏乾隆刻本（清翟灝評）

1917 年翟鳳翔涇川叢書影印本

1937 年商務印書館叢書集成初編據涇川叢書本排印本

◎目錄：

卷上：詩亡然後春秋作解、春秋尊天王論、會盟篇、征伐篇、春秋正人倫論、春秋戒專利論、魯十二公書法論、傳例論、左氏好怪辨、左氏經世論、魯隱公論、魯四君不書弒論、黨逆論、桓公論、子同生書法論、鄭昭公論、經不書忽子儀弒論、五霸論、僖公論、魯三家論。

卷下：左氏敘戰法論、滅項書法論、卜筮論、單伯非魯大夫論、齊執單伯子叔姬論、荀息論、書公子重耳對楚後、書晉四女子、書子犯授璧後、書晉先軫狼瞫、三良論、孟獻子論、三公子論、郤至論、穆姜終幽論、荀偃夢論、書寧殖言後、晉欒盈祈盈論、同盟于重邱論、書楚殺公子舒後、晉荀吳敗狄論、書宋衛陳鄭災後、子產論、晏嬰論、晏嬰路寢對論、公孫於齊論、昭子祈死論、公薨於乾侯論、史墨對趙簡子論、定公論、書陳恆弒其君壬後。

◎跋：讀書而不能得古人之心，則古人不願其讀我書也。讀書而不能諒古人之心，則古人尤不願其讀我書也。譽之而古人不以為榮，毀之而古人不以為辱，則我不足讀古人之書，又安冀後人之讀吾書也！即幸而有一二讀吾書者，而譽之不足為榮、毀之適足以為辱，則且幸後人之不吾讀，而吾今日之書何如不為之為得也？此吾乙未之歲讀書於城南古香齋中所面承訓於先伯祖星閣公者也。時伯祖年七十五矣，方挾《左氏傳》作《讀左管窺》，日課一篇，不三月而書成。今讀是書，穿穴於二百四十二年之中，而千古以上之人心若相對而面質。則劉氏之移書、杜氏之武庫，尚未足為左氏榮。雖謂左氏之學至今日而始興焉，可也。左氏有知，應首肯於千世之上；而千世以下之能讀是書者，吾知其必有會也。往訓猶在，音容莫追，深愧駑下，無能為役，爰述而識之於此。嘉慶四年十一月，姪孫紹祖謹識。

◎孫殿起《販書偶記》卷二：《讀左管窺》二卷，涇縣趙青藜撰。嘉慶間精刊。

◎劉聲木《桐城文學撰述考》卷一「趙青藜撰述」：《讀左管窺》二卷。

◎嘉慶《涇縣志》卷十七《名臣》：著有《文集》十六卷、《詩集》三十二卷、《詩鈔檢存》二卷、《讀左管窺》二卷。

◎嘉慶《涇縣志》卷二十六《藝文》：趙青藜《讀左管窺》二卷（《涇川叢書》）。

◎道光《涇縣續志》卷三《人物・名臣》：青藜尤長於史，所作《讀左管窺》二卷，於二百四十二年鱗次櫛比，穿穴甚深。

◎趙青藜（1701～1782），字然乙，號星閣、漱芳居士，學者私諡文毅先生。安徽涇縣人。乾隆元年（1736）進士，改翰林院庶吉士，散館授編修。乾隆三年（1738）、六年（1741）浙江主試，改補江西道監察御史。值內艱歸，服闋補山東道監察御史。十二年（1747）主湖南試，所拔多知名士。十三年（1748）以耳疾乞休。性喜遊詠。受古文法於方苞；詩宗杜甫，晚乃歸於昌黎。尤長史學。子良震／良霖舉人、良霈諸生、良霽進士、良霽諸生。著有《讀左管窺》二卷、《震山書院志》、《星閣史論》一卷、《漱芳居文集》（《漱芳居文鈔》）八卷二集八卷、《漱芳居詩鈔》三十二卷、《歙遊草》一卷、《黃遊草》一卷、《白遊草》一卷。

趙青藜 漱芳居讀左管見 二卷 存

國圖藏清刻漱芳居文抄本

趙權中訂補 春秋世系 一卷 存

陝西師範大學、南京、揚州、陳倉區藏咸豐五年（1855）渭南德裕堂刻本

◎清陳厚耀原撰。

◎卷首題：渭南趙權中衡臣甫鐫刻，弟元中乾生甫校正，蒲城曹琅仙松濤甫繪圖。

◎或題吳鳳來（又或題吳風來）著，實因此書序後有吳鳳來《春秋集義》之《氏族圖小引》致誤。

◎序：凡書之無益於人者，雖博文宏詞，可以不傳；書之有益於人者，雖片言隻語，不可以不傳。春秋自王朝以下，各國姓氏本支不紊，餘者或以地或以國或以名或以食邑，雜若繁星，茫乎莫辨。陳署峯先生本孔氏《正義》，旁參諸經傳注，集為《氏族圖》一帙，明辨析也，純粹精也，後之學者，瞭如指掌，益人深矣。是惡可以不傳？渭南趙君衡臣，以廣文家居，博涉羣籍，尤留心於考據。因是集之殘缺而考訂之補輯之，將重付諸棗梨，求序於余。余深幸衡臣之有功於署峯先生，且大有裨益於後世之讀《春秋》者。是為序。咸豐五年歲次乙卯二月上澣，螯匡李宗燾午山氏書於青門寓舍。

◎摘錄卷首《春秋集義‧氏族圖小引》：左圖陳曙峰先生諱厚耀之所作也，因《氏族譜》之舛訛，本孔氏《正義》，旁參諸經傳註，圖為一帙。王雪樵先生所稱「如聚米為山、數螺於掌，沾丐後學非細」者也。謹依原本刻於卷末以

備考訂之資。先生著書甚富，《春秋》一經猶有《長曆》六卷、《左傳地名》四冊。惜旅次難覓原刻，無以公諸同好，姑俟諸他日云。浦陽後學吳鳳來識。

◎摘錄卷末《春秋便考圖說》：先正有云：「讀經史須知經濟，規為利害得失處，其大要全在輿圖。輿圖不明，雖依文會意，終如面墻。」為《春秋》而不悉其國都形勢之所在，則二百四十二年中朝聘會盟、侵伐滅入雖意度其是非，究不克了心目也。東坡《列國指掌圖》最為明晰，然按之今之地輿，多今昔異名，尚煩考證。慈既照長公一百二十四國之名著其受姓封爵、核其疆域，附諸今日府州縣所仍為圖。如左列各省府州為之綱，間麗數大國以指其目，其間小國之難以悉載者，亦可因府州之定，在相像而如見其處，此亦初學考訂之一助云耳。

趙士驤 春秋四傳合解 佚

◎民國《萊陽縣志》卷三《人事志》三《藝文·著述·經部》：《春秋四傳合解》（佚），趙士驤著。

◎孫葆田《山東通志》卷百二十七《藝文志》第十：是書見《府志》。《縣志》載其自序，子龍等跋云：「《春秋》尤深杜嗜，丁丑釋褐讀中秘書，《四傳》刻行於世。」按自序稱「《春秋》一經非胡則事不詳，非左、公、穀則事不著」云云，詳於《春秋》之事者無過《左氏》，而士驤獨歸功於胡，殊不可解。

◎趙士驤（1589～1643），字卓午，一字山子，號黃澤，乾隆四十一年（1776）賜諡節愍。山東萊陽人。天啟元年（1628）舉人、崇禎十年（1637）進士。甚負文譽，學亦淹博。官至中書舍人。崇禎十二年（1639）任順天鄉試同考官。崇禎十六年（1643）城破殉難。著有《春秋四傳合解》、《文起樓文稿》二卷、《感喟集》。

趙世佑 春秋輯要 佚

◎孫葆田《山東通志》卷百二十七《藝文志》第十：是書見《府志》。

◎趙世佑，字天申。山東利津人。乾隆二十五年（1760）舉人。著有《春秋輯要》。

趙坦 春秋異文箋 十二卷 附錄一卷 存

中科院藏道光九年（1829）廣東學海堂刻皇清經解本

光緒十一年（1885）上海點石齋石印皇清經解本（一卷）

光緒十三年（1887）石印經策通纂·經學輯要本（一卷）

國圖藏光緒十四年（1888）上海書局據道光九年（1829）刻皇清經解本影印本

◎一名《春秋三傳異文箋》。

◎摘錄附錄卷首云：唐陸氏淳《春秋集傳纂例》中有《三傳經文差謬略》一篇，有不與《經典釋文》及唐石經合者，皆陸氏所見本異。錄其原文，略為箋釋，別成附錄一卷，不以羼入正編者，慮其淆也。仁和趙坦識。

◎張之洞《書目答問》卷一《經部》：《春秋三傳異文箋》十三卷（趙坦。學海堂本）。

◎陳奐《師友淵源記》：趙坦字寬夫，仁和秀才。寬夫善說易，發揮鄭氏爻辰之旨。有《寶甓齋文編》二卷。秀水莊仲方芝階為之小傳。

◎李慈銘《越縵堂讀書記·經部·春秋類》：閱趙寬夫《春秋異文箋》。其說多主《左氏》，於古人文字叚借通用考證頗博。同治丙寅三月十五日。

◎李慈銘《越縵堂讀書記·經部·春秋類》光緒元年正月初六日：校臧氏《春秋左氏古義》校臧氏一卷，共六卷訖。所載實止經文，據其門人楊峴跋，言臧氏本以經傳分編，先以經文後為傳文，未成而卒。經自昭公二十三年以後亦全闕，峴為之補完。則此書當題曰《左氏春秋經古義考》，今之所名殊未妥也。其列三家經文異同，多以趙寬夫《春秋異文箋》為藍本而約略其語。其采掇賈、服、穎諸家古義亦遠不如李次白《春秋左傳賈服注輯述》之詳，然其長處亦不可沒，予前已論之。

◎趙爾巽《清史稿》卷一百四十五志一百二十《藝文》一：《春秋三傳異文箋》四卷，趙坦撰。

◎黎庶昌《拙尊園存書目·經部》：《春秋異文箋》十三卷，清趙坦撰，《皇清經解》本。

◎上海古籍出版社2015年《續修四庫全書總目提要·春秋類》「《春秋三傳異文箋》十二卷附錄一卷」：《公羊》、《穀梁》、《左氏》三家，非唯傳文不同，所據經文亦有差異。是書羅列三傳經文，凡文字、人名、地名、時日之異，皆詳加辨證。自三家傳文、經籍史書，乃至碑刻吉金，皆引以為證。觀其旨趣，意在調停三傳，還《春秋》經文之本真，裁斷之處，時有善言。如襄公三十年，《左氏》經云「宋災，宋伯姬卒」。《公》、《穀》皆作「伯姬卒」，無「宋」字。趙氏以為：「繫伯姬於宋，著魯女之嫁於宋者也。」且《公羊》下文有「叔弓

如宋，葬宋共姬」之文，故當從《左氏》經文。而《穀梁》經「葬共姬」無「宋」字，亦當補之。此據本經裁斷，甚為精當。然三傳經文，亦有版本之差，不可不察。如桓公八年，《公羊》經云「公、夫人姜氏遂如齊」，《左氏》作「公與夫人姜氏遂如齊」。趙氏以為，《穀梁》同《左氏》，當以《左氏》經為正。然則《穀梁》唐石經本無「與」字，傳文又云「不言及夫人何也？以夫人之伉，弗稱數也」，則義同《公羊》，當無「與」字。且段玉裁云：「《春秋》書『及』、書『暨』，未有書『與』字者。」若必欲裁定之，則當從《公羊》。趙氏似失據。實則三傳流傳各異，師法有別，事實有差，雖欲平心為之裁斷調停，不免於據此駁彼。若有本經可依，可據正之，若無本證，不妨並存。唐陸淳《春秋集傳纂例》中有《三傳經文差繆略》一篇，有不與《經典釋文》及唐石經合者，趙氏錄其原文，為之箋釋，別成附錄一卷。此本據中國科學院圖書館藏清道光九年廣東學海堂刻《皇清經解》本影印。（黃銘）

◎趙坦（1765～1828），字寬夫，一字石侶，別號保甓居士。仁和（今浙江杭州）人。阮元視浙學，遂以經術受知，補諸生，入詁經精舍，著弟子籍。道光元年（1821）舉孝廉方正，不赴。治漢學，尤好古金石文，富藏書。著有《周易鄭注引義》十二卷、《春秋異文箋》十二卷附錄一卷、《石經續考》、《保甓齋文錄》二卷、《保甓齋劄記》一卷、《杭州城南古跡記》、《煙霞嶺遊記》等。

趙曦明 左傳私解 一卷 存

上海藏清抄本（盧文弨校）

◎盧文弨《畹江山人傳》[註81]：文弨之主講暨陽書院也，山人居邑中不自表襮，故名莫得聞。逾年邢君袖其所作詩古文辭並要與俱來。余一見傾倒，遂為莫逆交。余官罷主江寧之鍾山講席，身自請山人佐余所不逮，山人欣然許之。余有所述作，必取正於山人，能貢直言無所隱。凡余所蓄書數千卷，山人校讎幾徧。有求文並質疑者，驪然應之無少靳。余門下士咸知敬愛山人，閒有以私干者，率峻拒之。先後共朝夕凡九年，供給至菲薄，而山人不嫌也。山人詩文集外，著有《讀書一得》六十卷，其體例與黃東發《日鈔》相近；注陶徵士集凡數易稿；又注徐、庾、溫、李、羅昭諫等集並近代陸拒石四六各若干卷；著《桑梓見聞錄》八卷；八十外復注《顏氏家訓》，甫脫稿而疾作，始辭余歸里中。余今年寓書求其副本，欲為傳之。山人欣然許諾，而力已不能自鈔矣。

[註81] 摘自《碑傳集補》卷四十五。

◎趙曦明（1705～1787），初名大潤，後改名肅，字敬夫；晚年改名曦明，號瞰江山人。江蘇江陰人，一說江山（今浙江江山縣）人。諸生。幼孤家貧，刻苦自厲。與盧文弨為莫逆交。盧氏校讎諸籍，得其力為多。著有《左傳私解》一卷、《讀書一得》六十卷、《顏氏家訓注》七卷、《桑梓見聞錄》八卷、《中隱集》，曾傳錄、整理《澄江詩選》《江陰詩粹》、《黃毓祺遺稿》諸書。

趙儀吉 春秋箋例 三十卷 卷首一卷 存

國圖、北大、浙江、湖北、貴州、蘇州大學藏嘉慶二十二年（1817）南昌府學盜雲樓刻本

國家圖書館出版社2014年晁岳佩宋志英選編春秋研究文獻輯刊影印嘉慶二十二年（1817）南昌府學盜雲樓刻本

◎孫殿起《販書偶記》卷二：《春秋箋例》十三卷首一卷，奉新趙儀吉撰。嘉慶二十二年刊。

◎趙儀吉（1751～？），字彥南，號雪簾。奉新（今江西奉新）人。困諸生三十年，年五十七始中鄉試副榜為貢生。與族弟敬襄並以經術根柢之學聞於時。著有《春秋箋例》十三卷首一卷。

趙以錕 讀左剩語 一卷 存

國圖藏道光十三年（1833）太倉邵廷烈棣香齋輯刻棣香齋叢書五十二種本

道光刻婁東雜著・木集本

江蘇廣陵古籍刻印社1990年影印道光刻婁東雜著・木集本

◎趙以錕，字凝甫。鎮洋（今江蘇太倉）人。著有《讀左剩語》一卷、《閣史瑣言》一卷。

趙佑 春秋三傳雜案 十卷 存

復旦、山西藏乾隆五十二年（1787）刻清獻堂全編本

◎一名《春秋雜案》。

◎趙爾巽《清史稿》卷一百四十五志一百二十《藝文》一：《春秋三傳雜案》十卷、《讀春秋存稿》四卷，趙佑撰。

◎《增訂四庫簡明目錄標注》卷第三《經部》五《春秋類》：《讀春秋存槀》四卷、《春秋雜案》十卷，清趙佑撰。乾隆中刊本。

◎張桂麗輯校李慈銘著《越縵堂讀書記全編》同治元年十二月「《尚書質疑》《讀春秋存稿》《春秋三傳雜案》」條：二十六日，閱趙鹿泉先生《尚書質疑》《讀春秋存稿》《春秋三傳雜案》等書，皆確核可傳。先生官位通顯，著書滿家，皆根柢深厚，不為侈張門戶之談。而世之言漢學者顧罕及之，豈以其未嘗攻擊宋人歟？

◎莫友芝《邵亭知見傳本書目》卷二《經部》五《春秋類》：《讀春秋存稿》四卷、《春秋雜案》十卷，國朝趙佑纂。乾隆中刊。

◎趙佑（1727～1800），字啟人，號鹿泉。仁和（今浙江杭州）人。乾隆十七年（1752）進士。任庶吉士，後授編修，先後任山東、江西、安徽、福建、順天學政，典試無虛歲。歷官至都察院左都御使。工制義。與郝懿行、孔繼涵、劉墉、翁方綱善。著有《春秋三傳雜案》、《讀春秋存稿》四卷、《清獻堂文集》（《趙鹿泉全集》）。

趙佑 讀春秋存稿 四卷 存

山西藏乾隆五十二年（1787）刻清獻堂全編本

續修四庫全書影印華東師大藏乾隆五十二年（1787）刻清獻堂全編本

◎目次：卷一惠公仲子、惠公仲子二、君氏卒、禘于太廟用致夫人、鄭莊公、鄭忽、鄭忽二、趙盾、許止、洩冶、叔仲惠伯。卷二禘說、復讎說、祈死說、救日解、六羽解、肆夏解、惜也越竟乃免解、緩作主讀、會吳于祖補注、暨齊平補注、公如齊觀社補疏、鄒繹補疏、濡水補疏、公羊注補疏、穀梁錯簡。卷三夏羿事辨、屠岸賈事辨、祧辨、大夫祭用太牢辨、大夫無主辨、閏月辨、一事兩收辨、享饗字辨、鶺鴒字辨、分經合傳考、九合考、東周考、爾雅訂誤、爾雅訂誤二。卷四：書楚事例、五戰、附存胡傳舉正序。

◎讀春秋存稿自敘：《春秋》難讀；有三傳更難讀；三傳注疏彼此爭相護而各不相下，益難讀。至宋胡氏乃獨出意解，取三者而離之合之，期求通於三者之外，以自成其為一家之經。一家之傳，就其一家之中而已有不可以通者，而《春秋》之難讀也甚矣。雖然，其實《春秋》非難讀也，孟子曰：「《春秋》天子之事也，而其文則史」，斯語也固已盡乎《春秋》、盡乎讀《春秋》之法矣。世之儒者，其孰不知有斯語，奉以為讀《春秋》之法。夫誠知此，則凡《公羊》《穀梁》所謂隱無正、桓無王，與夫王不稱天之說，可讀而廢也；左氏所謂「弒君稱君，君無道」之說可讀而廢也；何休之黜周王魯、胡氏之改制行權，更不問而知其可廢也。吾于其可廢者去之，其不可廢者取之，因而討論往復乎其間。

以吾之讀與古人之讀日相稽而未有已,不必吾之讀之悉與古人之讀曲相徇,而無不可以交相發,則吾有見古人之讀之無不可以為吾之讀也,而何難乎《春秋》。古人之讀《春秋》也,恆先《公羊》《穀梁》而後《左氏》;後人之讀《春秋》,則《左氏》最所先而《公》《穀》後。其善讀《左氏》者莫如杜氏、孔氏。杜氏未足為有功聖經,而有功《左氏》;孔亦足為有功杜氏。宋以後讀《左氏》而能為杜、孔救正者甚多,要其至,莫逮也。善讀《穀梁》者有范氏,若何氏則不善讀《公羊》者也。大較《公》《穀》之為《春秋》本不及《左》,而何、范復不及杜,徐氏、楊氏又遠于孔。雖然,亦各有宜取焉、宜去焉,則在乎吾之讀之善與古人之讀相稽而不已焉已矣。予先為《胡傳舉正》六卷,其平昔之讀三傳,而隨時涉筆,迄于今未有已者,恒念五經唯《春秋》說者最多,則亦可以已矣。而仍不自知其不已,擬更為《三傳注疏舉正》,怯其繁重難悉,因第取可存者存之。除已具六卷中者,得若干篇,皆雜錄不拘經次,亦以存吾之所為讀《春秋》而已。夫讀《春秋》者固必知其非難讀,而後可以起吾之讀;讀之而後知其非難讀者,乃真難讀也。由《春秋》推之,皆是也。乾隆四十六年辛丑八月朔日。

◎《增訂四庫簡明目錄標注》卷第三《經部》五《春秋類》:《讀春秋存稿》四卷、《春秋雜案》十卷,清趙佑撰。乾隆中刊本。

◎趙爾巽《清史稿》卷一百四十五志一百二十《藝文》一:《春秋三傳雜案》十卷、《讀春秋存稿》四卷,趙佑撰。

◎莫友芝《邵亭知見傳本書目》卷二《經部》五《春秋類》:《讀春秋存稿》四卷、《春秋雜案》十卷,國朝趙佑纂。乾隆中刊。

◎上海古籍出版社 2015 年《續修四庫全書總目提要・春秋類》「《讀春秋存稿》四卷」:是書前有趙氏自敘,稱《春秋》難讀,有三傳更難讀,三傳注疏彼此相爭相護,難讀更甚。至宋時有胡安國,取三者以己意拼合,以期通於三傳之外,自成一家,則《春秋》更難讀矣。古人讀《春秋》有法,先讀《公羊》、《穀梁》而後《左氏》,然後人讀《春秋》,則先《左氏》後《公》、《穀》。以為其善於《春秋》者,杜預、孔穎達最優,范寧其次,何休最劣,胡安國兼綜之云云。乃據己意,去其可廢者,取其不可廢者,因而討論往復其間,隨時筆除,已具《胡傳舉正》者存稿四十許篇,其未成章者則錄為雜案,可與古之讀《春秋》法交相發明。是書分四卷,每卷分篇若干,各有篇目,末附《胡傳舉正序》。卷一十一篇,分題惠公仲子、惠公仲子二、君氏卒、禘於太廟用致

夫人、鄭莊公、鄭忽、鄭忽二、趙盾、許止、洩冶、叔仲惠伯；卷二十四篇，分題禘說、復讎說、祈死說、救日解、六羽解、肆夏解、惜也越竟乃免解、緩作主讀、會吳於柤補注、公如齊觀社補疏、暨齊平補注、鄒繹補疏、濡水補疏、公羊注補疏、穀梁錯簡；卷三十四篇，分題夏羿事辨、屠岸賈事辨、祧辨、大夫祭用太牢辨、大夫無主辨、閏月辨、一事兩收辨、享饗字辨、鶀鸛字辨、分經合傳考、九合考、東周考、爾雅訂誤、爾雅訂誤二；卷四二篇，分題書楚事例、五戰，又附存《胡傳舉正序》附四卷末。此本據華東師範大學圖書館藏清乾隆刻《清獻堂全編》本影印。（諶衡）

趙佑 胡傳舉正 六卷 佚

◎《胡傳舉正序》〔註82〕：予嘗為《春秋胡傳舉正》六卷，序曰：佑自十二歲受《春秋》，塾師即以《胡氏傳》先授讀之，曰：「今甲之所主也。」後二年，從王素心夫子遊，讀《左傳》，聽講大義而惑焉，時時以質于先生之前。先生更命取《公》《穀》二傳讀之，參其離合，始知胡氏所主為傳者，大都出于《公》《穀》什四五，而《左氏》裁二三，自出新意復二三焉。其所主之經文，則《左氏》十之七，而亦時依《公》《穀》本雜乎其中。案《春秋》三家鼎峙，非但傳說各不相師，經文亦不相襲，故異同日滋。然既單行別出，非可苟合。代遠言湮，益難確斷。昔之學者咸奉《左》為大宗，自當以其經本為正。而《公》《穀》有可採存則附見其下，以資參佐可矣。胡氏必欲併而一之，忽彼忽此，不南不北，則適成為胡氏之《春秋》而已。此皆宋儒之勇于作古，乃其蔽之大者。三傳注疏，杜、孔最優，范次之，何最劣，胡氏兼綜立說，就其取舍，何嘗無得于扶世立教之義。良亦不肯為隨聲附影之流，蓋本以進講，而專在格君，特不免信心而過于求聖，至稱聖人有改制行權之事，顯乖為下不倍之道，周身之防，但不至為何休之黜周王魯而已。是以朱子譏之，後儒議之，幾同集矢。顧自元明尊為功令，據以取士，久而未改（宋高宗時，《胡傳》雖經奏進，當時命題試士實用三傳，《禮部韻署》後附條例可攷也。《元史・選舉》載延佑新制始以《春秋》用胡安國傳，定為功令。汪克寬《春秋纂疏》全以胡為主。至明，雖以經文命題，實以傳語立義。元人合題之制，尚攷經文之異同，明則割傳中一字一句，牽連無理。我朝《彙纂》于胡氏不情失當之處始多所駁正，乾隆初年又刊除鄉會試合題之例焉。然俗學言經旨，終未敢出胡範圍。持衡者不免兩端，甚至村塾名為誦

〔註82〕錄自《讀春秋存稿》卷四。

五輕，而止知胡氏《春秋》不知《左傳》者，經文亦多刪併者）。若其溫故知新，各抒所見，要亦無嫌異同。每積此心，以讀三傳注疏至十數復，而後敢涉筆其間。齒行老矣，學無已時，惟筌蹄之未忘，冀飛蟲其亦獲。因復取先授之《胡氏傳》加點勘焉。既竟，乃別錄之，名倣唐郭氏《易例》曰「舉正」。汲古閣《十三經注疏》刊本，世所稱善，而舛誤時多。此《胡傳》音註，在傳下者皆毛氏集諸儒為之，其經下者即所題林堯叟《括例始末》者也。林氏貫穿經傳，雖非盡善，發明多勝于胡。附載至當，然亦時雜以他注之文，非盡林氏之舊。又自《左傳》有《杜林合注》之本行，坊刻時時誤杜為林、誤林為杜，毛氏因之，遂以轉易失實。今雖未暇悉按，稍正其文字約十之四，亦各隨案附識焉。此乾隆四十五年庚子夏事也。越歲癸丑，實維聖天子壽考作人之五十八年，益務昌明經學，特允廷臣之議，鄉會試《春秋》文依《左氏》經傳本事命題，兼參《公》《穀》之說，罷胡安國傳不用。五百年來支離牽勉之習為之一清，士林莫不稱快。則是六卷之私，抑亦可以無庸矣。惟其三家經文，異同攙雜，至今坊俗流傳，未有定本。蓋亦即事有漸，不能無待者。謹書其畧，而附存之于此。

趙在翰輯 春秋保乾圖 一卷 附補遺 存

嘉慶十四年（1809）侯官趙氏小積石山房刻七緯本

中華書局 2012 年中國思想史資料叢刊鍾肇鵬蕭文郁點校七緯本

◎楊鍾羲《雪橋詩話餘集》卷第七：緯書自孫子雙《古微書》外，侯官趙在翰鹿園緝《七緯》三十八卷。《七緯》者，《易》《書》《詩》《禮》《春秋》《樂》《孝經》也。鹿園采集各書，標所自出，多附考辨，專主鄭學，較孫氏之書為勝。金山顧尚之復刪所未當、補所未及為《七緯拾遺》。

◎趙在翰，字鹿園。福建侯官（今福州市）人。嘉慶諸生。著有《經餘必讀三集》《晉書補表》，輯有《易辨終備》一卷、《春秋保乾圖》一卷、《春秋感精符》一卷、《春秋合誠圖》一卷、《春秋考異郵》一卷、《春秋漢含孳》一卷、《春秋潛潭巴》一卷、《春秋說題辭》、《春秋緯》、《春秋緯文耀鉤》一卷、《春秋文耀鉤》一卷、《春秋握誠圖》一卷、《春秋演孔圖》一卷、《春秋運斗樞》一卷、《春秋元命苞》一卷、《春秋佐助期》一卷各附補遺等三十八卷，收入《七緯》。

趙在翰輯 春秋感精符 一卷 附補遺 存

嘉慶十四年（1809）侯官趙氏小積石山房刻七緯本

中華書局 2012 年中國思想史資料叢刊鍾肇鵬、蕭文郁點校七緯本

趙在翰輯　春秋合誠圖　一卷　附補遺　存

　　嘉慶十四年（1809）侯官趙氏小積石山房刻七緯本
　　中華書局 2012 年中國思想史資料叢刊鍾肇鵬、蕭文郁點校七緯本

趙在翰輯　春秋漢含孳　一卷　附補遺　存

　　嘉慶十四年（1809）侯官趙氏小積石山房刻七緯本
　　中華書局 2012 年中國思想史資料叢刊鍾肇鵬、蕭文郁點校七緯本

趙在翰輯　春秋考異郵　一卷　附補遺　存

　　嘉慶十四年（1809）侯官趙氏小積石山房刻七緯本
　　中華書局 2012 年中國思想史資料叢刊鍾肇鵬、蕭文郁點校七緯本

趙在翰輯　春秋潛潭巴　一卷　附補遺　存

　　嘉慶十四年（1809）侯官趙氏小積石山房刻七緯本
　　中華書局 2012 年中國思想史資料叢刊鍾肇鵬、蕭文郁點校七緯本

趙在翰輯　春秋說題辭　附補遺　存

　　嘉慶十四年（1809）侯官趙氏小積石山房刻七緯本
　　中華書局 2012 年中國思想史資料叢刊鍾肇鵬、蕭文郁點校七緯本

趙在翰輯　春秋緯　附補遺　存

　　嘉慶十四年（1809）侯官趙氏小積石山房刻七緯本
　　中華書局 2012 年中國思想史資料叢刊鍾肇鵬、蕭文郁點校七緯本

趙在翰輯　春秋緯文耀鉤　一卷　存

　　嘉慶十四年（1809）侯官趙氏小積石山房刻七緯本
　　中華書局 2012 年中國思想史資料叢刊鍾肇鵬、蕭文郁點校七緯本
　　◎三國魏宋均原注。

趙在翰輯　春秋文耀鉤　一卷　附補遺　存

　　嘉慶十四年（1809）侯官趙氏小積石山房刻七緯本
　　中華書局 2012 年中國思想史資料叢刊鍾肇鵬、蕭文郁點校七緯本

趙在翰輯 春秋握誠圖 一卷 附補遺 存

嘉慶十四年（1809）侯官趙氏小積石山房刻七緯本

中華書局 2012 年中國思想史資料叢刊鍾肇鵬、蕭文郁點校七緯本

趙在翰輯 春秋演孔圖 一卷 附補遺 存

嘉慶十四年（1809）侯官趙氏小積石山房刻七緯本

中華書局 2012 年中國思想史資料叢刊鍾肇鵬、蕭文郁點校七緯本

趙在翰輯 春秋運斗樞 一卷 附補遺 存

嘉慶十四年（1809）侯官趙氏小積石山房刻七緯本

中華書局 2012 年中國思想史資料叢刊鍾肇鵬、蕭文郁點校七緯本

趙在翰輯 春秋元命苞 一卷 附補遺 存

嘉慶十四年（1809）侯官趙氏小積石山房刻七緯本

中華書局 2012 年中國思想史資料叢刊鍾肇鵬、蕭文郁點校七緯本

趙在翰輯 春秋佐助期 一卷 附補遺 存

嘉慶十四年（1809）侯官趙氏小積石山房刻七緯本

中華書局 2012 年中國思想史資料叢刊鍾肇鵬、蕭文郁點校七緯本

趙曾裕 春秋分類編 佚

◎光緒《青浦縣志》卷二十七《藝文》上《書目・經部》：《春秋分類編》（趙曾裕著，字穀貽，諸生，曾顯兄）。

◎光緒九年（1883）博潤《松江府續志》卷三十七《藝文志・經部》：《春秋分類編》（國朝趙曾裕著）。

◎趙曾裕（1851～1892），字仲寬，又字穀貽，號蓉甫。松江府青浦縣（今屬上海）人。趙文楷曾孫。光緒二年（1876）舉人。大挑一等，以知縣用發江蘇，領加同知銜。家富藏書。著有《春秋分類編》《唐詩集句》。

趙振先 左傳彙鈔 佚

◎《中州藝文錄》、《河南通志藝文志稿》著錄。

◎趙振先，字繼文，號惠南。睢州（今河南睢縣）人。道光貢生。著有《周易管見》、《禮記白文》、《左傳彙鈔》、《陸王管見》、《惠南語錄》《惠南養正編》。

趙自新 左傳贊論 佚

◎嘉慶《直隸太倉州志》卷二十九《人物》：臨歿，謂其子曰：「吾生無益於世，沒後題墓石曰『明鄉進士憒道僧趙某』，願足矣。」自新面目嚴冷，人望而畏之。著作甚多。

◎趙自新（1595～1647），字我完，號樽匏、憒道僧。蘇州府太倉（今江蘇太倉）人。崇禎十二年（1639）舉人。與王瀚、王國瑞、吳偉業、朱明鎬等先後入復社。陳瑚、陸世儀輩皆其弟子。順治二年（1645）避地松江。順治四年（1647）牽連顧咸正案，械至松江、江寧，釋出後病故。深於經學。著有《左氏贊論》《易論》。

趙宗侃 左傳人名備考 不分卷 存

國圖、湖北、吉林社科院、中國民族圖書館藏道光二十九年（1849）鳳樵書屋刻本（舒亨熙參定）

國家圖書館出版社 2012 年宋志英選編左傳研究文獻輯刊影印道光二十九年（1849）鳳樵書屋刻本

◎孫殿起《販書偶記》卷二：《左傳人名備考》無卷數（錢塘趙宗侃撰。道光己酉鳳樵書屋刊）。

◎趙宗侃，浙江錢塘人。著有《左傳人名備考》不分卷。

趙宗猷 春秋大意 十二卷 存

河南藏清抄本

◎趙宗猷，字相如，號龍池。河南西平人。雍正七年（1729）拔貢。著有《春秋大意》十二卷、《龍池居士詩集》。

鄭福照 春秋日食考 二卷 存

民國石印潔園遺著本

◎劉聲木《桐城文學撰述考》卷四「鄭福照撰述」：《姚惜抱年譜》二卷、《姚石甫年譜》二卷、《方儀衛年譜》二卷、《潔園詞稿》、《潔園綺語》一卷、《春秋日蝕考》□卷、《開方論略》□卷、《勾股術演》□卷、《音學雜述》□卷、《讀志隨筆》□卷。

◎鄭福照（1832～1876），字容甫，號潔園。安徽桐城人。縣學生。師葉棠，傳其學。嘗以所作謁方東樹，蒙獎譽，遂時承講授，然未入室。又從江有

蘭遊遊。學博才高，尤工詩詞，與徐宗亮齊名。吳汝綸稱為畏友。著有《春秋日食考》二卷、《音學雜述》、《讀志隨筆》、《姚惜抱年譜》二卷、《姚石甫年譜》二卷、《方儀衛年譜》二卷、《開方論略》、《學算筆記》、《勾股術演》二卷、《潔園詩稿》、《潔園詞稿》、《潔園綺語》一卷。

鄭杲 春秋三傳表 未見

續修四庫全書總目提要著錄稿本

◎孫葆田《山東通志》卷百二十七《藝文志》第十：桐城姚永樸《鄭東父遺書序》云：其學本之鄭康成，於三傳無所偏徇。始為之表，而分以觀其橫焉，每一傳中未有一說之自相複重者；又合而觀其縱焉，此傳與彼傳未有一說之自相雷同者。

◎鄭杲（1852～1900），字東甫（東父）。原籍直隸永平府遷安縣（今河北遷安市），因父鳴岡（1811～1852）為即墨令，卒於官，貧不能歸，因家焉。光緒五年（1879）山東鄉試第一，六年（1880）中進士，與王懿榮、李慈銘等為同年。授刑部主事。性慷慨尚義，實心愛人，肆力於學，以讀經為正課，旁及朝章國故，矻矻終日，視仕進泊如也。治學廣博，業師黃肇顎，同學黃象轅、張紹價。嘗謂：「治經在信古傳，經者淵海，傳其航也。漢代諸儒，主乎此者不能通乎彼；唐宋而降，能觀其通矣，乃舉古說而悉排之，惟斷以己意。若是者，皆非善治經者也。」嘗教國子監祭酒盛昱從弟，因寄寓盛宅逾十年。日與嶧縣王寶田、膠州柯劭忞、長白震鈞談藝一室，而京師人罕見其面。又與鹽山劉若曾、桐城姚永樸／姚永概／馬其昶、濰城宋書升交善。光緒二十一年（1895）母李喪，客濟南，充濼源書院院長二年。服闋，遷員外郎。時朝政維新，兩宮已積疑釁，杲獨惓惓言天子當竭誠以盡孝道。具疏草，莫敢為言者。庚子之亂，憂憤卒。無子，以兄孫宬為後。《清儒學案》有《東甫學案》。著有《論書序大傳》一卷、《春秋說》、《讀史紀要》十四卷、《鄭東父遺書》五種六卷、《東父筆記》、《杜詩鈔》五卷、《雜文》，與撰《光緒己卯科直省鄉墨萃珍》不分卷、《試帖》不分卷。

鄭杲 春秋說 二卷 存

國圖、上海、山東藏光緒三十年（1904）合肥李國松集虛草堂輯刻集虛草堂叢書甲集十種·鄭東父遺書本

◎馬其昶《抱潤軒文集》卷八《鄭東父傳》：

　　君之學，自經訓、史傳、朝章、國故以逮百家眾說，無所不涉，而獨妖於經，於經無所不致其力，而尤莫篤於《春秋》。君之言曰：「古者入學祭先聖先師，先聖作經，先師述之為傳。今欲明聖人之經，必自篤信先師之傳始。如《易》有十翼、《春秋》有三傳、禮有記有喪服傳有周官禮、《詩》有序傳、《書》亦有序大傳，又有《孝經》《論語》《孟子》《爾雅》為五經之總傳，苟據此以求聖人之意，十可七八得。自唐後儒者多不信古傳而自立新說，經之難明，固無惑焉。」其說《春秋》也，三傳錯出，必求其通。以謂左氏明魯史舊章，二傳則孔子推廣新意，口授傳指。《左氏》則備載當時行用之道。當時行用之道，霸道也。所以必明魯道者，為人子孫，道在法其祖也。《穀梁》則損益四代之趣咸在焉。惟聖人崛起，在帝位者乃能用之也。其為說兼綜三傳，若瓜蔓然，牽引連互不相違害，而尤競兢致嚴於尤致嚴於事天、事君、事親之辨。謂：「《春秋》首致謹於元年正月，正月者，正即位也。人知即位之為君道，而不知其為子道也。雖無事，必舉正月，謹始也。必能為父之子，而後能為天之子矣。《春秋》之有三正，由其有天、君、父之三命也。春者天也，王者君也，正月者父也。將以備責三正，而單舉正月，何也？事天、事君，皆以事親為始也。」凡君所論箸如此。當乾嘉熾盛之時，諸老先生慮無不崇尚樸學，篤古多聞。君治經亦循其軌轍，而獨有意於前哲之微言大義，使儒術鑿然可施效。憤當時辯言亂政之徒，縱恣蔑古，禍乃甚於坑焚。塊坐一室之中，誦習本經，眇然有千載之慮。而又恥於近名，不輕箸書，以為學期自得，積之久而徐出之，庶有當於古聖人經世垂訓之萬一。嗚乎！孰知學成而無用於世，而今則死矣。其所為書就不就未可知，而又無胤子以承傳其業，尤可悲也。歲甲午，其昶入都再見君，母夫人猶無恙，贈言而別。其後來赴母喪，又數年聞其主講山東濼源書院，尋以疾卒於京師，年四十有九。蓋君終其身靡一日匪讀經之時，即終其身皆事親之時，親之事終而君死，在君無憾耳。獨古聖賢經傳之幸而留遺於今者，亦存亡絕續之秋也。於斯時也而獨有君，而又不克竟其業以死，此何為者邪？！然而推君事天之心，其勿敢有懟焉洩也。君既死，天下書院率奉詔改學堂，姚永樸教習山東，從其徒友問君所箸書，得殘稿數種，手錄以歸。其昶於是并舊所錄者編為《鄭東父遺書》六卷，合肥李國松刊行之，因次論其傳於首。

　　馬其昶曰：世學者言治經，大抵皆後《易》，謂其學難明。君獨言《易》視他經易明，以有十翼可據依也。余學易自茲始，而姚永樸治《尚書》，而人皆自知學不如君。兩人書幸成，皆私冀他日得從容就君正焉。昔丁敬禮有言：

後世誰相知定吾文者？嗟乎！沆瀣天寓，今其已矣，縱世即有人，又寧能為益於吾邪？此吾黨所以益悲君不能置也。

　　◎趙爾巽《清史稿》列傳第二百六十九《儒林傳》三：杲之學深於《春秋》，其言曰：「左氏明魯史舊章，二傳則孔、孟推廣新意，口授傳指。《公羊》明魯道者也，《穀梁》明王道者也，《左氏》則備載當時行用之道。當時行用之道，霸道也。所以必明魯道者，為人子孫，道在法其祖也。《穀梁》則損益四代之趣咸在焉。惟聖人蹶起，在帝位者乃能用之也。」其為說兼綜三傳，而尤致嚴於事天、事君、事親之辨。謂：「《春秋》首致謹於元年正月，正月者，正即位也，正月謹始也。必能為父之子，然後能為天之子矣。《春秋》之有三正，由其有天、君、父之三命也。春者天也，王者君也，正月者父也。將以備責三正，而單舉正月，何也？事天、事君，皆以事親為始也。」凡杲所論著如此。

　　◎孫葆田《山東通志》卷百二十七《藝文志》第十：《遺書》之第一種也。姚永樸《遺書序》云：「予游山東，得《春秋說》一冊於君友宋晉之。蓋君所手寫而欲寄予者。」桐城馬其昶撰傳云：「其為說兼綜三傳，若瓜蔓然，牽引連互不相違害，而尤兢兢致嚴於尤致嚴於事天、事君、事親之辨。」按杲《書勸學篇後》云：「《左氏》記其事，《公羊》說其文，而《穀梁》明其義」，又云：「《公羊》峻於《左氏》，《穀梁》又峻於《公羊》」，其發明三傳同異，大旨不外此數言。

　　◎趙爾巽《清史稿》卷一百四十五志一百二十《藝文》一：《春秋說》二卷，鄭杲撰。

鄭杲 春秋札記 一卷 存

　　山東藏稿本

鄭杲 公羊通義評 佚

　　◎孫葆田《山東通志》卷百二十七《藝文志》第十：所評各就孔廣森、鍾文烝二家刊本，書之簡端。《公羊》原評本，今在其弟子利津王金奎處。《穀梁補注評》，金奎亦有手錄本，原本則不知其所在矣。

鄭杲 穀梁補注評 佚

　　◎孫葆田《山東通志》卷百二十七《藝文志》第十：所評各就孔廣森、鍾文烝二家刊本，書之簡端。《公羊》原評本，今在其弟子利津王金奎處。《穀梁補注評》，金奎亦有手錄本，原本則不知其所在矣。